読みなおす日本史

境界争いと戦国諜報戦

盛本昌広

吉川弘文館

はじめに――戦国合戦は境目から

戦国大名の国・国衆の郡

戦国時代の合戦のほとんどは、隣り合う戦国大名間で起きたものである。力がある戦国大名は隣接する大名を攻撃して、所領の拡大を目指していた。一方、攻撃される大名は、侵入を阻止するために、境界を防衛する。そのため必然的に、戦国大名の支配領域の境界付近で合戦が起きることになる。

近年、こうした境界をめぐる争いを、研究者の間では「境目相論《さかいめそうろん》」と呼んでいる。「境界」という言葉は、古くは『続日本紀《しょくにほんぎ》』に見え、古代以来使用されているが、戦国時代の史料では境界のことを「境目」と表現している。本書でも当時の呼称にならい、主に「境目」の言葉を使用する。

さて、戦国大名の支配領域は当然ながら、他の大名の支配領域と接しているため、そのラインが境目となる。では、この境目は何を基準に決まっているのだろうか。一般的に戦国大名は、武田《たけだ》氏は甲斐《かい》、上杉《うえすぎ》氏は越後《えちご》のように一国または複数の国を支配している広域的な権力とイメージされていると思われる。織田信長《おだのぶなが》も尾張《おわり》一国を平定して初めて戦国大名の仲間入りをしたと言えよう。戦国大名自身も一国を平定し、支配することにこだわりを持っており、国が基本的な支配領域となる。その場合、境目は国境である。

一方、一郡または複数の郡を支配領域とする領主も全国各地に存在し、小さな戦国大名と言えるが、近年ではこうした存在を「国衆《くにしゅう》」と呼ぶことが多い。一国を支配する戦国大名が存在しない国では、国内をおおむね郡を単位に分割して、複数の国衆が支配している。また、国衆が戦国大名に従属し、そのまま郡の支配を認められている場合もある。

たとえば、甲斐では都留《つる》郡を支配する小山田《おやまだ》氏は武田氏に従属しているが、都留郡支配を基本的には認められている。また、陸奥《むつ》や出羽《でわ》のように、広い国では一国全体を支配する戦国大名は存在せず、伊達《だて》・最上《もがみ》・白河《しらかわ》・蘆名《あしな》・二階堂《にかいどう》・南部《なんぶ》氏などは、一郡または複数の郡を支配している。

伊達・最上・蘆名氏などは、戦国大名とされるのが一般的で、戦国大名と国衆の区別の基準は必ずしも明確ではない。郡を基本的な支配領域としていることも多く、この場合は郡の境が境目となる。もちろん、国境や郡境ではないラインに境目が存在する場合も多く見られ、国境や郡境が境目の絶対的な基準ではない。

境目を戦場とする戦国合戦

いずれにせよ、基本的には国や郡の境目をめぐって、戦国大名や国衆の間で戦いが繰り広げられる。それゆえに、合戦は戦国大名同士の境目や、ある種の境界地点で行われることが多い。一般的に有名な戦国合戦もこの点では同じである。

たとえば、川中島《かわなかじま》の戦いは北信濃《しなの》支配をめぐって、南下する上杉氏と北上する武田氏の間の境目で行われた戦いである。桶狭間《おけはざま》の戦いは、今川義元《いまがわよしもと》がこの時に上洛《じょうらく》を目指していたかどうかに関しては議論があるが、戦いが起きた直接的前提は義元による鷲津《わしづ》・丸根砦《まるねとりで》の攻撃である。

これ以前に今川氏は鳴海《なるみ》・大高《おおだか》城を入手し、この付近が今川氏と織田氏の境目の地となっていた。信長は今川方の鳴海・大高城に対し、境目の防衛のために鷲津・丸根砦を築いていた。その砦が今川側に攻撃されて落城したのだ。境目が敵に突破されて危機的な状況に陥ったために、信長は出撃したのである。つまり、桶狭間の戦いは、織田氏と今川氏間の境目をめぐる争いの結果として起きたと言える。

長篠《ながしの》の戦いも同様である。この戦いが起きた天正《てんしょう》三年（一五七五）五月二十一日の翌月に、信長は上杉謙信《けんしん》に書状を送り、次のように述べている（「謙信公御書集」）。

武田勝頼《かつより》が三河《みかわ》と信濃の境目に出撃したので、自分も即時に出馬し、一戦を遂げた。以前に武田信玄《しんげん》が遠江《とおとうみ》と三河の境目に進軍した時にも討ち果たすつもりであったが、信玄が死んだので、それができず、心残りであった。勝頼も信玄の例に慣って出撃してきたので、討ち果たした。また、信濃と美濃《みの》の境目にある岩村《いわむら》城（岐阜県恵那《えな》市）は武田氏が抱えているが、今は織田軍が包囲していて、まもなく落城するであろう。そうなったら、信濃に出陣する。

この書状から、信長が武田氏との戦いを所領の拡大というよりも、国の境目をめぐる戦いと認識していたことが読み取れる。長篠の戦いも、勝頼が遠江と三河の境目に出撃したことが契機となって起きたと述べている。信長が問題としている岩村城は美濃に位置するが、信濃国境に近い要衝の地で、いわゆる「境目の城」にあたる。これ以前から岩村城をめぐっては、織田と武田の間で攻防が繰り返されていた。

美濃は信長の領国であり、その一部を武田氏が支配していることは境目を侵犯されている状態にあることを意味する。信長は長篠の戦いの余勢を駆《か》って、その状態の解消を目指していたと考えられる。

実在しない天王山の戦い

次に山崎《やまざき》の戦い（一五八二）を取り上げよう。なぜ、この地で戦いが起きたのだろうか。

山崎（京都府大山崎町《おおやまざきちょう》）は、摂津《せっつ》との国境に近い山城《やましろ》に属する（摂津側も山崎〈大阪府島本町〉である）。同地は北に天王山《てんのうざん》などの山、南には淀《よど》川が流れ、その対岸は石清水八幡宮《いわしみずはちまんぐう》が鎮座する地で、平地が狭く、そこを通り抜けないと京都に入れないという要衝の地である。現在もJR東海道本線・東海道新幹線・阪急京都線・名神高速道路が、この狭い空間を縫うように通過している。こうした地理的条件が、山崎の地が戦場になった一つの要因である。しかし、他にも要因がある。

この戦い以前に、摂津国衆である有岡《ありおか》城主（兵庫県伊丹《いたみ》市）の池田恒興《いけだつねおき》、その与力の高槻《たかつき》城主（大阪府高槻市）高山右近《たかやまうこん》と茨木《いばらき》城主（大阪府茨木市）中川清秀《なかがわきよひで》が秀吉側についている。これにより摂津は秀吉方となり、明智光秀《あけちみつひで》が支配する山城と摂津の国境が両勢力の境目の地となったのである。つまり、山崎の戦いは境目の地をめぐる攻防であったとも言える。

なお、この戦いが開始された契機に関して、ルイス・フロイスの『日本史』は次のように述べている。

池田・高山・中川氏は、秀吉がさほど遠くない所まで戻っているという希望のもとで、山崎に出陣した。そして、三者は協約を結び、中川氏が山沿い、池田氏が淀川沿いに進撃し、高山右近は山崎に留まることになっていた。しかし、光秀軍が山崎を攻撃してきたので、ついに右近は出撃して戦いが始まり、多くの敵を討ち取った。この戦闘の後に池田・中川氏も到着し、光秀軍は秀吉や織田信孝《のぶたか》軍が近くまで到着していることを知って、戦意を喪失し、退却したという。

こうした経過は、山崎の戦いが池田氏らにとっては自らが支配する摂津を光秀の侵略から防衛するという強い意志により始まったことを意味する。一般的には山崎の戦いは秀吉の主導により開始されたというイメージがあるが、実際には池田氏らの意志や動きが重要な要素であったと考えられる。また、このときの総大将は一般的には秀吉とされるが、実際には信長の三男・織田信孝であった。つまり、この戦いは一般に言われている秀吉と光秀の戦いではなく、信孝を大将とする織田家臣連合軍と光秀との戦いであったのが真相である。

一方、『太閤記《たいこうき》』では天王山をめぐる秀吉と光秀の争奪戦が先行し、その後に山崎の戦いが起きたとしている。この天王山の争奪戦の有無に関しては、否定的な見解が有力である。『太閤記』は、この戦いが秀吉の主導によるもので、天下統一の出発点として秀吉を顕彰する意図があり、実在しない天王山の戦いを記述したと考えられる。この点はともあれ、山崎の戦いも境目をめぐる戦いとしての性格が強いのは確かである。

賤ヶ岳の戦いと関ヶ原合戦

山崎の戦いの翌天正十一年（一五八三）四月二十一日に起きたのが、賤ヶ岳《しずがたけ》の戦いである。秀吉はこの戦いの前月十七日に、上杉景勝《かげかつ》の重臣・須田満親《すだみつちか》に書状を送り、次のように述べている（片山光一氏所蔵文書）。

柴田勝家《しばたかついえ》（実際には佐久間盛政《さくまもりまさ》）が江北《ごうほく》に出陣したので、北郡の長浜《ながはま》城まで出馬したところ、勝家が退却して、越北《えつほく》境目の柳瀬《やながせ》の近所の山に陣取った。そこで今日賤ヶ岳を取り、要害を拵《こしら》えた。そして、人数を遣《つか》わして、退却しないようにするつもりである。勝家軍は一戦に及ぶ様子が見えないので、敗北は必定であり、この時には付入《つけいり》をして、「賀《か》・越《えつ》」まで追い詰めて討ち果たす予定である。

この事態を越中《えっちゅう》の国人《こくじん》・斎藤信利《さいとうのぶとし》は、書状の中で秀吉が猛勢で越前《えちぜん》国境まで取り詰めているので、越前が平定されるのもまもなくであろうと述べている（「加能越古文叢」三十九）。

二通の書状は、近江《おうみ》と越前の国境を意識している点で共通している。勝家軍は江北つまり近江国の北郡に進出したが、近江と越前の境目である柳瀬（滋賀県長浜市柳ヶ瀬）に退却した。これに秀吉も対抗して、付近の賤ヶ岳に要害を築き、対陣した。これを斎藤信利は、秀吉が越前の国境に迫ったと見ている。つまり、最初は勝家方が攻勢を掛けたが、秀吉が対抗して近江・越前国境での持久戦となり、秀吉が優位に立った。そのため、この対陣は勝家方にとっては、領国である越前への侵入を食い止める意味を持つようになった。

その後、秀吉は勝家方の織田信孝の動きに対抗して賤ヶ岳を離れた。その隙に、勝家方が秀吉方の要害を落としたために、秀吉が取って返して賤ヶ岳の戦いとなり、越前に入った。勝家方が動いたことで均衡状態が崩れ、秀吉は越前国境の防衛線を突破したのだ。秀吉の越前侵入により、北陸における勝家の領国は崩壊した。これは斎藤信利が予想したとおりであり、賤ヶ岳の戦いも国の境目をめぐる攻防であったと言えよう。なお、この戦いは秀吉と勝家の戦いとされているが、実際には織田信雄《のぶかつ》を大将とし、その下に秀吉がいて、勝家と戦ったと見たほうがよい。

次に関ヶ原《せきがはら》の戦い（一六〇〇）を見ていこう。この地で合戦が起きたのは、徳川方が岐阜《ぎふ》城を落城させ、さらに西に向かおうとしたのを石田三成《いしだみつなり》方が食い止めようとしたためである。関ヶ原の「関」とは、古代の律令政府によって設置された「不破《ふわ》の関」のことであり、畿内と東国の境としての意味を持っていた。美濃国にある不破の関から近江に入るには、山間部を通る必要があり、ここは天険の地を控えていた。また、関ヶ原付近は現在でも積雪が多い土地であり（近年は年によって積雪量にかなりの違いがある）、日本海からの風の通り道となっている。冬以外でも上空には雲がかかっていることがよくあり、天気が不安定である。

このように、関ヶ原は地理や天候面でも境目的な場所であった点も注意すべきである。国境などの境目も、こうした自然条件によることが多い。古代から近世に至るまで、各地に設置された関は、峠や川岸など境目的な場所に作られるのが一般的であり、関自体が境目を象徴する施設でもあった。関ヶ原で合戦が起きたのは、こうした点も関係している。

いずれにせよ、関ヶ原合戦は、石田方にとっては徳川方の畿内への侵入を境目で防衛する意味を持っていた。合戦の名前自体に、境目という意味が込められていると言える。

地理・自然・気候

このように著名な合戦を見ただけでも、境目をめぐる攻防という性格を持っており、戦国時代の本質を考えるうえで、境目という視点はとても重要である。戦国時代には、数えきれない戦いが存在するが、その多くは境目に関連して起きたものと言えよう。

境目には境界の防衛を目的として城が築かれ、争奪戦が繰り広げられた。こうした城を近年の研究では「境目の城」と呼び、注目を集めている。そこで本書は、境目をめぐる戦いや境目の城の実態など様々な面から考察を加え、戦国社会の実像を探っていきたい。また、境目の地は先に山崎や関ヶ原に即して述べたように、地理や自然・気候に関しても境界的な性格を持ち、それが戦国合戦や戦国大名の行動にも影響を与えている。こうした面にも考慮して、境目の地の特質を考えていきたい。

まず第一章では、川や峠が戦国大名の境目となり、川の場合は一国を東西に分け、そのラインが攻防の焦点となったことにふれたい。

第二章では、伊達政宗《まさむね》を中心に陸奥南部における境目の戦いの実態を明らかにし、どのような場所が境目となったかも検討したい。

第三章では「新地《しんち》」という言葉に焦点をあて、その言葉の意味を検討した。

第四章では、主として越中と越後、そして飛驒《ひだ》の境目をめぐる攻防を述べてみたい。

第五章では、「草《くさ》」（忍び）の活動を中心に、境目における知られざる日常的な戦いに焦点をあてたい。

なお、本書の記述にあたっては、境目付近の城や村、山（峠）や川の位置関係が重要なため、各所に地図を掲載している。お読みになるにあたっては、これらの地図を参照していただきたい。

目　次

Ⅰ　地形・水系の境目をめぐる攻防

第一章　河川が分ける国の東西

1　分水嶺と水系

境目としての峠

まず最初に、どのような場所が境目《さかいめ》になるかを考えてみよう。「はじめに」でも述べたように、戦国大名の支配領域は国や郡が基本なので、その境目が国境や郡境となる。では、国や郡の境は何が基準となって決まっているのだろうか。もっとも一般的なのは山である。国境の長いラインは山によって画され、そこには多くの峠が存在し、境目として強く意識されていた。

たとえば、山城《やましろ》と近江《おうみ》の国境は逢坂山《おうさかやま》（滋賀県大津市）であり、古代には「逢坂の関」が設置された。これは逢坂山が、京と外の世界を画する境界であったことを示している。古代以来、逢坂を詠《よ》んだ歌は多いが、これには京を離れることを悲しむ都人の感情が込められていた。また、峠は古代以来、戦いの舞台となったことも多い。それは、天然の要害である峠や山を利用して内部への侵入を防ぐことが行われたからである。越中《えっちゅう》（富山県）と加賀《かが》（石川県）の国境の倶利伽羅《くりから》峠における源《みなもとの》義仲《よしなか》と平家の合戦（一一八三）は、その一例である。

関東はまわりを山で囲まれており、そのラインが関東と他の国々を画していた。多くの峠があり、箱根《はこね》・足柄《あしがら》・三国《みくに》・碓氷《うすい》峠などは特に有名である。戦国大名は国境を画す山を防衛線とするために、峠またはそのルートの前後に城を築造した。北条《ほうじょう》氏の場合は足柄峠に足柄城（神奈川県南足柄市）、箱根峠の駿河《するが》側に山中《やまなか》城（静岡県三島《みしま》市）、三国峠の上野《こうずけ》側に猿ケ京《さるがきょう》城（群馬県みなかみ町）などを作っている。

峠は交通上の障害ともなった。現在では鉄道や道路は山や峠をトンネルで抜けるが、以前は峠を越えるのには、たいへんな苦労があった。なかでも障害となるのが積雪で、雪が多い峠は冬には交通の途絶を招いた。戦国時代に上杉謙信《うえすぎけんしん》が上野（群馬県）と越後《えちご》（新潟県）の国境にある三国峠を越えて、関東にしばしば侵入した。冬には三国峠を越えられず、関東に侵入できなかったことはよく知られている（冬に越えた場合もある）。

峠を越えると、別の水系の川が流れている。たとえば、三国峠の上野側を源流とする西川《にし》は、利根《とね》川に注ぐので利根川水系である。一方、越後側を源流とする清津《きよつ》川は、信濃《しなの》川に注ぐので信濃川水系である。つまり、三国峠は利根川水系と信濃川水系の分水嶺《ぶんすいれい》となっている。分水嶺は国境や郡境になっていることが多く、現在の自治体の境界もそれを踏襲していることが多い。

また、同じ水系に属する地域が一つの郡になっているように、特定の地域単位になっていることもある。たとえば、戦国時代の甲斐《かい》（山梨県）は、大きく、国中《くになか》という甲府《こうふ》盆地、河内《かわうち》という富士川流域、都留《つる》郡を意味する郡内《ぐんない》の三つの地域に分かれていた。甲斐全体は武田《たけだ》氏が支配しているが、河内は穴山《あなやま》氏、郡内は小山田《おやまだ》氏が武田氏を上位に頂きつつ、独自の支配を行っていたことが知られている。特に小山田氏は独立性が高かったが、それをもたらした要因の一つが水系の違いと考えられる。

国中を流れる主要な川が、笛吹《ふえふき》川と釜無《かまなし》川で、鰍沢《かじかざわ》（山梨県富士《ふじ》川《かわ》町）付近で合流し、そこからは富士川と呼ばれる。他の川も結局はすべてこの二つの川に注ぐので、国中は富士川水系に属す。一方、都留郡は国中とは笹子《ささご》峠や御坂《みさか》峠などをもって境界とし、郡内を流れる主要な川は、山中《やまなか》湖を水源とする桂《かつら》川である。

現在、桂川は相模《さがみ》国（神奈川県）に入ると、相模川と呼ばれている。つまり、郡内の大部分は相模川水系であり、相模国との関係が深い。実際、戦国時代には、小山田氏は相模川流域の津久井《つくい》地方（神奈川県相模原《さがみはら》市）にも支配を及ぼしている。郡内の北部は多摩《たま》川水系に属し、近世には青梅《おうめ》（東京都青梅市）に向かう青梅街道が通っていた。このように、郡内は水系で相模や武蔵《むさし》とつながっており、それが郡内地域や小山田氏の独立性をもたらした一因と言えよう。

境目としての富士川

川は、しばしば国境などの境目ともなっている。たとえば、大井《おおい》川は駿河（静岡県東部）と遠江《とおとうみ》（同西部）の国境であり、木曽《きそ》川の下流は尾張《おわり》（愛知県西部）と美濃《みの》（岐阜県）の国境である。また、富士川の西岸は富士郡、東岸は駿東《すんとう》郡というように、郡の境になっていることも多い。川は土地を隔てる指標として、視覚的にもわかりやすいため、古代に国境や郡境として設定され、それが戦国時代さらには現代にも受け継がれている。

大きな川を渡るのは困難を伴うので、この点でも境界となったと考えられる。現在は上流にダムがあり、水量は制御されているが、ダム建設以前は大雨や雪解けの際には大量の水が流れ、長期間にわたって渡河が困難になることも多かった。拙著（『軍需物資から見た戦国合戦』『戦国合戦の舞台裏』）でも述べたように、戦国時代の軍事行動では渡河が問題となり、瀬渡《せわた》り・渡船《わたしぶね》・架橋《かきょう》・船橋《ふなはし》といった手段を駆使し、川渡りが行われていた。

また、川を境界として国が二分され、それぞれが別の戦国大名の支配領域となった事例もよく見られる。富士川は先に述べたように郡境であったが、天文《てんぶん》六年（一五三七）に北条氏は今川《いまがわ》領国であった駿河国に侵入し、富士川以東を占領した。その状態は今川氏が駿東郡を取り戻す天文十四年（一五四五）まで続いた（河東一乱《かとういちらん》）。これにより北条氏は駿東郡の領有を喪失したが、回復への意志を持ち続けており、天正《てんしょう》十年（一五八二）二月の織田信長《おだのぶなが》による武田氏攻撃に呼応して、駿東郡に侵入している。

同年三月三日付の書状で北条氏政《うじまさ》は、徳倉《とくら》（静岡県清水町）・沼津《ぬまづ》（沼津市）・深沢《ふかさわ》城（御殿場《ごてんば》市）を落とし、二日に吉原《よしわら》（富士市）まで陣を進め、これにより「駿州　悉《ことごとく》一偏《いっぺん》候」と述べている（「湯浅文書」）。徳倉城などは駿東郡内の主要な城であり、吉原は富士川東岸にあたるため、この行動は駿東郡を占領したことを意味している。

ここに見える「駿州悉一偏候」とはいかなる意味であろうか。「一偏」とは戦国時代の書状によく見られる言葉で、ある国を誰々が一偏したという文脈で使用される。一偏は「一遍・一変」とも書かれ、色々な意味がある。特定の空間全体という語義もあるが、この場合は〇〇国を平定したという意味とほぼ同義である。

この時に北条氏が占領したのは駿東郡であり、駿河国全体ではないが、北条氏にとっては旧領である駿東郡自体が駿河国全体と同一であり、その回復を果たしたために、この言葉が使用されたと思われる。こうした領域認識をもたらしたのも、富士川の持つ境界としての規定性と言える。

2　利根川――上野国を二分する攻防

境目としての利根川

上野（群馬県）も利根川を境にして、東西で国が二分されていた。南北朝期成立の『神道集』には、「上野国十四郡ノ内、利根河ヨリ西七郡ノ内ニ」、「河西七郡」「河東」とあり、利根川の西側は河西、東側が河東と呼ばれていた。もともと利根川は厩橋《うまやばし》（群馬県前橋市）の東側を流れていたが、応永《おうえい》三十四年（一四二七）に厩橋の西側を流れる現在の流路に変化したと考えられている（旧利根川は現在の広瀬川）。

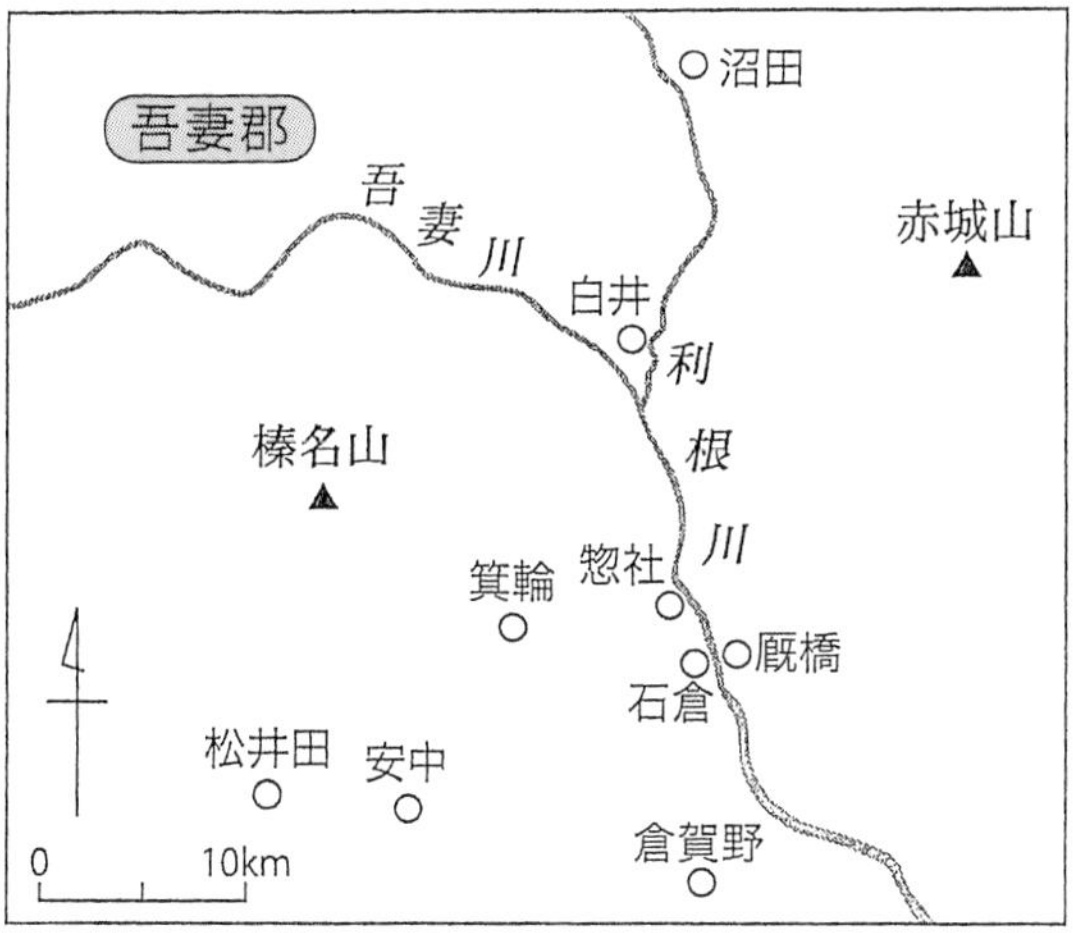

上野国を二分して流れる利根川

上野国は北条・武田・上杉氏の間で激しい攻防が繰り返されていた。利根川は境目として重要であったため、川岸にある城が争奪の対象となり、川を挟んで対陣が行われていた。以下では戦国時代の上野が、東西に分かれていたことを示す史料に検討を加えよう。

武田信玄《しんげん》は真田《さなだ》幸綱《ゆきつな》（幸隆《ゆきたか》）を先兵として、吾妻《あがつま》郡を攻略すると同時に上野国に出兵を行っていた。その後、永禄《えいろく》三年（一五六〇）の謙信による関東侵入に対抗するために、北条氏から謙信攻撃を要請されたことを利用して、上野国へ本格的に進出を始める。

永禄七年（一五六四）五月には倉賀野《くらがの》（群馬県高

崎市）・諏訪《すわ》（安中市）・安中《あんなか》（同前）の苗代《なわしろ》を薙《な》ぎ払い、敵地の麦を刈り取っている（「鎌原《かんばら》系図所収文書」）。これらの地はすべて利根川の西側であり、その地域一帯に信玄は攻撃を加え、同月に倉賀野城を落としている。

翌永禄八年二月に、信玄は諏訪神社に願文を捧げた。そこには「甲兵を上州《じょうしゅう》利根河西に引率するの日、まず諏訪上宮明神に詣づ。その意趣は、ほとんど箕輪《みのわ》の城、十日を経ずして、撃ち砕き、散亡せんは必せり」とある（「守矢《もりや》文書」）。この文言から信玄が出陣先を「河西」と認識していたことがわかる。一般的な史料では出陣先を「〇〇国」と表現するのが普通だが、上野国の場合は他国人である信玄でも、河西という地域意識が強かったことを示している。また、この文言によれば、今回の出陣は箕輪城（高崎市）が攻撃対象であった。同城は利根川の西側にあり、城主長野《ながの》氏は謙信方として信玄に激しく抵抗していた。

河西乱中

ちょうどこの頃、箕輪城主・長野氏業《うじなり》は、赤城山《あかぎ》（前橋市）の神主・奈良原《ならはら》氏に書状を送り、「河西乱中」について、去年から妙法坊《みょうほうぼう》が赤城山に籠《こ》もった際に神主父子が世話をしてくれたことに謝意を述べている（「奈良原文書」）。

この「河西乱中」は、信玄の出兵によって利根川の西側全体が戦乱状態になっていることを表現したもので、長野氏も河西という地域意識を持っていたことを示している。ちなみに、妙法坊による赤城山籠《やまごもり》は、「河西乱中」に対応して行われているので、赤城山の神を頼って、河西地域からの信玄の撃退を願うものであったと考えられる。しかし、そのかいもなく、永禄九年（一五六六）九月に箕輪城は落城し、長野氏は滅亡した。

そして、翌十年三月には、信玄は白井《しろい》・惣社《そうじゃ》の両長尾《ながお》氏を没落させ、河西地域の支配を確立した。白井（渋川《しぶかわ》市）は、利根川と吾妻川の合流地点にある要地である。惣社（前橋市）もすぐ東側を利根川が流れている。つまり、この両所の入手により、信玄の支配は利根川の西岸まで及んだのである。

また、同年五月には、鹿野氏らに吾妻郡で活躍した功により、沼田川西で所領を与えるとする朱印状を出している。沼田《ぬまた》（沼田市）自体は利根川の東岸にあり、謙信が支配している。この川西は沼田から見て利根川の西を意味し、沼田地域では利根川を挟んで、信玄と謙信が対峙《たいじ》していた様子が窺《うかが》える。

利根川の橋頭堡としての城

永禄十一年（一五六八）に信玄が駿河に侵入したことで、北条・今川・武田氏の三国同盟が破れ、北条氏は信玄に対抗するため、翌十二年に謙信と「越相《えつそう》同盟」を結んだ。

翌元亀《げんき》元年（一五七〇）三月の信玄の書状には「南北和融落着、これについて、厩橋より河西に向かい、取出《とりで》を築くの由」とある（「漆原《うるしばら》文書」）。「南北和融落着」とは越相同盟の成立を指すが、それを契機にして、信玄の支配地域である河西に砦《とりで》を築いたのである。当時、厩橋城（前橋市）には謙信の家臣・北条高広《きたじょうたかひろ》が在城していたので、砦の築城主体は同氏であったと思われる。この築城は、謙信側が河西に攻撃を加えるための橋頭堡《きょうとうほ》とする目的で行われたのだろう。

橋頭堡とは、渡河直後に占領し、後続部隊の上陸を援護し、その後の攻撃のための足場とする陣地と定義されている（『日本国語大辞典』）。この築城はまさにそれにあたり、謙信はここを足場として上杉軍の利根川渡河を援護し、軍勢を集結させたうえで、河西地域を攻撃しようとしたのである。

その二年後の元亀三年（一五七二）閏《うるう》正月の謙信書状には、「石倉《いしくら》城を正月三日に落城させ、すべてを破壊し、六日に厩橋に帰陣した。常陸《ひたち》・下野《しもつけ》に進陣しようとしていたところ、信玄が西上州に出陣し、その後石倉近辺に在陣した。今は利根川を挟んで対峙しているが、すみやかに決着を付けるつもりだ」とある（「山川文書」）。

石倉（前橋市）は、信玄が厩橋に対抗するために築城したもので、厩橋から利根川を渡った西岸にあり、本丸は直接利根川に面していた（現在は消滅）。そのため、石倉は厩橋城にとっては脅威であり、先に謙信が築いた河西の砦は、石倉城に対する付城《つけじろ》であったと考えられる。付城とは敵の城を攻撃するために、攻撃の拠点として周囲に築いたもので、「向城《むかいじろ》」とも呼ばれる。たいていは攻撃側が築造するものだが、守備側が城の防衛を補強するために作ることもある。

この時に謙信は、目の上のたんこぶとも言える石倉城を攻め落とした。信玄が後詰《ごづめ》（救援）に来ることを知り、城の確保を断念して、代わりに同城の破却《はきゃく》を行い、信玄が城を利用できなくしたのである。信玄は石倉城が破壊されたため、そこに入ることができず、その近隣に陣を敷き、利根川を挟んで、謙信と対峙した。

その後、天正十一年（一五八三）二月十九日付の北条高広書状には、「北条氏と上杉氏が手切《てぎれ》となったところに、高広が川西石倉の古地を取り立てていた所に、正月十七日に北条氏政が攻撃を懸けてきた。利根川を隔てているため、防戦が困難なので、籠城していた千人余りは脱出した。そして、氏政は二月八日に利根川を越え、善養寺《ぜんようじ》に在陣した」とある（「江口文書」）。

これは本能寺《ほんのうじ》の変《へん》（一五八二）後に、上杉氏と北条氏が信濃・上野国の支配をめぐって対立していた状況を述べたものである。これ以前に北条高広は、謙信が破壊した石倉城を再興し、確保していた。再興の時期は不明だが、武田氏または北条氏の河西地域支配に対する橋頭堡とするために、再興したと考えられる。

この書状には「川西石倉」とあり、石倉が川西（河西）であることが意識されている。これ以前、天正六年（一五七八）の御館《おたて》の乱《らん》によって、武田氏と上杉氏は和睦《わぼく》しているので、石倉城は上杉氏の既得権として武田氏から所持が認められていたとも考えられる。千人余りも籠城できるので、かなりの規模の城であり、その重要性が窺える。この時には、北条氏は厩橋の攻略を目的として、まず石倉城を攻撃して落城させ、利根川渡河の拠点としたのである。

このように、利根川は上野国を東西に分ける境目であった。そこに位置する厩橋城・石倉城などは、その付近に築いた砦同様まさに境目の城であり、橋頭堡または対岸への攻撃の拠点として機能していた。橋頭堡自体は近代の軍事概念だが、戦国時代にも同様の認識に基づいて、謙信や信玄らは軍事行動を行っていた。

3　神通川――越中国を二分する攻防

境目としての神通川

越中国（富山県）も国の中央を流れる神通川《じんづう》で、東西に二分されていた（次頁地図参照）。東岸は新川《にいかわ》郡（神通川中流では支流の熊野《くまの》川が郡境。神通川東岸にある多久比礼志《たくひれし》神社は『延喜式《えんぎしき》』では婦負《ねい》郡の神社）、西岸は婦負・射水《いみず》・砺波《となみ》郡であった。新川郡のかなりの部分は椎名《しいな》氏の支配領域であった。

上杉謙信（謙信を名乗るのは元亀二年［一五七一］からで、最初は長尾景虎《かげとら》だが、改名・改氏があり煩雑なので、以下では原則として謙信に統一して記述する）の父・長尾為景《ためかげ》が、越中守護の畠山卜山《はたけやまぼくせん》（尚慶《ひさよし》、のちに尚順《ひさのぶ》）から越中出兵の恩賞として、永正《えいしよう》十七年（一五二〇）十二月に新川郡守護代職を与えられてから、上杉氏の影響が強くなっていた。もちろん、これには新川郡が越後と接しているという地理的な近さも関係している。

一方、西岸は加賀に接していることもあり、一向一揆《いっこういっき》の勢力が強かった。謙信は越中出兵を繰り返し、反上杉氏的な一向一揆と神通川やその周辺で戦った。

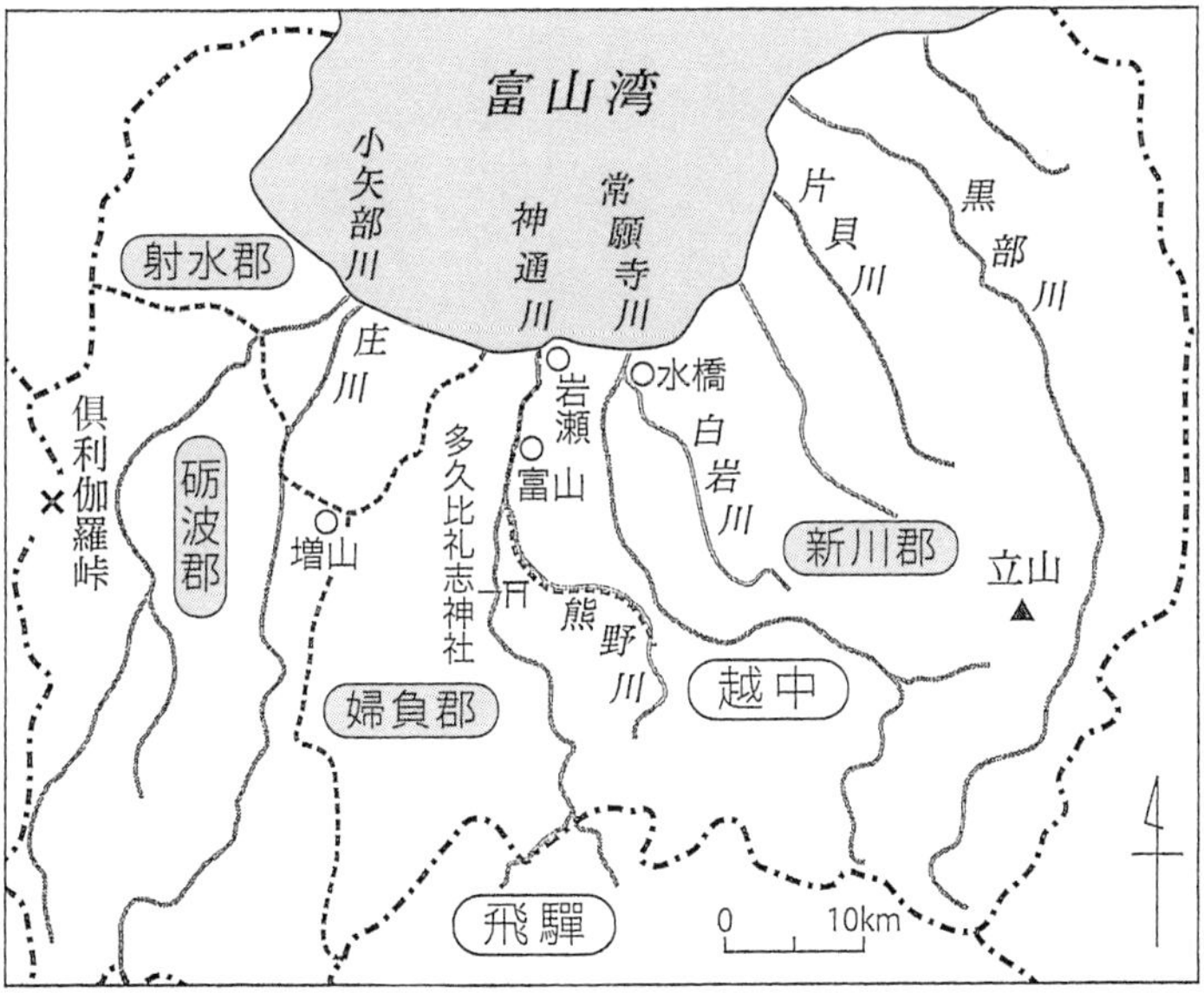

中世の越中国の郡界（『富山県の歴史』P.103の図を基に一部修正して作図）

神通川を境として国の東西を認識している史料としては、元亀二年（一五七一）四月付の北条氏政が謙信に宛てた書状がある。氏政は謙信が越中に出馬し、神通川を越えて、「東西一変ニ御本意」をなし、敵城十余りを落城させて帰陣したのは、お目出たいと述べている（「上杉家文書」）。この「東西一変ニ御本意」は意味がとりにくいが、「一変」は先の「一偏」と同じことで、要するに謙信が越中の東西を思いどおりに平定したということである。「御本意」も戦国時代の書状によく見える言葉で、「御本意を遂げる」という文脈で使用されることが多い。これは「本懐を遂げる」と同じく、かねてからの望みをかなえるという意味で、具体的には合戦の勝利、城の落城、一国平定などの実現を指す。

この「東西一変」は、謙信が神通川を渡り、多くの城を落城させたことで実現しているので、神通川を境に越中が東西に分かれていたことがわかる。謙信は神通川の東側を以前から支配していたが、この時に神通川を渡り、越中の西側に進出した。反上杉勢力の立て籠もる城を落として、越中一国を平定したのである。とは言え、実際には謙信が越後に帰ると反上杉勢力が盛り返し、その度に謙信は越中出兵を繰り返した。それはモグラ叩《たた》きのようなもので、越中支配は安定しなかった。

後で述べるように、他の謙信の書状にも神通川を渡ったと述べたものがある。これは直接的には神通川西岸が攻撃目標になっていたことによるが、神通川が越中の東西の境目であったことを意識していたことを示している。神通川東岸に位置した富山《とやま》城は、境目の城として上杉氏と反上杉氏勢力との間で争奪が行われた。これも、神通川が東西の境目として重要であったことを物語っている。当時、神通川は富山城のすぐ北を曲線をなして流れていたが、明治後期に西側にまっすぐに流路が変えられ、旧流路の一部は松川として残っている。

なお、永禄三年（一五六〇）四月の「謙信書状」には、神保長職《じんぼながもと》が富山城を自落《じらく》（自らの意志で落城させること）させて、「西郡増山地利《ますやまちり》と号す」に移ったとある（「新編会津風土記」巻五）。増山地利とは増山城（富山県砺波市）のことで、神保氏の居城である。増山城は砺波郡にあるので、神通川の西側が西郡とも呼ばれていたことがわかる。

神通川と富山城の攻防

このように神通川は越中を東西に分ける境目であった。この点を戦国時代の越中の情勢を追いながら見ていこう。

現在の富山市の中心にある富山城は境目の城として攻防が繰り広げられた。富山城は天文十二年（一五四三）に神保長職により築城された。神保氏は神通川の西側にあたる射水・婦負郡の守護代（砺波郡の守護代は遊佐氏）であったが、守護の畠山卜山と対立し、永正十七年（一五二〇）に卜山の要請を受けた長尾為景と新《しん》庄《じょう》（富山市）で戦い、当主慶宗《よしむね》は戦死した。

しかし、慶宗の子と思われる長職は、再興を試み天文十一年（一五四二）十二月の為景の死を好機と見て、神通川を越えて富山に築城したのである。富

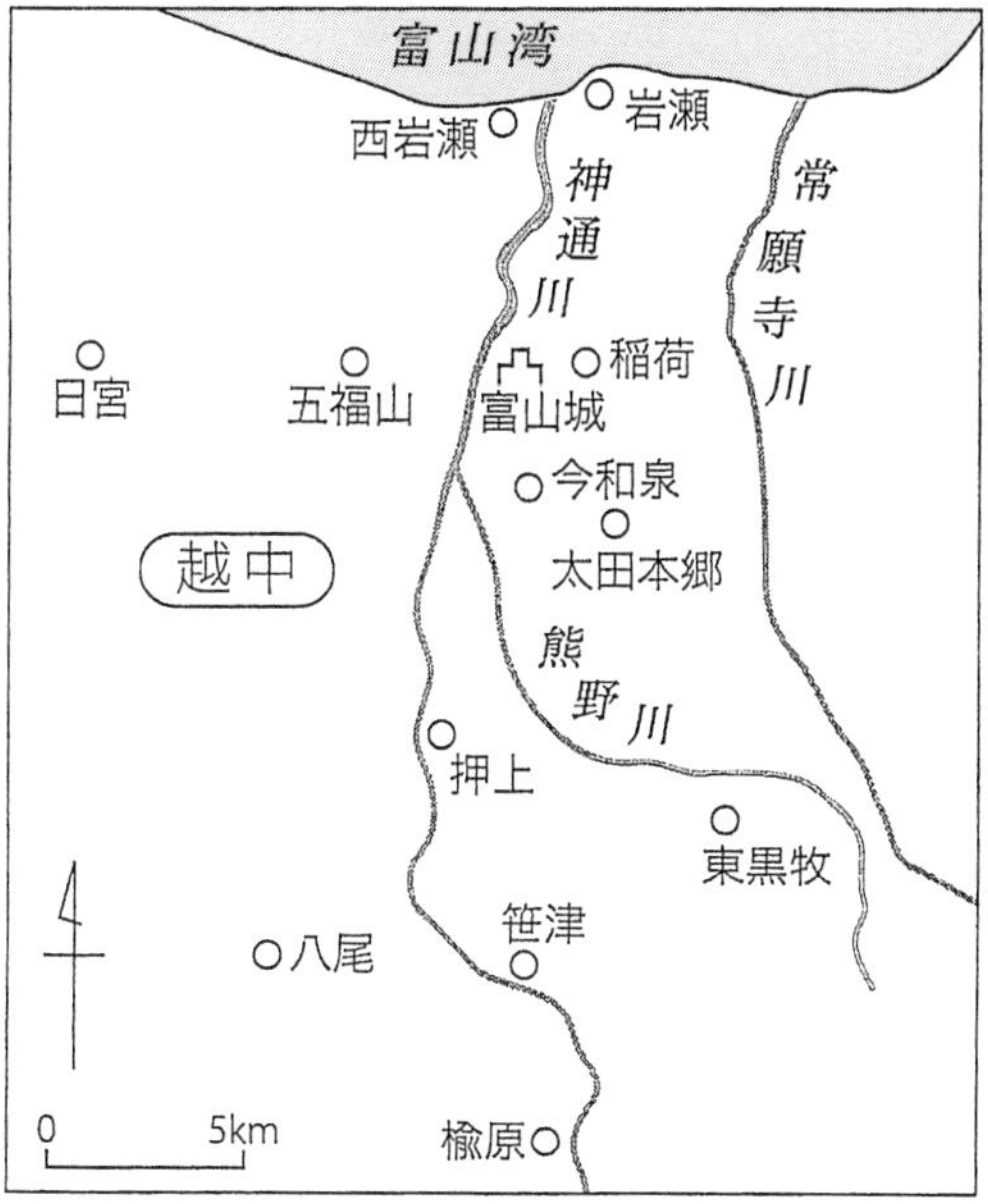

越中国を東西に二分する神通川とその周辺

山以東の新川郡は、椎名氏とその背後にある長尾氏の影響力が強かったが、反長尾氏である神保長職はそうした勢力へ対抗し、新川郡へ進出するために、築城を行ったのだろう。境目を越えた位置にある富山城は、まさに橋頭堡と言えよう。

その後、長職は信玄と示し合わせて、新川郡の実質的な支配者である椎名康胤《やすたね》を攻撃する。謙信は永禄三年（一五六〇）三月に越中に出兵したため、富山城は自落した。長職は増山城（富山県砺波市）に移ったが、謙信の攻撃を受けて行方不明となった。再び挙兵をしたが、結局は永禄五年（一五六二）に謙信の軍門に下った。しかし、富山城へは復帰できず、増山城を居城とした。富山城自体は上杉氏勢力の支配下に置かれたと考えられる。

その後、永禄十一年（一五六八）以降に神保長職は一向一揆と敵対する。越中西部は一向一揆の勢力が強い地域で、これ以前の長職は一向一揆と融和的であった。また、神保家内部では、神保長職と子の長住《ながずみ》が対立状態にあり、その対立に謙信は介入し、以後、上杉方と一向一揆は戦闘状態になる。永禄十二年に比定される十月六日付の謙信書状には、「じんつうを取越候」とあり、謙信は神通川を越えている（「上杉定勝古案集」）。これは内紛状態に陥った神保家中を収めるのが目的であった。

翌年十一月十三日には、北条氏康《うじやす》は謙信に対して、「神通川を取越され、御静謐候《ごせいひつ》」と述べている。「御静謐」とは神保家中を取り静めたということである。この部分は、実際には氏康に宛てた謙信書状の文言の引用であり、謙信が神通川の渡河を意識していたことを物語っている。

それは神通川が謙信にとって境目であり、それ以西は謙信の支配が及ばない地域であったことの表れである。そこを越えて、神保家中を静めたことは、謙信にとって多大な成果であり、その事実を氏康に誇示したのである。

一向一揆の富山城籠城

この後、富山城は再度、謙信の攻撃対象となる。元亀三年（一五七二）五月には加賀の一向一揆が越中に侵入し、翌月には親上杉方の神保氏家臣が籠もる日宮《ひのみや》（火宮）城（富山県射水市、旧小杉町）を陥落させた。これに対抗して、謙信の重臣・鯵坂長実《あじさかながざね》は、五福山《ごふくやま》（富山市）に軍を集結させた（「上杉家文書」）。五福山は神通川の西岸近くの山であり、その西側に日宮城が位置している。

この軍勢の配置は、一向一揆が神通川を越えて新川郡に進出するのを食い止めるためのものであった。しかし、一揆が大軍で押し寄せたために敗北し、退却する途中の神通川の渡場でも損害を被った（同前）。そして、一揆も上杉勢の後を追って神通川を渡り、ついに富山城入城を果たした。この入城は一揆が神通川以東に進出するための橋頭堡とする目的があったと考えられる。

この動きに対抗して謙信も越中に出陣した。一方、一揆側も籠城を続けていたが、この時期には信長による北近江の浅井長政《あざいながまさ》攻撃が行われており、一揆も信長の動きに対抗する必要があった。一揆勢は、多くの人数を加賀に戻した結果、籠城が困難となり、和睦を申し出た。

和睦は翌元亀四年（一五七三）正月にまとまり、一揆勢は富山城を出城した。それを見届けた謙信は越後に帰陣したが、その途中で信玄の使者・長延寺実了《ちようえんじじつりよう》（甲斐にある真宗寺院長延寺の住持で信玄の御伽衆《おとぎしゆう》）が一揆を説得した。一揆勢が富山城に引き返したことを聞いた謙信は、軍を戻して一揆を富山城に押し込めた（「上杉家文書」）。

この頃の信玄は、一向一揆と結んで信長に対抗し、家康の領国遠江・三河を攻撃していた。謙信を越中に釘付けにして、動きを封じるために、一向一揆を説得して、一揆勢の富山城籠城を継続させたのである。

謙信による向城築造

これに対して謙信は、富山城周辺の稲荷《いなり》・岩瀬《いわせ》・本郷《ほんごう》・二宮《にのみや》・押上《おしあげ》に「向城《むかいじろ》」を築いた（「上杉家文書」）。向城とは付城《つけじろ》と同じく、城攻めの時に攻撃の拠点として築いた城のことである。現在も各地に「○○向城」という城が残っており、文字どおり、攻撃対象の城の向かいに存在する。この時に謙信が築いた向城は、富山城とどのような位置関係にあり、いかなる目的で築城されたのだろうか。

稲荷（富山市稲荷元町付近）は、富山城の東約一キロ付近に位置する。謙信はこの城を「稲荷山」とも述べているので、山に築かれたことがわかる。

現在、稲荷にある稲荷公園の一部は、標高一五メートル程度の小高い山となっており、この付近に向城が存在したと考えられる。今はあまり見通しがきかないが、当時は何もさえぎるものがなく、富山城やその周辺を見わたすことができる絶好の地であったろう。

逆に、富山城からもこの城に上杉方の軍勢が集結しているのが見え、脅威を与えたはずである。つまり、稲荷山城はそうした立地を狙って、富山城の直近に築いたものであり、直接的に圧力を加える目的があったと考えられる。

岩瀬（富山市）は神通川河口東岸にあり、富山城からは七キロ程度離れている。ここは神通川の主要な渡し場であり、越後から加賀に向かう街道は、越中の海岸沿いを通るのが主要な道であり、岩瀬で神通川を渡っていた。また、岩瀬は河口であるため、港としても栄えていた。こうした点から見て、岩瀬の向城は、一揆軍が海岸沿いの道を通って、岩瀬で渡河するのを防ぐ目的があった。また、海から船で神通川に入り、富山城へ兵粮《ひょうろう》や人員を入れることも予想されるので、その侵入を阻止する目的もあっただろう。さらには、海岸沿いの街道を通ってやってくる、越後からの兵や兵粮をためておく兵站《へいたん》基地としても活用しようとしたと考えられる。

押上（富山市）は、富山城から神通川を約九キロ遡《さかのぼ》った場所の東岸に位置する。近世には富山から八尾《やつお》（富山市、旧八尾町）への八尾道は、押上村にある成子《なるこ》の渡しで対岸の成子村（富山市、旧婦中《ふちゅう》町）に渡っていた。八尾には浄土真宗の聞名寺《もんみょうじ》があり、一向一揆の中心地の一つであった。

この点からも、押上の向城は八尾方面からの一向一揆の渡河を防ぐ目的で築かれたと考えられる。また、ここよりも上流を渡河し、東岸を北上して一向一揆が進軍する可能性もあり、それを同地で防ぐことも想定されていたであろう。残念ながら、二宮の場所は不明である。

境目としての太田保

本郷（富山市太田・本郷町）は、中世には「太田本郷」と呼ばれ、富山城の東南約四キロに位置する。この付近は中世には「太田保《おおたのほ》」という所領単位で、室町時代には細川《ほそかわ》氏宗家の所領だった。重要拠点であったために、その地をめぐって、室町時代以来繰り返し戦いが起きていた。その中心が太田本郷であり、戦いの度に陣が敷かれていた。

先に述べた元亀三年（一五七二）五月に、一向一揆が越中に侵入した時に船倉《ふなくら》（富山市、旧大沢野町《おおさわの》舟倉《ふなくら》）にいたのが井上肥後《いのうえひご》である。彼は太田保を攻撃したが、上杉方は撃退している。井上肥後の出自は不明だが、一向一揆に呼応して、上杉方の拠点である太田保を攻撃したと考えられる。

この時の状況を、鰺坂長実は直江景綱《なおえかげつな》と山吉豊守《やまよしとよもり》（共に謙信の重臣）に送った書状で、「太田二ヶ所の寄居《よりい》用心を堅固にしたので、ご安心ください。また、河田長親《かわだながちか》が軍勢を率いて、太田の内の本郷に陣取りました」と述べている（「上杉家文書」）。河田長親も謙信の重臣で、謙信の越中攻撃や支配に際しては主導的な役割を果たした。

太田保には寄居が二ヵ所存在した。第五章で詳しく述べるように、「寄居」は一般には城下集落を意味するが、城そのものを指すこともある。この場合は、太田保の防衛のために、上杉方が築いた城のことであろう。一方、河田長親が本郷に陣取った場所は、寄居とは別の場所のようで、そこに築いたのが太田本郷城（富山市太田南町）と推定されている。寄居と太田本郷城の関係はともあれ、上杉方は一向一揆に対抗するために、太田保内に築城を行ったのである。謙信が築いた向城は寄居や太田本郷城に手を加えたものと考えられる。

これより後、信長による越中侵攻の際にも太田保は拠点となっている（『信長公記《しんちょうこうき》』）。天正六年（一五七八）三月に謙信が死去し、上杉氏による越中支配が弱体化することを見越し、信長は越中攻略を企図した。信長は翌月には神保長職と対立したため、京に牢人《ろうにん》中の息子・長住を召し出して、飛驒《ひだ》経由で越中に入国させ、九月には家臣・斎藤新五《さいとうしんご》を越中に出陣させた。

この時には太田保の内の「つけの城」（富山市東黒牧《ひがしくろまき》の津毛《つげ》山にあったとされる）に河田長親らが軍勢を入れていたが、織田軍の出陣を聞き、あわてて退城した。そこで信長は、「つけの城」には神保長住を入れ、斎藤新五は三里ほど先に陣取り、各所を攻撃した。

翌十月に斎藤新五は太田保の本郷に陣取り、河田長親らが籠城している今和泉《いまいずみ》（富山市今泉《いまいずみ》）を攻撃し、城下を放火した。新五が本郷で陣取った場所は、先の太田本郷城と推測されている。一方、今和泉は本郷の北西に位置し今泉城があった。この時点では、織田方は神通川の東岸に進出し、太田保付近が織田方と上杉方の境目の地となっていたのである。

太田本郷城跡にある円光寺《えんこうじ》は、斎藤新五の菩提寺《ぼだいじ》と伝えられている。また、「的場《まとば》の清水《しみず》」にも新五に関する次のような伝承が残っている。

ある時、新五の娘が皮膚病となったため、刀尾権現《たちおごんげん》に祈願したところ、権現が新五の枕元に現れ、丑寅《うしとら》の方角に射た矢を探して抜けば、そこから薬水が湧き、万病に効くと告げた。そこで探したところ、的場の老杉のもとに霊泉を発見し、娘の病気が治った。

的場の清水と刀尾権現は共に城の近くにある。このように、太田本郷城付近には斎藤新五に関する伝承が残っていることから、ここに新五が陣を敷いたと見てよいであろう。なお、斎藤新五は本能寺の変で討死している（『信長公記』）。

このように、太田保付近はしばしば境目の地となり、太田本郷城などが築かれていた。この地が境目となった理由を、地理的要因から考えてみよう。太田保はすぐ東を流れる常願寺《じようがんじ》川の扇状地の中央付近に位置し、神通川と常願寺川に挟まれている。常願寺川は神通川と並ぶ大河であり、「暴れ川」とも呼ばれ、水量も多く渡河には苦労する（現在は上流にダムがあり水量は少ない）。

越後から来る上杉氏にとっては、常願寺川が渡河困難地点だったため、境目としての性格を持った。そこを越えた太田保は、常願寺川と神通川に挟まれた地域を抑えるための要の位置にある。これとは逆に上杉氏を迎え撃つ側にとっては、神通川以西への上杉氏の進出を防ぐ拠点となる。謙信はその中心である太田本郷に向城を築き、周囲に睨《にら》みを利かせ、北側に位置する富山城に圧力を掛けようとしたと考えられる。

このように、謙信が築かせた向城は各地に散在していた。向城（付城）は攻撃対象の城を同心円状に取り巻くように配置されているというイメージがあるが、必ずしもそうではない。その地の地理的要因などに基づく、戦略的な目的によって各所に築かれていた。岩瀬や押上の場合は、神通川の渡河地点を抑え、一向一揆の侵入を防ぐことを意識したものである。

この向城の配置に関して謙信は、「敵地の間に上道、二半里又一里又十町の所に押し詰めて、向城を取り立てた」と述べている（「上杉家文書」）。二半里は押上や岩瀬、一里は太田本郷、十町は稲荷への富山城からの距離とほぼ一致する。つまり謙信は、富山城と向城の距離を正確に把握していたのである。これにより、一向一揆は神通川の対岸に陣取り、謙信による包囲をただ見守るばかりで、富山城の救援を行うことができなかった。

このように、戦国時代の越中では、しばしば富山城をめぐって攻防戦が行われていた。それは既に述べたように、神通川が越中を東西に二分する境界となっていたためで、富山城は神通川の西から東に進出する者にとっては、橋頭堡的な位置にあった。

4　相模川——謙信・信玄の小田原攻め

境目としての相模川

相模国（現在の神奈川県のうち、横浜市の東部・川崎市を除いた地域）の中央を流れている相模川も境目であった。戦国時代には相模川の西側が中郡《なかぐん》・西郡、東側が東郡と呼ばれ、北条氏は郡ごとに郡代《ぐんだい》

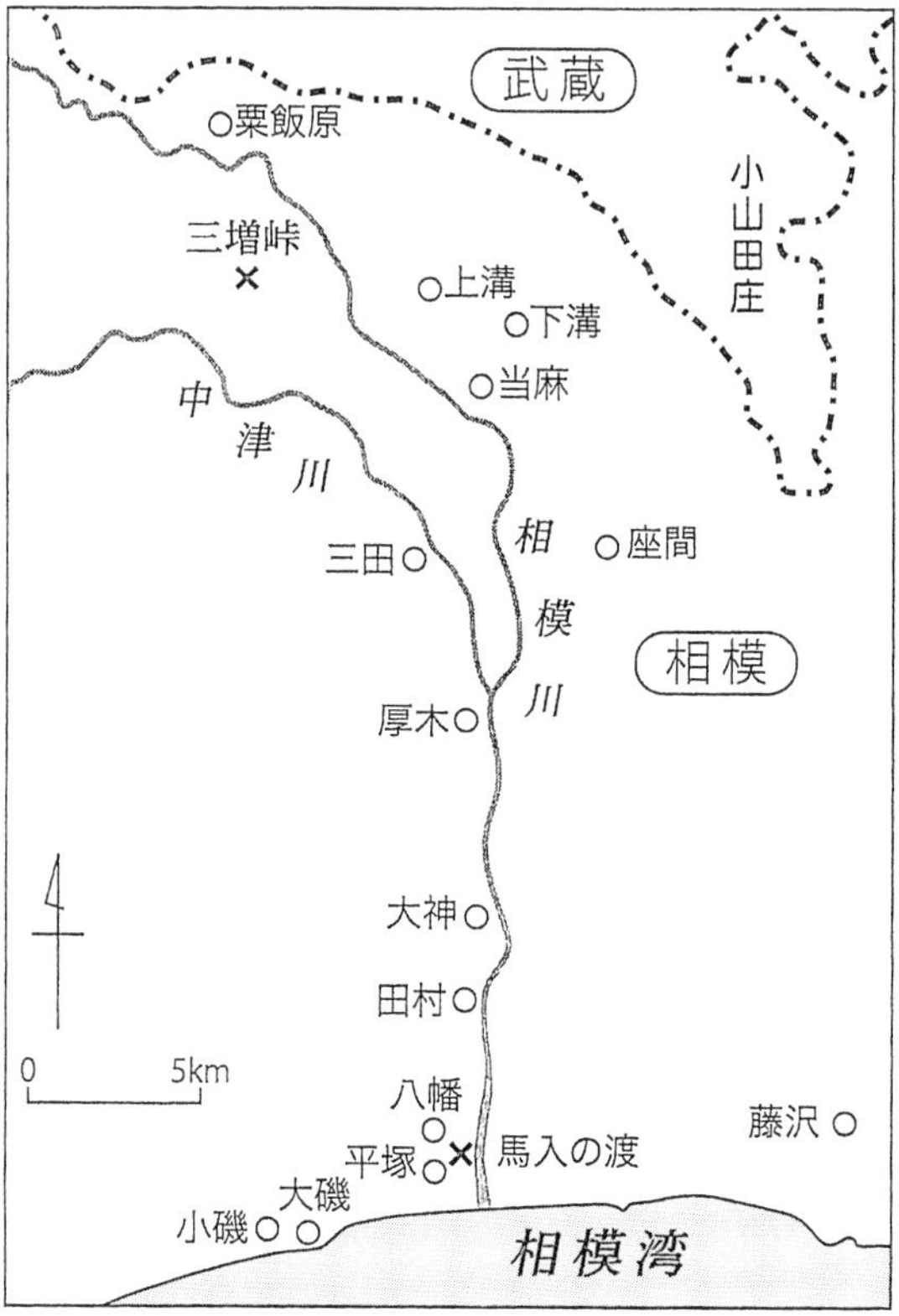

相模国の中央を流れる相模川とその周辺の地

を置いて、郡を単位に支配を行っていた。

西郡は現在の足柄上《あしがらかみ》・下《しも》郡、中郡は大住《おおすみ》・愛甲《あいこう》・余綾《ゆるき》、東郡は鎌倉《かまくら》・高座《こうざ》郡にあたる。ただし、三《み》浦《うら》郡はそれとは別にあり、現在に至っている。森幸夫氏によれば、東郡・西郡の呼称は既に室町時代からあり、戦国時代にそれが確立したという。この郡の呼称は、相模川が境目として意識されたことに由来するのだろう。現在の相模川の上流にはダムや貯水湖ができているが、それがなかった戦国時代には今以上に水量があり、渡河するのに困難を伴った。以下では、相模川が境目として機能していた事例に検討を加えよう。

相模川中流の東岸に当麻《たいま》（神奈川県相模原市）という場所があり、時宗《じしゅう》の古刹無量光寺《むりょうこうじ》の所在地としても知られている。この地は、相模川の渡河地点という交通の要衝であるため、町が存在していた。戦国時代には町支配の主導権をめぐって、関山《せきやま》氏と落合《おちあい》氏の間で争いが起き、北条氏に訴訟が持ち込まれた。天正十四年（一五八六）に関山隼人《はやと》は訴状を北条氏に提出したが、その中に次のような境目に関する言及がある（「関山文書」）。

当家は早雲《そううん》様が相模に打ち入りした時から、山角対馬入道《やまかくつしまにゅうどう》を奏者として、北条氏の被官になっています。三田《みた》氏や大石《おおいし》氏が北条氏に味方せず、当麻が境目の地で、夜討《ようち》・強盗が行われ、路次《ろじ》が不自由の時から、私の祖父は関東中への計策の飛脚の送迎を命じられ、昼も夜も奔走してきました。よって、商人問屋や道者《どうじゃ》を先祖以来、抱えてきました。

関山隼人は、祖父が伊勢《いせ》早雲の被官となり、それ以来北条氏のために奔走し、商人問屋や道者問屋の支配を認められてきたと主張している。

まず最初に早雲は伊豆《いず》国を入手し、その後に相模国に進出し、小田原《おだわら》城など相模川の西側一帯を支配下に納めた。その後、三浦郡を本拠とする三浦氏を滅ぼし、相模一国を支配下に納めたが、その過程で、相模川が早雲と反早雲勢力との境目になっていた時期があった。反早雲勢力の代表が、三田氏や大石氏であった。三田氏は武蔵国多摩郡の杣保《そまほ》（多摩川の上流一帯）を本領として、勝沼城《かつぬま》（東京都青梅市）を居城とした国衆《くにしゅう》である。

一方の大石氏は、武蔵国多摩郡南部を所領の中心とし、武蔵国由井城《ゆい》（東京都八王子市）を居城としていた国衆である。『北条氏所領役帳』には「油井領」として、溝上下《みぞ》（神奈川県相模原市）・座間《ざま》（座間市）・粟飯原《あいはら》（相模原市相原・東京都町田市相原）・小山田庄《おやまだのしょう》（東京都町田市）の一部などが記されている。この「油井領」とは、大石氏の名跡を継承した北条氏照《うじてる》（氏康の子）の所領を意味するので、以前にこれらの土地が大石氏の所領であったことを示している。溝上下（現在の上溝《かみみぞ》・下溝《しもみぞ》）は当麻の北隣、座間は当麻の南東、粟飯原は上溝の西北、小山田庄は当麻の少し北側に位置する。つまり、これらの村はいずれも当麻の近隣にあり、当麻はまさに北条氏と大石氏の境目の地であった。

北条氏は相模川西側から東側、さらに武蔵国への進出を図った。そのためには相模川の東岸に橋頭堡を確保する必要があるが、相模川の渡河地点の東岸にある当麻はまさに橋頭堡と言うべき地点である。しかも当麻からは八王子方面に向かう古道が北に延びている。

それゆえ、八王子方面に勢力を持っている大石氏や三田氏を攻撃するには、当麻が出発点となる。当麻は境目であり、しかも橋頭堡的な地点であったので、早雲はいち早く当麻の実力者である関山氏を味方に付けたのである。もともと相模川東岸は、大石氏の勢力下にあったので、早雲の軍勢が相模川を渡河するのには困難があった。当麻を確保することで、安全な渡河が可能となったと言えよう。

また、当麻では兵粮などの軍需物資の調達を行ったはずであり、関山氏がその差配を担当したと思われる。これに加えて訴状で述べているように、北条氏が各地に派遣する飛脚の送迎を行っていた。具体的には、渡河や宿の世話、食物や持ち物の給与、さらには派遣先での安全の確保も含まれていたと考えられる。隣接する大名や領主が敵対状況にあった場合、訴状にあるように路次が不自由、つまり通行困難になる。その状態を打開して、敵地への通行を果たすには、敵地の大名や領主と折衝を行う必要があるが、関山氏はそれができる能力を持っていたのだろう。

もう一つ訴状の中で注目されるのは、当麻には夜討・強盗が行われたという点である。この点は第五章で詳しく述べるが、境目の地に対して打撃を与え、疲弊させるために、夜討や強盗が行われた。この場合も北条氏側に立った当麻に対して、大石氏や三田氏が夜討や強盗を仕掛けていたことがわかる。そうした攻撃に関山氏は耐えて、北条氏への忠勤を果たしたことを訴状では主張しているのである。

謙信の小田原攻めと渡河地点

相模川が軍事行動においても、境目的な意味を持っていた点をさらに検討しよう。謙信が永禄四年（一五六一）三月に小田原城を攻撃したことは有名だが、どこを通って小田原に至ったのだろうか。

永禄三年八月末に謙信は春日山《かすがやま》（新潟県上越市《じょうえつし》）を出陣し、九月には三国峠を越えて上野に入った。まず沼田城（群馬県沼田市）などを落とし、さらに厩橋城（群馬県前橋市）に陣を進め、関東各地の国衆を糾合した。

その後、謙信は翌永禄四年二月には松山城（埼玉県吉見町）に到着し（「安房妙本寺文書《あわみょうほんじ》」）、三月三日以前には当麻に陣を敷いている（「加藤文書」）。当麻は先に述べたように、相模川渡河地点にあたるので、ここに陣を敷いて、渡河に備えたのだろう。

その後、『豆相記《ずそうき》』によれば、大磯・小磯・藤沢・田村・大上《おおかみ》・八幡《やわた》・厚木《あつぎ》などに陣を取り、太田《おおた》道誉《どうよ》（資正《すけまさ》）が先陣を切って、酒匂川《さかわ》を渡ったという。このうち、田村・大上・八幡・厚木は相模川西岸にある村である。また、大磯・小磯・藤沢は東海道沿いの村で、大磯・小磯（ともに大磯町）は相模川の西側、藤沢は東側にあたる。

田村（平塚市）や厚木（厚木市）には近世に渡し場があり、大山道《おおやまみち》などの街道が通って町場として栄えていた。大上は大神《おおかみ》（平塚市）のことで、ここにも近世には渡し場があった。八幡（平塚市）はすぐ南を東海道が通り、その東には「馬入《ばにゅう》の渡し」がある。

先に述べたように、謙信軍は当麻に着陣しているが、その軍勢はかなりの大軍なので、当麻で全軍を渡河させるとかなりの時間がかかり、混乱を招く危険性があったと思われる。そこで、一部は相模川東岸に沿って南下させ、厚木・大神・田村などの渡しで分散させて渡河させたと考えられる。また、それでも渡河できない軍の一部は、藤沢に陣を取ったのであろう。渡河した軍勢は、相模川西岸を南下して東海道に出て、一部は大磯・小磯に陣を敷き、順次、小田原へと進軍していったのである。

渡河地点の田村や厚木は物資の集散地でもあった。天正十六年（一五八八）二月に北条氏は、田村・厚木・田名《たな》の筏士《いかだし》に対して、材木を相模川河口の須賀《すか》（平塚市）まで届けることを命じている（陶山静彦氏所蔵「江成《えなり》文書」）。これは田村や厚木が軍需物資である材木や薪炭《しんたん》などの集散地であったことを示している。相模川河岸の大神や八幡もこの点は同様であろう。

謙信軍がこれらの場所に陣を敷いたのは、軍需物資の補給を行う目的もあったのだろう。また、渡河地点は街道と河川交通の接点であるため、一定数の家屋が存在し、それを接収して宿泊できるので、陣を敷くのには好都合であった。もちろん、すべての軍勢が宿泊できるほど多数の家があったとは思われないので、一部は野宿したはずである。

川を意識した陣取り

信玄も永禄十二年（一五六九）十月に小田原城を攻めている。この時、信玄はどのようなルートを通り、軍を進め、退却したのだろうか。甲斐国都留郡の国衆・加藤信景《かとうのぶかげ》が、天正五年（一五七七）に領内諏訪村（山梨県上野原《うえのはら》市）にある諏訪神社の棟札《むねふだ》に記した文によれば、信玄は滝山城《たきやま》（八王子市）を攻撃した後、九月二十八日に佐川《さかわ》に着陣後、二日間滞在し、十月一日に小田原を攻め、佐川に引き返した。そして、翌二日にも小田原を攻め、同じく佐川に戻り、五日に大神まで退陣している（「甲斐国志」)。

この佐川とは、小田原近くにあり、しかも大神よりは西にあるので、酒匂《さかわ》川東岸の酒匂（小田原市）のことである。同地は『吾妻鏡《あづまかがみ》』などに東海道の宿として見え、中世には宿としての機能を持っていた。先に述べた当麻などのように、渡河地点に宿や町場がある事例は数多くあり、酒匂も酒匂川の渡河地点に形成された宿であった。

実はこの酒匂には、小田原攻めの時に謙信も陣を敷いていた。この時に今川氏真《うじざね》は、北条氏に援軍として派遣した小倉内蔵介《おぐらくらのすけ》に対して、「坂匂に陣取っていた敵が退散したそうなので、様子を追って知らせるように」と述べている（「古今消息集」）。敵とは謙信軍を指すが、酒匂に陣を敷いていたのは謙信自身であったと考えられる。つまり、謙信と信玄は小田原攻めに際して、酒匂に陣を敷くという同様の行動を取っていたのである。

それはなぜであろうか。よく「背水の陣」と言うが、川を背にすると敵に攻められた時に逃げるのが困難である。実際、敗走して川を渡る時に多大な損害を受けた事例も多い。小田原攻めの際に酒匂川の西岸に陣を敷いていたら、北条氏の反撃を受けた時に逃げ場がない。そこで、謙信と信玄は慎重を期して、小田原攻めをした後には、いったん酒匂川を越えて退却し、酒匂に陣を敷いたのだろう。信玄は二度その行動を繰り返しているが、謙信も同様であったろう。

信玄は酒匂から大神に退却しているが、ここは先に見たように、謙信軍が陣を敷いた場所なので、同地にはそれなりの家数があり、軍勢が宿泊できたと考えられる。この時の退却ルートが『北条記』に記されている。「鞠子《まるこ》川を渡り、飯泉《いいずみ》にて人数を集め、大磯・平塚・八幡を打過《うちすぎ》、あつぎの川を渡り、三増《みませ》峠まで引き取る」とある。

鞠子川は酒匂川のことで、そこを渡り、飯泉（小田原市）で軍勢を集結させたという。これより後に、北条氏政は酒匂本郷（小田原市）の百姓に飯泉河原に武器を持って集合し、点検を受けることを命じている（「相州文書」）。これは飯泉には広い河原があったことを示すもので、信玄もその河原に軍勢を集めたと考えられる。そして、飯泉から少し南下して、東海道を通って八幡に着いた後、相模川西岸沿いに北上し、大神に宿泊した後、厚木に向かっている。

厚木から三増峠へは、さらに相模川の西側を北上するが、その途中で相模川の支流・中津《なかつ》川を渡るので、「あつぎの川」とは中津川と思われる。三増峠では、信玄軍と北条軍の激戦が行われたのは有名である。

以上、謙信と信玄による小田原攻めの際の行軍ルートや、陣取りの場所を検討したが、両者の行動には共通点が多い。それは、常に川を意識して陣を取っていることだ。陣取の場所は、小田原に近い酒匂川では東岸、進軍や退却途中では相模川の西岸である。川は軍勢の進軍や退却を阻むという点で軍事的な障壁であり、それゆえに境目としての性格を持っていた。相模川は相模国を東西に二分する境目の川であり、その川岸にある村の掌握が軍事的にも重要な意味を持っていたのである。

第二章　陸奥国の郡境と国衆の合戦

1　伊達氏と相馬氏の境目

阿武隈川と新田川

戦国時代の陸奥《むつ》南部では、伊達《だて》・田村《たむら》・相馬《そうま》・岩城《いわき》・蘆名《あしな》・二階堂《にかいどう》（本拠は須賀川《すかがわ》）・畠山《はたけやま》（本拠は二本松《にほんまつ》）・白川《しらかわ》（河）・結城《ゆうき》氏などが各地に割拠し、激しい戦いを繰り広げていた。これらの諸氏の領地は互いに接していたが、その境目《さかいめ》は何に基づいて、決まっていたのだろうか。また、境目をめぐって、どのような戦いが行われていたのだろうか。以下では主として天正《てんしょう》十七・十八年（一五八九〜九〇）の伊達政宗《まさむね》の動きを中心に、この点について検討しよう。

天正十七年に伊達政宗は、相馬・蘆名氏などに対して、一気に攻勢をかけ、六月には摺上原《すりあげはら》合戦で蘆名氏を敗北させ、会津《あいづ》に入ったことは有名である。蘆名氏攻撃の前提として、相馬氏（当主は義胤《よしたね》）や岩城氏（当主は常隆《つねたか》）の動きを封じる必要があり、政宗は相馬氏領国の境目に攻撃を加えている。

同年五月一日付の「政宗書状」によれば、家臣の川俣《かわまた》城主（福島県川俣町）の桜田元親《さくらだもとちか》が飯土居《いいどい》を占拠し、相馬氏が抱えている北草野も今日明日中に落城すると述べている（「伊達家文書」）。

飯土居とは飯樋《いいとい》（福島県飯舘村《いいたて》）のことで、鎌倉時代以来、相馬氏の所領であった。北草野（同前）は中世には草野郷と呼ばれ、南北朝期の史料では相馬氏の所領となっているが、天文《てんぶん》七年（一五三八）の伊達氏の「段銭古帳《たんせんこちょう》」にその名が見え、この時期には伊達氏所領となっていた。だがその後、相馬氏はこの地を奪回し、天正十七年（一五八九）の段階では相馬氏の所領であった。

飯樋や草野など現在の飯舘村全体は、中世には行方《なめかた》郡に属し、近世には相馬藩領であった。草野には飯舘村役場、飯樋には支所があるなど、飯舘村の中心地である。ちなみに、飯舘村の村名は何度も合併を繰り返し、合併前の村名の一字を取ってできた、いわゆる合併地名で、「飯」は飯樋の飯に由来する。

一方、隣の川俣町は中世には伊達郡に属し、川俣城主の桜田氏が飯舘村一帯（相馬氏領）を攻撃していることからわかるように、戦国時代には伊達氏の所領であった。つまり、飯舘村と川俣町の境界は郡境でもあり、その付近が相馬氏と伊達氏の境目にあたっていたのである。

では、なぜこの場所が境目になったのだろうか。

飯樋や草野など飯舘村内を流れる川は新田《にいだ》川となり、原町《はらのまち》（南相馬市、旧原町《はらまち》市）で太平洋に注ぐ。この川は伊達郡と行方郡の境を水源としている。これに対して、川俣町を流れる川は下流で阿武隈《あぶくま》川

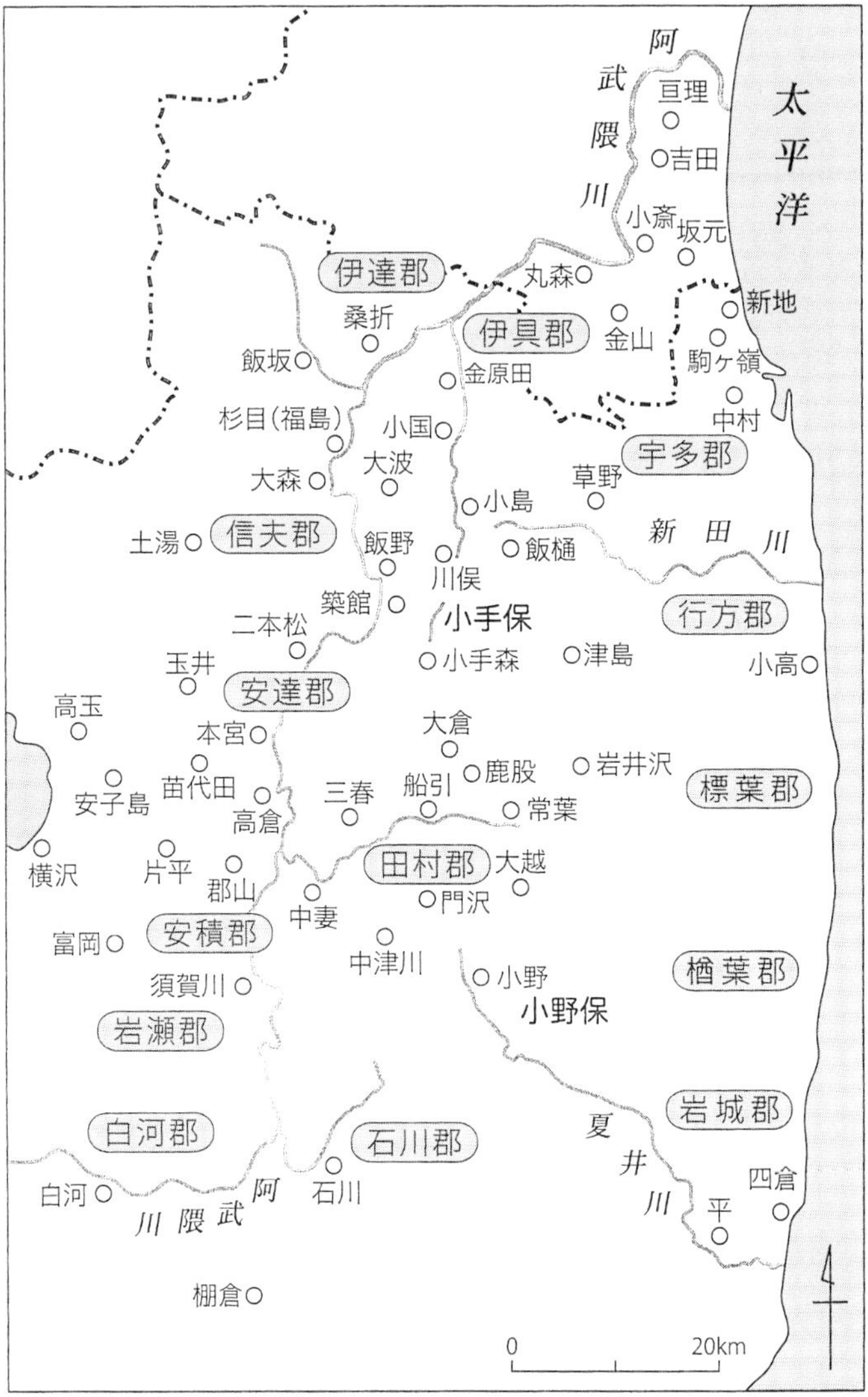

戦国時代の陸奥国南部の郡と主要な地名

に注いでいる。現在、福島県は大きく県央の中通り《なかどお》、太平洋側の浜通り、会津地方に三分されているが、水系の面からすれば、阿武隈川流域が中通り、太平洋側に注ぐ川の流域が浜通りである。また、会津地方では、下野《しもつけ》国境を水源とする大川《おお》が猪苗代湖《いなわしろ》から流れる日橋川《にっぱし》と合流して阿賀川《あが》となり、さらに、只見川《ただみ》と合流して越後《えちご》に入って阿賀野川《あがの》と名前が変わり、日本海に注ぐ。

このように、県内の三つの区分は、実は水系の違いに基づいている。飯舘村と川俣町の境界が郡境になっているのは、両町の境に花塚山《はなづか》（九一八メートル）など高い山があることによる。その境界はまさに分水嶺《ぶんすいれい》であり、東は太平洋に注ぐ水系、西は阿武隈水系になっている。伊達氏と相馬氏の境目も、水系の違いという自然条件に規定されて形成されたと言えよう。

2　蘆名氏の滅亡

政宗に味方する片平親綱

伊達政宗による相馬領侵攻から少し遡《さかのぼ》った天正十七年（一五八九）三月、岩城常隆は片平親綱《かたひらちかつな》が佐《さ》竹《たけ》氏や蘆名氏と「手切《てぎれ》」をするという噂《うわさ》を聞いて、小野《おの》（福島県小野町）に出陣した（『政宗記』）。手切とは、戦国時代によく使われた言葉で、「敵対行動をとる」「和睦《わぼく》の状態を破る」といった意味で、この場合は、片平氏が佐竹氏や蘆名氏との味方関係を破棄し、政宗に味方することを指す。

岩城常隆は大館《おおだて》城主（福島県いわき市、ＪＲいわき駅の西二キロに城跡あり）で、陸奥国岩城郡とその北の楢葉《ならは》郡、および常陸《ひたち》の一部を所領とし、佐竹氏と密接な関係があった。

片平親綱は大内定綱《おおうちさだつな》の弟で、片平城主（福島県郡山《こおりやま》市）であった。その兄・大内定綱は小浜《おばま》城主（福島県二本松市）で、政宗と敵対していたが、天正十三年（一五八五）八月に政宗の攻撃を受けて小浜城を脱出し、二本松から会津に逃れた。その後、天正十六年（一五八八）四月に政宗に服属したが、弟の親綱はなおも敵対を続けた。

一方、六月には佐竹義重《よししげ》・蘆名義広《よしひろ》・白川義親《よしちか》らが、郡山（福島県郡山市）に侵攻して陣を敷いたのに対して、政宗も陣を構え、持久戦となった（いわゆる郡山合戦）。しかし、佐竹側は攻め手がなく手詰まりになったため、岩城常隆の仲介により和睦し、両陣は兵を引いた。

このように秀吉の天下統一を目前にしていた時期に、陸奥国南部では政宗と佐竹・蘆名氏が激しく対立しており、両勢力の境目が郡山付近であった。現在、郡山は会津・三春《みはる》・いわき・白河・水戸《みと》に通じる鉄道や道路が集中する交通の要地だが、この点は戦国時代も同様であり、それゆえに同地には、政宗に敵対する勢力が集まって陣を敷いたのである。

片平親綱の居城・片平は、郡山の西にあり、同じく境目に位置し、その去就は両勢力にとって重要な意味を持っていた。そして、翌年三月には、片平親綱は兄の定綱を通じて、ついに政宗に味方することを決意した。

このことを聞いた岩城常隆が、小野に出陣した理由は、親綱の変節により、自らが和睦を取りまとめた「境目の秩序」のバランスが破壊されることに憤りを感じたからであろう。親綱のような「境目の領主」が反対勢力に寝返ることは、危ういなかで均衡を保っていた境目の秩序が崩れることになる。反対勢力が一気に境目を突破し、広範な地域を新たな所領として獲得することは、領主や戦国大名の滅亡を招くことも多かった。この親綱の政宗方への寝返りは、最終的に蘆名氏滅亡を導いたと言えよう。

岩城氏と田村氏の境目

さて、話は戻るが、岩城常隆は小野に出陣後、田村氏勢力が籠《こ》もる鹿俣《かのまた》城（福島県田村市船引《ふねひき》町北《きた》鹿又《かのまた》、旧船引町）を攻撃した。小野は田村氏の本拠・三春《みはる》（福島県三春町）の東南、鹿俣は東側に位置する。田村氏は田《た》村《むら》庄《のしょう》一帯を支配し、伊達氏と同盟関係にあり、政宗の妻が田村清顕《きよあき》の娘・愛姫《めごひめ》であったことはよく知られている。

清顕は天正十四年（一五八六）十月に死去し、その跡継ぎをめぐって家中は伊達派と相馬派に対立したが、同十六年に政宗の介入により、清顕の弟の氏顕《うじあき》の子である宗顕《むねあき》が跡目を継ぎ、伊達氏に従属することになった。この時に相馬派であった田村梅雪斎顕基《ばいせつさいあきもと》（清顕の叔父）らは小野に退去し、岩城氏を頼ることになった。そうした背景の元で、常隆は小野に陣を敷いたのである。

つまり、常隆による鹿俣城攻撃は、実質的には政宗への攻撃であり、結局四月には落城し、岩城氏の手に落ちてしまった（「引証記」）。また、三春と小野を結ぶ道の中間にあたる大越城《おおごえ》主（福島県田村市、旧大越町）の大越顕光《あきみつ》は、本来は田村氏に属していたが、この時点では岩城氏方であった。

ところが、ちょうどこの頃に顕光は岩城氏の行く末に不安を抱き、伊達氏に味方することを申し出た。しかし、これが発覚し、顕光の妻の弟に大越が与えられ、顕光は岩城に連行された（『政宗記』）。さらに五月には、岩城・相馬氏は田村方の常葉《ときわ》・船引（ともに福島県田村市、旧常葉町・船引町）にも攻撃を掛けてきた（個人蔵「政宗書状」）。常葉城は遺構がたいへんよく残り、山上一帯に多くの曲輪《くるわ》がある堅固な作りの城である。これは境目の城として、防衛機能の強化が要請されたためであろう。常葉・船引は大越と三春の中間にあたる場所であり、岩城氏はさらに田村氏の所領に深く侵入してきていた。こうした動きから、鹿俣・大越・小野付近が、田村氏と岩城氏の境目にあたっていたことがわかる。この場合も、先に述べた分水嶺という地理的な特徴が関係している。

諸勢力の草刈場

現在、福島県の郡山《こおりやま》駅といわき駅の間をＪＲ磐越東線《ばんえつとうせん》が通っている。これらの地はすべてその沿線にある。郡山駅を過ぎて阿武隈川を渡ると、田村庄に入る。田村庄はもともとは安積郡《あさか》に属していたが、阿武隈川東岸に田村庄が成立し、安積郡から独立した地域単位となっていた。一方、阿武隈川西岸（現在の郡山市一帯）は、中世から近年に至るまで安積郡であり、中世には伊豆国《いず》伊東《いとう》（静岡県伊東市）出身の伊東氏の一族が郡内各地に分立していた。

戦国時代に至っても、この分立状態は解消されず、安積郡全体を統一した戦国大名は成立しなかった。しかも先に述べたように、同地は交通の要衝であったため、近隣の蘆名・伊達氏などから侵攻を受ける境目の地となっていた。田村氏も阿武隈川を越えて、しばしば出兵し、一時期は安積郡を支配していたこともあり、同郡は諸勢力の草刈場と化していた。

ＪＲ磐越東線は、郡山からは舞木《もうぎ》、三春、要田《かなめだ》、船引、磐城常葉、大越、菅谷《すがや》、神俣《かんまた》、小野新町《にいまち》、夏井《なつい》、川前《かわまえ》、江田《えだ》、小川郷《おがわごう》、赤井《あかい》の各駅に停車するが、大越（福島県田村市）と菅谷（同前）の間が分水嶺となっている。常葉付近からは大滝根《おおたきね》山を水源とする大滝根川、大越はその支流・牧野《まきの》川が流れ、下流で阿武隈川に注ぐ。一方、菅谷付近は夏井川の源流にあたり、下流で岩城氏の本拠地の平《たいら》を経由して、太平洋に注ぐ。つまり、大越付近が阿武隈川水系と夏井川水系の分水嶺にあたり、その付近が田村氏と岩城氏の境目になっていた。

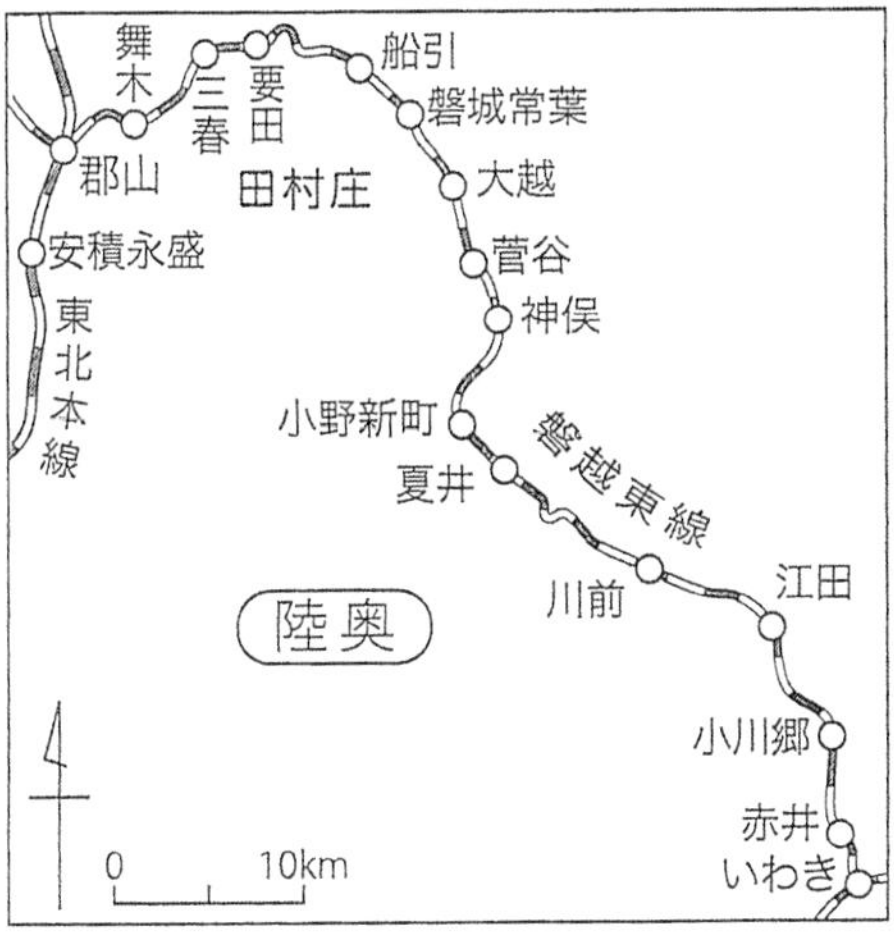

JR 磐越東線の停車駅

ただし、小野には先に触れたように、田村氏の一族が在城しており、ここまでは田村氏の影響力が強かった。小野付近は、中世には「小野保」という独立した地域単位で、近世以降は田村郡に属していた。これは田村郡が分水嶺を越えていたことを意味するが、それは戦国後期には田村氏が小野保を支配していたことに由来すると考えられる。

だが、小野保は夏井川を通じて、岩城氏の本拠地と直結しており、いわき地方とも関係が深かった。それゆえに、小野の田村氏は岩城氏とも関係が深く、田村氏と岩城氏に両属する立場にあったのだろう。なお、磐越東線は夏井（小野町）までは田村郡、川前（いわき市）からは楢葉郡（明治二十九年から石城郡）で、その間が郡界ならびに現在の自治体の境となっている。夏井駅より先の小川郷駅までは、夏井川が渓谷をなす山深い所であり、地形的にも郡界としてふさわしい。

安子ヶ島城と高玉城

これまで述べてきたように、天正十七年（一五八九）に伊達政宗は各地の境目に対して、次々と攻撃をかけていた。先に述べた片平親綱が蘆名・佐竹氏に対して、手切れをするという約束に呼応して、政宗は米沢を出陣した。

四月二十三日に大森城《おおもり》（福島市）に入り、二十七日には親綱と対面した。大森城は、政宗が中通りで軍事行動をするにあたって、拠点とする城であった。同城はJR東北本線の南福島駅の西にある城山の上にあり、福島盆地を見わたせる絶好な場所に位置する。山頂部分の本丸や二の丸の部分は広大で、政宗が拠点とするのにふさわしい広さを持っている。遺構はあまりないが、一部に堀が残っている。

その後、政宗は五月三日に本宮《もとみや》城（福島県本宮市）まで進軍し、翌四日に安子ヶ島《あこがしま》城（郡山市）を攻撃した。これ以前の四月二十四日に、親綱は実際に「手切」をし、安子ヶ島などに攻撃をかけていた。安子ヶ島は伊東氏の一族・安子ヶ島祐高《すけたか》の居城で、蘆名氏方であった。本宮から安子ヶ島には道が通じ、それに沿って五百《ごひゃく》川が流れ、道と水系でつながっていた。本宮には政宗の叔父・伊達成実《しげざね》が在城しており、両所の間がこの時点での伊達と蘆名の境目であった。

五月四日には政宗の本軍が安子ヶ島を攻撃し、即日いくつかの曲輪を占領した。これに対して祐高は、退城を申し出たため、政宗はこれを承諾し、祐高は猪苗代に逃れた。同城はJR磐越西線《ばんえつさいせん》の安子ヶ島駅近くにあり、あまり遺構は残っていないが、一部堀の跡が残存している。

この余勢をかって政宗は、その北西にある高玉《たかたま》城（郡山市）にも攻撃をかけ、即日落城させた。『政宗記』によると、同城の西の方をわざと退路として空けていたが、誰も逃れず、全員が討死したとしている。また、政宗は翌日に重臣の白石宗実《しろいしむねざね》に書状を遣わし、自分自身が攻撃に加わり、城主・高玉氏など三百余人を討ち取って、女房・童・牛馬まで撫切《なでぎり》にしたと豪語している。高玉の地は少地と思っていたが、「言語道断結構之要害」であり、町構《まちがまえ》を破るまでは、城主がよく持ちこたえていたとも述べている（「登米《とよま》〈「とめ」とも〉伊達家文書」）。

境目の防衛施設＝「町構」

高玉城は高玉の集落背後の山上にある。本丸部分はそれなりの広さがあり、その虎口《こぐち》に入るには、山下から大きく廻り、いくつかの曲輪を経由していく縄張りになっている。伊達氏に備えて、城を改修していたことが窺《うかが》える。政宗はたいしたことはないと思っていたが、実際に攻めたところ、堅固な縄張りとなっており、認識を改めたのである。

また、「町構」と述べているので、城の下にある集落の外側にも堀や土塁、木戸などがあり、そこも城内に取り込み、防衛の最前線としていたことがわかる。『政宗記』には、安子ヶ島城の場合も「外構より取らんとて攻給《せめ》へば、町構より二三の曲輪破れにければ」とあり、同じく城下の集落を城に取り込んでいたことがわかる。安子ヶ島城は台地上にあり、その下に集落が存在し、道の両側に家が並ぶ町場のような景観をなしている。

戦国時代には城下の集落や町場を城内に取り込むのが一般的であったが、第五章で詳しく述べるように、境目の地の集落は敵から日常的に攻撃を受けているため、そこを守るのに、町構と呼ばれる防衛施設が構築されていた。

なお、高玉城主は高玉太郎左衛門常頼《たろうざえもんつねより》という名で、城の近くの常円寺《じょうえんじ》の境内に墓がある。地元では、伊達氏による「撫切《なでぎり》」という残虐な所行が今も言い伝えられている。撫切は政宗が書状でよく使う言葉で、最初に見えるのは家督を譲られた翌天正十三年（一五八五）八月に小手森城《おでもり》（福島県二本松市）

を落城させた直後に、最上義光《もがみよしあき》に宛てた書状である（佐藤文右衛門所蔵文書）。これには「城主をはじめ、大内定綱の親類五百人を討ち取り、その他女童は申すに及ばず、犬まで撫切にした」とある。これには敵方を全滅させたことを誇示する意図があり、その後もしばしば用いられる。

こうして政宗は、安子ヶ島城・高玉城を落とし、従来は安子ヶ島と本宮の間で均衡を保っていた蘆名氏との境目を一挙に前進させた。高玉の西にある峠を越えると、会津であり、政宗は会津を目前にしたのである。蘆名氏は高玉城落城により、相当の危機感を抱いたはずである。

政宗は先の書状で、高玉城落城は「隣州の覚えといい、殊《こと》に岩城・相馬への覚え、一身の満足この事に候」とも述べている。隣州とは蘆名氏のことであり、高玉城落城が同氏はもとより、岩城・相馬氏にも脅威を与えるものとして、満足していることを語っている。実際、翌月に政宗は会津に侵攻し、摺上原の合戦で勝利を得て、蘆名氏を滅亡させ、会津を手中にしたのである。

3　伊達氏・相馬氏と小田原参陣

政宗の駒ヶ嶺城攻め

伊達政宗は、高玉城を落城させた翌五月六日に本宮城に戻り、七日には大森城に入った。そして、密《ひそ》かに相馬氏が支配している新地《しんち》城・駒ヶ嶺《こまがみね》城攻撃を計画した。そこへの中継地である金山《かねやま》城主（宮

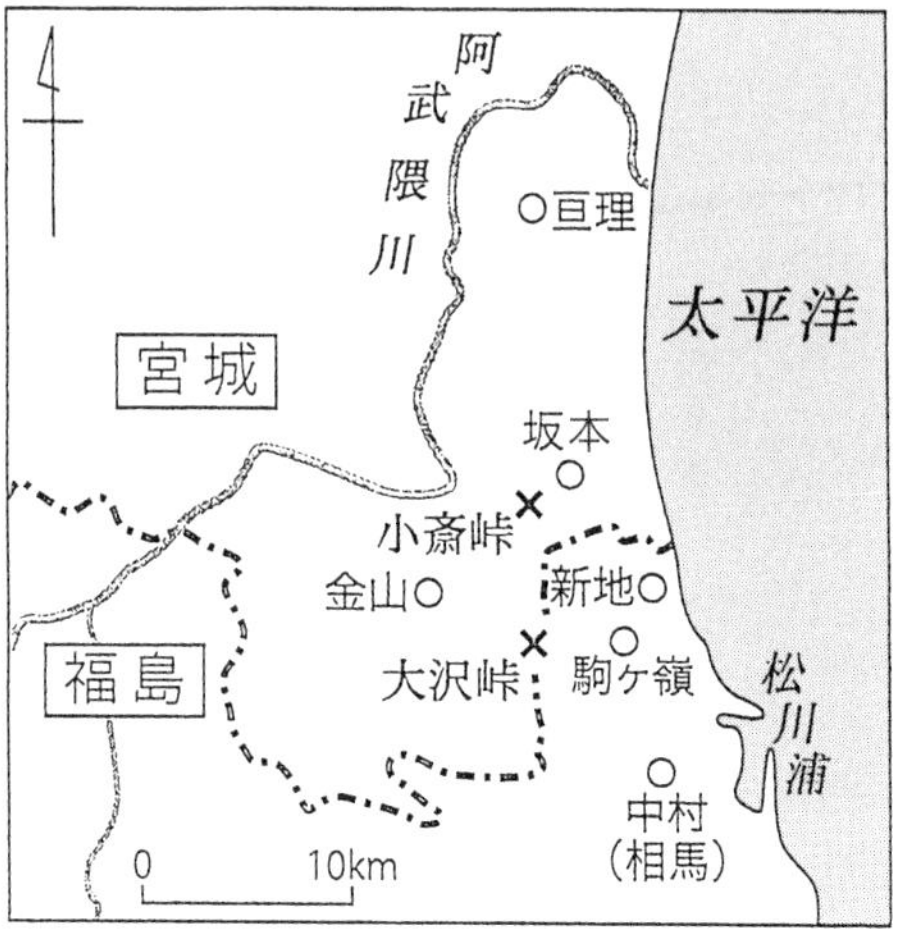

新地・駒ヶ嶺とその周辺

城県丸森町《まるもり》）の中島宗求《なかじまむねもと》に対して、政宗は両城を攻撃するために、近日中に金山に向かうが、このことはくれぐれも隠密にするようにと述べている（「伊達家文書」）。政宗は相馬氏の不意をついて攻撃を加えようとしていた。

新地城・駒ヶ嶺城（ともに福島県新地町）は宇多《うだ》郡内にある。相馬氏は小高《おだか》城（福島県南相馬市）を本拠とし、宇多郡・行方郡・標葉《しねは(しめは)》郡を領国としていた。宇多郡は現在の福島県新地町と相馬市、行方郡は現在の南相馬市（旧鹿島《かしま》町・原町市・小高町）・飯舘村にあたる。明治二十九年（一八九六）に両郡は合併して、相馬郡となった。

宇多郡の北は亘理《わたり》郡で、当時は伊達氏が支配していた。つまり、この時点では宇多郡と亘理郡の郡境が、相馬氏と伊達氏の境目になっていた。また、その境は現在の福島県と宮城県の境でもある。新地城・駒ヶ嶺城は、伊達氏に備えた相馬氏方の境目の城であった。一方、伊達氏の境目の城は、坂本《さかもと》（近世以降は坂元）城（宮城県山元《やまもと》町）であった（坂本城と金山城は亘理郡と伊具《いぐ》郡の境である小斎《こさい》峠により連絡)。この地域は海に面しており、二〇一一年三月の津波により平地部分は壊滅的な被害を受けたが、これらの城は山の上にあるので無事である。

政宗は五月十六日に金山城に到着し、さっそく十九日に駒ヶ嶺城攻めを開始した。『政宗記』によれば、猛攻を加えて本丸を残すばかりになったが、急には落城できないとして、いったんは軍を引き揚げた。すると、城中から中島宗求の陣場に矢文《やぶみ》が飛んできた。それには「宗求が城内に乗り込めば、直談して、城を出る考えがある」と書かれていた。そこで、宗求は城に乗り込み、城主の藤崎《ふじさき》氏が退城すると申し出たので、宗求は人質となり境目まで同行し、駒ヶ嶺の城兵を相馬に送った。こうして、駒ヶ嶺城は政宗の手中に入った。

この駒ヶ嶺落城に関しては、中島宗求が重要な役割を果たしていることが注目される。宗求の居城・金山城は伊具郡にあり、宇多郡と境を接している。伊具郡と宇多郡は南北に連なる山が郡境をなし、山越えには大沢《おおさわ》峠を利用する。金山城から東南に向かい、大沢峠を越え、駒ヶ嶺に向かう道があり、金山と駒ヶ嶺の間は直接道が通じている。政宗軍はこのルートを利用して、駒ヶ嶺に向かったのだろう。つまり、金山城は宇多郡に対する境目の城であった。

戦国時代には、境目の領主が敵地攻撃の際に先陣を務めることが一般的であった。この時には、いったん政宗は軍を引き揚げたが、矢文が宗求の陣に届いているので、宗求は城に最も近い所にいて、城攻めの先陣を務めていたと考えられる。また、敵地の城や領主に対して、「調略《ちょうりゃく》」と呼ばれる寝返りの交渉が行われたが、その交渉を実際に行うのが境目の領主であることが多い。宗求も境目にある駒ヶ嶺城に対して、以前から調略を行っていたと思われる。

また、宗求が宇多郡の境目を攻撃したことも当然あったはずで、両者は知り合いであったろう。こうした点から、駒ヶ嶺城主・藤崎氏は、交渉相手として宗求を選んだのだろう。宗求は矢文の内容を政宗に知らせて、交渉は宗求が独自に行い、その結果退城することになったが、それを政宗は認めている。

『政宗記』では宗求のみが交渉したことになっているが、落城させた当日の「政宗書状」によれば、宗求と亘理元安《げんあん》（重宗《しげむね》）の二人が交渉をしていることがわかる（佐藤守氏所蔵文書）。亘理元安は亘理城主（宮城県亘理町）で、やはり境目の領主である。このことは、宇多郡に接する伊具郡と亘理郡の城主が共同で交渉をしていたことを意味する。つまり、宗求のような境目の領主には、敵地の境目の領主との交渉権が一定度委任され、その決定を政宗のような戦国大名が容認する慣習があったのである。

新地城攻めと伊達・相馬氏の境目

さて、駒ヶ嶺城落城の翌二十日、政宗は新地城を攻撃した。しかし、駒ヶ嶺城は相馬に近いのに助けが来ず、ましてや新地城は相馬から遠いので、相馬氏の助けが来なかった。実際、新地は駒ヶ嶺の北にあり、亘理郡に近く相馬からは離れている。政宗が先に駒ヶ嶺城を攻めたのは、ここを落城させて、新地城を孤立させる狙いがあったのだろう。

『政宗記』によれば、新地城主の泉田甲斐《いずみだかい》は、援軍が来ず孤立状態になったので、退城を申し出て、政宗も了承した。ところが、退城を保証する伊達氏側の人質も取らないうちに、城内から火が出たため、伊達軍は一斉に攻撃を行い、落城させたという。

しかし、前日の「政宗書状」では「新地も侘言《わびごと》をしてきたが、先ずは拒否し、明日は撫斬《なでぎり》にするつもりだ」と述べている（佐藤守氏所蔵文書）。これによれば、政宗は前日までは撫斬にする予定であったが、翌日には一転して退城を受け入れたことになる。この点はともあれ、政宗は新地城も入手し、宇多郡の北部を領国に組み入れ、相馬氏領国に深く食い込んだのである。

新地落城の四日後に、政宗が重臣の白石宗実に宛てた書状には、「新地・駒ヶ嶺両城は近年相馬氏が念を入れて普請《ふしん》しており、その出来ばえは言葉に表現できないほどである。五、六年以前とは全く異なっている」と述べている（「登米伊達家文書」）。落城後に政宗は、両城の縄張りが堅固に構築されているのを見て、驚いている。

両城の遺構は曲輪の基本的な部分が残っており、なかでも駒ヶ嶺城は中核部分がよく保存されている。両城ともに山上に本丸があり、そこに至るまでにいくつかの曲輪があり、虎口などが工夫されている。特に駒ヶ嶺城は虎口が枡形《ますがた》になっているなど、厳重な作りになっている。

両城は最終的に伊達氏の城となったので、その縄張りも伊達氏によるものとする意見もあるが、政宗の言葉からすれば、基本的には相馬氏が作ったもので、伊達氏はそれを踏襲して使用したと考えられる。相馬氏は、政宗による各地への攻撃が激化したのに危機感を抱き、それ以前にはわりと単純な縄張りであった両城に手を加えて、虎口や曲輪などに工夫を加えた。この両城は、縄張りが情勢により複雑化したことを示す例として注目される。

新地・駒ヶ嶺の戦後処理

新地・駒ヶ嶺の両城を落城させた後、政宗はどのような戦後処理を行ったのだろうか。政宗は新たに駒ヶ嶺城に黒木宗元《くろきむねもと》（旧丸森城主）、新地城に亘理重宗の配下坂本《さかもと》氏を配置した。相馬氏が領有していた段階では新地城が伊達氏に対する最前線の城であったが、政宗による領有後は、駒ヶ嶺城が相馬氏に対する最前線の城となった。

そこで政宗は、駒ヶ嶺城に新たに家臣を派遣して定番《じょうばん》させている（「引証記」）。定番とは常時、城の番をさせることで、境目の城を厳重に警固するために行われた制度である。この制度は他の戦国大名でも行われ、当時、城兵は定番とローテーションによる交代の番の二本立てで構成されていたのが普通である。

一方、相馬氏も駒ヶ嶺城の奪回を目指し、しきりに攻撃をかけてきた。落城から二ヵ月後の七月には、亘理重宗が相馬氏の軍勢五十人を討ち取り、そのうち二十二の鼻を政宗の所に送ってきた（『伊達天正日記』）。さらに九月には相馬氏が亘理浜に攻撃をかけてきたので、亘理重宗が応戦し、五十人余を討ち取っている（「八代文書」）。亘理と駒ヶ嶺の間は二〇キロ余も離れており、しかもその間には新地城・坂本城などがあり、その間を通行するのは難しいと思われるので、相馬軍は船に乗って、亘理の浜に上陸したと考えられる。

これと同時に相馬氏は、駒ヶ嶺城にも攻撃をかけているので（「八代文書」）、亘理浜への上陸は境目の後方を攪乱《かくらん》することで、境目への救援を不可能とし、駒ヶ嶺城攻撃を援護する目的があったのだろう。七月の戦闘があった場所は不明だが、この時と同様に亘理浜、あるいは重宗配下の坂本氏が城主をしている新地であった可能性が高い。

この相馬氏による亘理浜への攻撃は、一種の海賊行為である。境目には城があり、その防衛戦を突破して、境目の後方を直接攻撃するのは困難なので、海沿いの地の場合は、海賊によるゲリラ的な活動が行われることがあった。

政宗は駒ヶ嶺城を落とした直後、新たに駒ヶ嶺城主となった黒木宗元と金山城主の中島宗求に、①舟に関しては人足を調える（確保する）までは、敵に取られないように、亘理城主の亘理重宗と談合（相談）して、番を付けること。②小舟は坂本城主と談合して、回漕《かいそう》することを命じている（「伊達家文書」）。この命令は、相馬氏が再度駒ヶ嶺を攻撃し、舟を奪うことが予想されるので、それへの対応を求めたものである。

人足とは水夫（船員）のことと思われるが、それを調えるとは、いかなる意味であろうか。戦いが行われると、その地域の人々は逃散《ちょうさん》し、特に境目の地が敵方に占領されると、以前の味方の地に逃散することが多い。

この場合、駒ヶ嶺や新地では、相馬氏の所領に逃散した人が多かったはずである。もちろん、すべての人が相馬氏領に逃散したのではなく、駒ヶ嶺や新地に留まった人もかなりいるだろうが、人口が減少した可能性が高く、現地で水夫を徴発することが難しくなったのだろう。この舟は小舟と区別されているので、大きな舟であり、一隻の舟にある程度の人数の水夫が必要なので、水夫の確保が計画されたのだろう。

①では亘理重宗と談合することを命じているが、これは水夫の確保とも関係していると思われる。亘理には先に述べたように、亘理浜と呼ばれる海に面した集落があった。『政宗記』によれば、新地城を落とした翌日、新地の海上に亘理の浜から漁師が集まり、数えきれない魚を取り、亘理重宗が新地の海辺で磯山《いそやま》という渚《なぎさ》に仮屋《かりや》を建て、政宗を饗応《きょうおう》している。磯山は、埒木崎村《らちきざき》（近世・明治の村名、現在は新地町埒木崎）の小字《こあざ》に磯山があるので、この地と思われる。埒木崎村は新地城の北東にある村で、海に面している。

戦勝祝いの際に、その場所を支配する領主が饗応を行うのが一般的だが、この場合は新たな占領地なので、境目の領主である亘理氏が饗応を行ったのである。仮屋とは饗応を行う場所として、仮に建てる小屋のことであり、亘理氏が建てたものである。また、亘理の浜の漁師が新地で魚を取ったのは、亘理氏の命に基づく。これは亘理浜に多数の漁民がいたことを意味する（現在も漁港あり）。つまり、亘理氏は多数の漁民を動員するのが可能なので、水夫の確保に関しても、重宗と談合を行うように政宗は命じたのだろう。一方、②では小舟の回漕については、坂本城主と談合することになっているが、小舟の場合は少数の水夫の確保ですむので、駒ヶ嶺に近い坂本に一時的に回漕させたと考えられる。

この政宗の命令は、相馬氏の海賊による舟の奪回を防止するためのものだった。これらの舟を利用して、相馬氏の領地に海賊を行う意図もあったと考えられる。伊達氏・相馬氏の領地の海岸は、砂浜が長く続いている所が多く、現在でも漁業が盛んである。戦国時代にも沿岸では漁業が行われていて、多数の舟が存在した。それを利用した海賊行為がなされていたので、政宗は戦後処理の一つとして、舟の確保にも留意したのである。

政宗の小田原参陣と相馬氏の動向

翌天正十八年（一五九〇）六月に、政宗は小田原《おだわら》参陣を行って秀吉《ひでよし》に臣従した。その際には、今まで御礼をしなかったこと、要するに秀吉に臣従しなかったこと、既に秀吉に臣従していた蘆名氏を滅亡させたことを厳しく詰問された。

政宗はこれに申し開きをしたが、会津は秀吉の「蔵入所《くらいり》」（直轄領）とされることになった。しかし、六月の時点では、政宗は秀吉による陸奥・出羽《でわ》の仕置《しおき》の終了後に返却されると認識していた（「引証記」）。これは政宗の希望的観測であったかもしれないが、なお事態は流動的であったのも事実であろう。

　天正十八年、小田原落城後の八月には、秀吉は会津で陸奥・出羽の諸大名の存続や所領決定、城割《しろわり》（主要な城以外の破却）・検地・刀狩りなどを命じた（いわゆる「奥羽仕置《おううしおき》」）。これにより、前年に獲得した会津・安積郡・岩瀬《いわせ》郡を没収された。一方、同じ年に獲得した新地・駒ヶ嶺地域は没収されず、近世も仙台藩領として幕末まで続いた。この違いは何に基づくのだろうか。

　一般的には秀吉が出した「惣無事令《そうぶじれい》」（近年は色々な議論があるが、大名間の私戦を禁止し、秀吉による領土の確定を定めた法令）に違犯したことにより、会津などは没収されたと理解されているが、それならば、政宗が相馬氏との私戦により獲得した新地・駒ヶ嶺地域も没収されるはずである。つまり、秀吉による大名の所領確定は、惣無事令をストレートに適用するのではなく、様々な要因を考慮したうえで、決定されたと言えよう。

　新地・駒ヶ嶺地域に関しては、次のような事情もある。政宗が小田原へ向かう道中にあった五月十四日、相馬氏は駒ヶ嶺城を攻撃した。これ以前に政宗は小田原参陣を決意し、四月十五日には黒川（会津若松）を出発し、大内（福島県下郷《しもごう》町）に向かっていた（「八槻《やつき》神社文書」）。政宗は下野街道《しもつけかいどう》（会津西街道）を通り、日光《にっこう》の入口である今市《いまいち》（栃木県日光市）に出ようとしていた。

　すでに四月九日には、今市など日光地域を支配していた壬生義雄《みぶよしかつ》に書状を送り、友好関係を確認し、義雄が壬生城（栃木県壬生町）または鹿沼《かぬま》城（栃木県鹿沼市）に帰城し、膝を突き合わせて、軍議をしたいと述べている（「伊達家文書」）。

ただし、この時には、義雄は小田原に籠城しており、この書状が実際に送られたかは疑問である。「伊達家文書」に残されているこの書状には、署名や花押《かおう》もないので、草案と考えられている。おそらくは、草案を作成したものの、送付は困難と考えられ、そのまま草案のみが残されたのだろう。この点はともあれ、政宗は日光に出るために、義雄に通路の安全保障を受けようとしたのであろう。

政宗は大内に到着した後に、家臣たちと談合をした。改めて小田原参陣の是非や、参陣ルートの善し悪しを話し合ったのだろう。翌十六日には富田丹波守《たんばのかみ》が戻り、関東の様子を政宗に報告した。

富田氏は二月六日に京への使者として派遣され、その帰りに関東に関する情報を得ていたのである。その後も毎日のように談合が続けられ、十九日にも関東から来た僧から現地の様子を聞いている（『伊達天正日記』）。こうして、関東に関する情報を得て、談合を繰り返した結果、日光から関東に入るのは困難という結論に達し、政宗は黒川に引き返した。

そこで、ルートを変更して越後・信濃《しなの》・甲斐《かい》を経由し、小田原に参陣することになった。五月九日に黒川を出発し、十六日には越後国弥彦《やひこ》（新潟県弥彦村）に到着している（「登米伊達家文書」）。こうした政宗の行動を相馬氏が知ることとなり、留守中を狙って、新地・駒ヶ嶺地域を回復するために、駒ヶ嶺城攻撃を行ったのである。しかし、伊達方はこれを撃退し、相馬義胤の弟・隆胤《たかたね》など数百人を討ち取った（「吉田文書」「桑折《こおり》文書」など）。

秀吉から安堵された新地・駒ヶ嶺

政宗は六月五日に小田原に到着したが、目通りを許されず、底倉《そこくら》（神奈川県箱根町）の宿に押し込められた。底倉は箱根山中にある温泉地で、この宿も温泉宿であろう。これは表面的には押し込めのようだが、実は長旅の疲れを温泉につかって癒しなさいという秀吉の心遣いがあったと考えられる。中世には客人を風呂や温泉に入浴させることは、接待の一つであり、それを秀吉は政宗に対して行ったのである。

その後、九日に秀吉への出仕《しゆっし》が許され、予想外のもてなしを受けた。そして、十四日には小田原を出発し、黒川への帰国の途についた。この日に政宗に同行していた片倉景綱《かたくらかげつな》は、岩城氏家臣に書状を送り、その中で相馬氏が政宗の留守中に駒ヶ嶺城攻撃を行ったことを理由に、秀吉から相馬氏の討伐を許可されたと述べている（松浦孝氏所蔵文書）。

政宗は黒川に二十五日に到着し、翌日に家臣たちに、秀吉との申し合わせに従い、来月に相馬氏攻撃を行うことを伝えた（「引証記」）。相馬氏は小田原参陣をせず、しかも駒ヶ嶺城攻撃を行ったので、それを根拠として、政宗は秀吉に相馬氏討伐を申し出た。秀吉は相馬氏の惣無事令違犯は明白として、政宗に許可を与えたと考えられる。

政宗の相馬氏攻撃は、直後に領内の大里《おおさと》（福島県天栄村《てんえい》）で矢田野《やだの》氏による反乱が起き、その鎮圧に全力を傾けるために延期された（「引証記」）。七月には秀吉が会津に向かうことになっており、その途中にある地での反乱は何としても鎮圧しておく必要があった。秀吉は七月十七日に小田原を出陣、二十六日に宇都宮《うつのみや》に到着し、八月四日まで滞在した。

この秀吉の奥州滞在中に、相馬義胤はようやく秀吉への出仕を遂げ、結局本領を安堵《あんど》された。小田原参陣をしなかった大名の多くが改易《かいえき》になっている。しかも相馬氏は、小田原攻めの最中に駒ヶ嶺城攻めという私戦を行っているので、こうした点からすれば、当然改易になるはずだったが、本領を安堵されている。

その背景には、指南を受けていた石田三成《いしだみつなり》による秀吉への働きかけがあったと推測されている。この点はともあれ、相馬氏は危ういところで改易を免れた。新地・駒ヶ嶺地域を政宗から没収して、わざわざ相馬氏に与えようとは秀吉も考えなかったのだろう。こうした相馬氏の動向が、政宗に新地・駒ヶ嶺地域を安堵された理由の一つと考えられる。

4　境目と福島第一原発

関ヶ原合戦と伊達支配の終焉

翌天正十九年（一五九一）八月頃に、政宗は本領の長井《ながい》・信夫《しのぶ》・伊達《だて》・安達《あだち》・置賜《おきたま》・刈田《かった》郡などを没収され、代わりに大崎《おおさき》氏・葛西《かさい》氏の旧領（宮城県北部・岩手県南部）を与えられた。そして、九月には本拠を岩出山城《いわでやま》（宮城県大崎市）に移した。

慶長《けいちょう》五年（一六〇〇）五月、上杉景勝《うえすぎかげかつ》が謀叛《むほん》を企てたとして、徳川家康《とくがわいえやす》は景勝征伐を行うことを決定した。政宗もこれに従い、六月十四日に大坂を出発し、相馬氏領を通って、七月十二日に北目城《きため》（仙台市）に入った。これは前線に近い所に本陣を置き、上杉領に対する攻撃を指揮するためであろう。同月二十四日には白石城《しろいし》（宮城県白石市）攻撃が開始され、上杉氏との戦いの火蓋が切られた。その一方で、相馬氏が上杉氏と呼応して、伊達氏領に攻撃をかけるのではないかと警戒していた。

九月一日に政宗は、新地城主の大町元頼《おおまちもとより》に書状を送り、次のような命令を伝えた（「引証記」）。

新地城は破却以来、余裕がなかったので、普請を命じていなかった。もし相馬氏の大軍が押し寄せたら、城を抱えるのは難しいと思う。そうなったならば、新地・駒ヶ嶺城は共に坂本城に移りなさい。

これによれば、新地城は以前に破却（城割り）され、防衛機能が弱かったことがわかる。この破却は、秀吉が奥羽仕置の一環として命じたもので、主要な城以外はすべて破却するというものであった。この破却がどの程度のものだったかは、様々な議論がある。新地城の場合は、政宗が防衛機能の低下を心配しているので、土塁・堀・虎口などの破壊に及んでいたと推測される。新地城の遺構の残りが少ないのは、破却の結果と考えられる。

一方、駒ヶ嶺城の破却に関しては、政宗は直接言及していないので、実行されたのかは不明である。

ただし、先にも述べたように、駒ヶ嶺城の方が新地城より、虎口や土塁・堀がよく残っているので、破却が行われなかった可能性が高い。また、近世にも相馬藩に対する藩境の城として使用され、戊辰《ぼしん》戦争の時も、仙台藩はこの城を根拠に戦っている。駒ヶ嶺城は幕末まで機能していた。それが、遺構がよく残っている理由であろう。

その後も政宗は相馬氏への警戒を怠らなかったが、結局相馬氏は軍事行動を起こさなかった。しかし、関ヶ原合戦後、相馬氏は石田三成方と認定され、慶長七年（一六〇二）五月に、いったんは国替《くにがえ》を命じられたが、相馬氏による必死の嘆願が認められ、十月には一転して宇多・行方・標葉の三郡の本領が安堵された。政宗は、これを意外なことと受けとめている（戸村正昭氏所蔵文書）。

一方、政宗は関ヶ原合戦の前月に、家康から刈田・伊達・信夫・二本松・塩松《しおまつ》・田村・長井の七カ所を本領として宛行《あてが》うという判物《はんもつ》をもらっていたが（「伊達家文書」）、刈田郡を加増されただけだった。これは南部《なんぶ》領内で発生した和賀《わが》一揆を煽動《せんどう》したことが、家康に発覚したため、約束が反故《ほご》にされたと言われている。だが、上杉氏との戦闘の結果、完全に確保したのは刈田郡のみであり、それが追認されたとも考えられる。

たとえ、知行宛行《ちぎょうあてがい》の約束を受けても、自力で知行を実現するのが戦国時代の慣習であり、この場合も上杉氏から本領を奪回することが、暗黙の了解になっており、実際に確保した刈田郡のみが宛行われたとも解釈できよう。

近世・明治期の新地・駒ヶ嶺地域

こうして、関ヶ原合戦後に伊達氏と相馬氏の領地は確定され、そのまま幕末に至る。駒ヶ嶺城の少し南には、周囲より少し小高い丘が阿武隈山麓から東側の海に向かって延びている。

このライン付近が藩境とされ、近世初期には仙台藩と相馬藩領を画《かく》す藩境土塁が築かれた。この藩境土塁の大部分は道路建設などにより破壊されたが、現在も一部が残っていて、全国的にも珍しい。この藩境は、天正十七年（一五八九）に政宗が駒ヶ嶺城を落とした時に定まった境目を踏襲したものであろう。境目を設定するには何らかの目印が必要であり、小高い丘は目印として視覚的にもわかりやすい。先にも述べたように、近世には駒ヶ嶺城は藩境の城として使用されていた。戦国時代の境目の城としての性格が、近世にも受け継がれ、境目付近には緊張感が漂っていたと思われる。

江戸幕府滅亡後、仙台藩らは奥羽越列藩同盟《おううえつれっぱんどうめい》を結成し、新政府に対抗して各地で戦いが行われた。しかし、同盟側は各地で敗れ、各藩は移封《いほう》・減封《げんぽう》された。南部藩も処分の対象となり、二十万石から仙台藩領であった新地・駒ヶ嶺地域（宇多郡の一部）・亘理郡・伊具郡の十三万石に移封された。その分、仙台藩は減封になった。これに対して、明治二年（一八六九）にこれらの地域の百姓は、仙台藩への復帰を嘆願し、復帰が認められた。

明治四年（一八七一）に廃藩置県が行われ、新地・駒ヶ嶺地域は仙台藩が移行して成立した仙台県に属し、翌年には宮城県となった。だが、明治九年（一八七六）四月には宮城県から分離して、磐前《いわさき》県に属する。すでに磐前県は、明治四年に平藩・相馬藩領を中心に成立していた。新地・駒ヶ嶺地域は仙台藩領という点からは、そのまま宮城県のままであったほうが自然だが、この時に磐前県に属したのは、宇多郡が二つの県に分断されていたのを整理する目的があったと思われる。

いずれにせよ、この行政区画の変更は、宇多郡全体を相馬氏が支配していた状態に回帰させたとも言えよう。ここに天正十七年（一五八九）の政宗による新地・駒ヶ嶺地域の占領以来続いた伊達氏の支配は、行政区画の変更という形で完全に終わりを告げたのである。そして、同年八月には磐前県・福島県・若松《わかまつ》県が合併し、福島県となり、現在に至る。

明治二十二年（一八八九）には、谷地小屋《やちごや》・杉目《すぎのめ》・小川《おがわ》・大戸浜《おおどはま》・今泉《いまいずみ》の五カ村が合併して、新地村が成立した。その後、昭和二十九年（一九五四）に福田《ふくだ》村・駒ヶ嶺村と合併して、拡大した新地村が生まれ、昭和四十六年（一九七一）に新地町となって現在に至っている。新地町の南は相馬市だが、その境界は仙台藩と相馬藩の境界と一致している。その原点は政宗の新地・駒ヶ嶺城攻撃にあり、戦国時代に形成された境目が、現在の自治体の境界に踏襲されているのである。

相馬氏の南の境目

新地・駒ヶ嶺地域は、相馬氏にとって北側の境目であった。では、南側の境目はどこだったのだろうか。戦国時代の相馬氏の支配領域は、基本的には宇多・行方・標葉の三郡だった。同氏は、これら三郡の境目を越えた伊具郡・伊達郡・田村郡・楢葉郡にも進出していた。行方郡は鎌倉時代以来の相

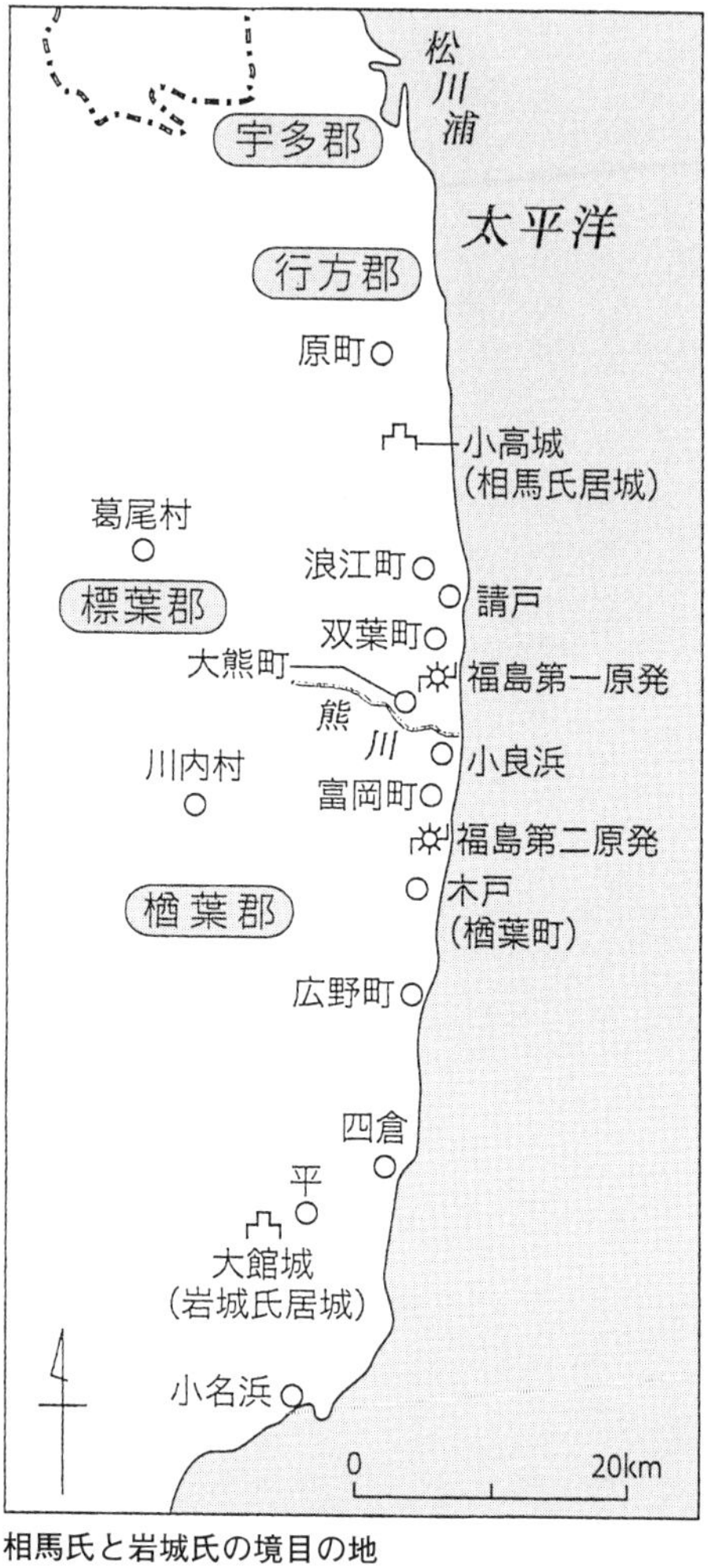

相馬氏と岩城氏の境目の地

馬氏の所領で、現在の南相馬市（旧鹿島町・原町市・小高町）と飯舘村にあたる。相馬氏は、行方郡内を根拠として次第に南北に勢力を伸ばしていった。

行方郡の北は宇多郡で、中世には「宇多庄」と呼ばれていた。貞治《じようじ》六年（一三六七）に吉良治家《きらはるいえ》は、相馬胤頼《たねより》に本知行として宇多庄の領有を安堵しており（「相馬家文書」）、これ以前から相馬氏は宇多庄を所領としていた。とは言え、室町時代に宇多庄全体に対する相馬氏の支配が確立していたかは、必ずしも明らかではない。だが、明応《めいおう》八年（一四九九）には相馬盛胤《もりたね》が宇多庄における熊野《くまの》先達《せんだつ》職を安堵しており（「岩崎家文書」）、この頃には宇多庄全体を支配していた。

その一方で伊達稙宗《たねむね》（政宗の曾祖父）は、天文七年（一五三八）に宇多庄から段銭《たんせん》を徴収しており（仙台市博物館所蔵段銭古帳）、伊達氏が宇多庄の一部を支配していた時期もあった。政宗は、天正十七年（一五八九）に新地城・駒ヶ嶺城を落城させた直後に「宇多庄を取り返したのは、稙宗の時から四十五年ぶりである」と述べている（「西牧文書」）。この数字が正確とすれば、天文十三年（一五四四）頃に稙宗が宇多庄の一部を支配していたことになる。なお、宇多郡と行方郡は明治時代に合併して相馬郡となり、現在に至っている。

行方郡の南は標葉郡で、現在の福島県浪江《なみえ》町・双葉《ふたば》町・大熊《おおくま》町・葛尾《かつらお》村にあたる。平国香《たいらのくにか》の次男・繁盛《しげもり》の子孫が標葉氏を名乗り、鎌倉時代初期に請戸《うけど》（浪江町）に館を構え、標葉郡を支配したと伝えられている。標葉氏は室町時代には国人《こくじん》として活動していたが、相馬氏との抗争激化により、権《ごん》現堂《げんどう》城（浪江町）に移った。

その後、明応元年（一四九二）に相馬盛胤は権現堂城を攻め落とし、標葉清隆《きよたか》・隆成《たかなり》父子を滅ぼして、標葉郡を手に入れたとされる（「相馬氏家譜」など）。ただし、このことは近世の編纂《へんさん》書でしか確認できず、検討の余地があるが、この頃に相馬氏の標葉郡支配が確立したと見てよいだろう。

標葉郡の南は楢葉郡で、現在の富岡《とみおか》町・楢葉町・広野《ひろの》町・川内《かわうち》村といわき市の一部にあたる。楢葉郡は、室町時代には楢葉氏という国人が支配していた。しかし、文明《ぶんめい》六年（一四七四）には、岩城親《ちか》隆《たか》が猪狩《いかり》氏に北楢葉の在家を宛行っているので（「新編会津風土記」所収文書）、この頃には楢葉郡を岩城氏が支配していたことがわかる。岩城氏は岩城（磐城）・岩崎・菊多《きくた》郡を根拠地としているが、その北の楢葉郡にも進出を果たしていた。つまり、戦国時代の初期には、標葉郡と楢葉郡の郡境付近が相馬氏と岩城氏の境目であった。

相馬氏と岩城氏の攻防

その後、相馬氏は境目を越えて、楢葉郡に進出する。『平姓相馬氏御系図』によれば、大永《だいえい》四年（一五二四）に相馬顕胤《あきたね》は、岩城重隆《しげたか》と戦い富岡（富岡町）・木戸（楢葉町）・広野（広野町）・四倉《よつくら》（いわき市・同地は岩城郡）を占領し、広野・四倉は「扱い」（和睦）により返却したが、富岡・木戸は相馬氏領となり、城主を配置したという（「奥相茶話記」所収文書）。これは実際には天文三年（一五三四）のことと推測されている。相馬氏がこの頃に楢葉郡に進出していたのは、次に見るように事実である。

天文十一年（一五四二）六月、伊達稙宗は嫡子晴宗《はるむね》によって、西山《にしやま》城（福島県桑折《こおり》町）に幽閉された。これを契機に両者は激しく争い、南奥羽の諸大名も双方に味方し、各地で戦いが繰り広げられた（伊達氏天文の乱）。稙宗には相馬顕胤（稙宗の娘が室）、晴宗には岩城重隆（娘が晴宗の室）が味方し、相馬氏と岩城氏は敵対状態となった。翌年三月に晴宗は岩城氏家臣の岡本氏に書状を送り、岩城氏と懇意の佐竹義篤《よしあつ》に楢葉口への出陣、重隆による木戸攻撃を要請している（秋田藩家蔵文書所収「岡本文書」)。

楢葉口とは、楢葉郡への入口という意味である。だが、この口は戦国時代には単なる入口ではなく、別の戦国大名の領国への入口という意味で使用されている。なかでも敵対する戦国大名領国への入口という意味で使われることがたいへん多い。

この場合、楢葉郡は相馬氏領であり、岩城氏や佐竹氏にとっては、楢葉口とは敵対している相馬氏領への入口というニュアンスが込められている。つまり、佐竹氏は岩城氏を後援するために、相馬氏が支配する楢葉郡の入口への出陣を求められたことになる。一方、重隆に対する木戸攻撃の要請は、木戸城が相馬氏の最前線の城であったことを意味し、この付近がこの時点での相馬氏と岩城氏の境目であった。

現在、楢葉郡内の海岸に面した町は、北から富岡町、楢葉町、広野町と続く。富岡町の中心地が富岡、楢葉町が木戸であり、当時相馬氏は楢葉郡のかなりの部分を支配していた。

現在(二〇一四年二月)、富岡町と楢葉町は福島第一原発事故による避難地域となっているが(富岡町は二〇一七年四月、楢葉町は二〇一五年九月に解除)、広野町は避難を解除されている。また、JR常磐線《じょうばんせん》は広野駅まで開通し、その先の木戸・竜田《たつた》(楢葉町)・富岡駅以北(原ノ町駅まで)は不通になっている(さらに相馬駅から浜吉田駅まで不通、二〇二〇年三月に全線開通)。つまり、天文年間(一五三二〜五五)における相馬氏と岩城氏の境目が、避難地域や常磐線の開通部分の境目となっている。

これは必ずしも偶然ではなく、終章で述べるように、戦国時代に境目だったことが作用したとも考えられる。

福島第一原発の所在地

天文末年（十六世紀中頃）にも、楢葉郡では相馬氏と岩城氏の戦いが続いていた（青山正氏旧蔵文書）。年代は不明だが、岩城重隆は家臣の遠藤氏に対して、木戸口への出陣、木戸での在陣に感謝している（秋田藩家蔵文書所収「岩城文書」）。これは重隆が相馬方の木戸城を攻撃した際のものと思われ、木戸城が境目の城であったことを物語る。

その後、元亀《げんき》元年（一五七〇）に岩城氏は木戸城・富岡城を奪還し、再び楢葉郡全体の支配を回復した。年未詳の親隆（重隆の子）の書状には、「富岡の境中は特に変わったことはない」とあるので（同前）、この時には富岡が岩城氏にとっての境目になっており、富岡城を岩城氏が奪回していたことを示している。

こうして、相馬氏と岩城氏との境目は、標葉郡と楢葉郡の境となり、豊臣期にも受け継がれた。相馬氏は先に述べたように、関ヶ原合戦後に宇多・行方・標葉郡の領有を認められ、近世にも受け継がれた。一方、岩城氏は関係が深い佐竹氏と同一の行動を取り（当主は佐竹義重《よししげ》の三男貞隆《さだたか》）、それが家康への敵対とされて、慶長七年（一六〇二）に本領を没収された。後に信濃国川中島《かわなかじま》（長野県）を経て、出羽国亀田《かめだ》（秋田県由利本荘市《ゆりほんじょう》）で二万石を与えられ、幕末に至った。

楢葉郡は近世初期には平藩領であったが、後に幕府領や棚倉《たなぐら》藩領などとなった。近世には標葉郡の郡境が、相馬氏にとって南の境目であった。標葉郡と楢葉郡は、明治二十九年（一八九六）に合併して双葉郡となり、現在に至っている。両郡の境は、現在は大熊町（標葉郡）と富岡町（楢葉郡）の境として受け継がれている。

この大熊町の中心地が熊《くま》村、その北の夫沢《おっとざわ》は、事故を起こした福島第一原発の所在地である。年未詳の岩城宣隆《のぶたか》書状には、「先々、熊の地を再興なされ候」とあり（色川本「岩城文書」）、岩城氏は熊村を領有していた。これはおそらく、富岡を岩城氏が回復した際のことで、その時に北の熊村まで進出していたと考えられる。境目の地である熊は、戦乱により荒廃しており、岩城氏は再興を図ったと考えられる。その後、近世には相馬藩の境目《さかいめ》付検断所《つけけんだんしょ》が置かれ、藩境警備にあたっており、まさに境目の地であった。

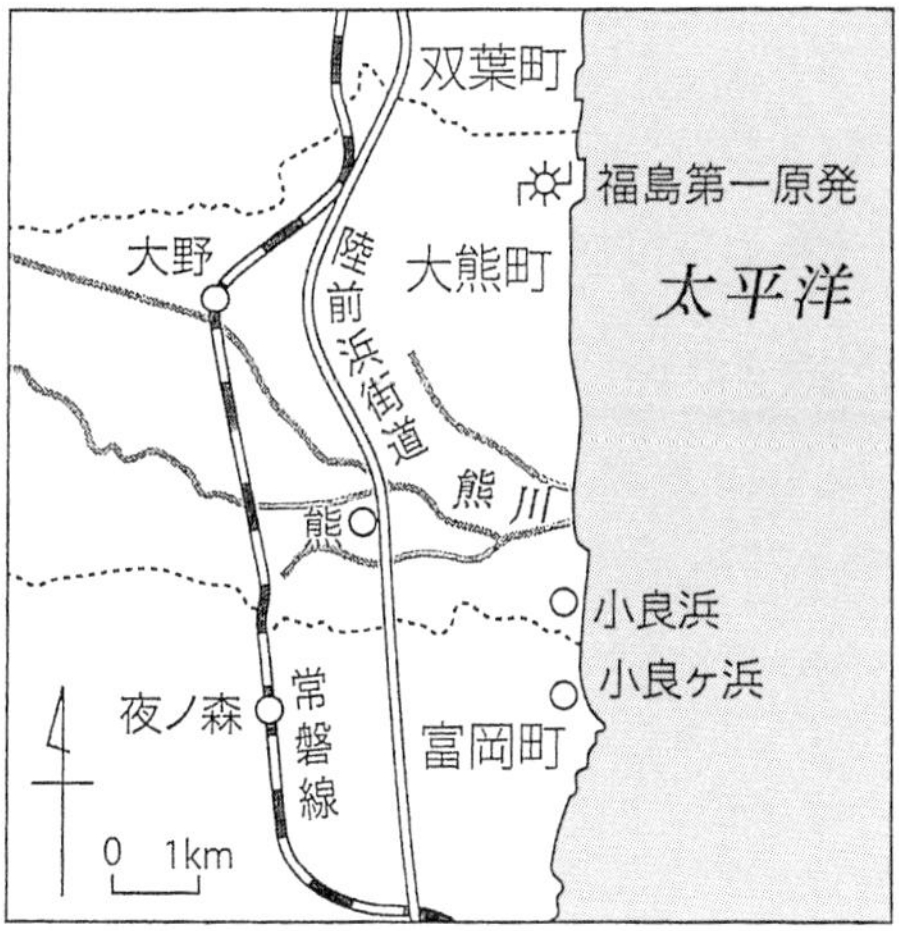

福島第一原発周辺

大熊町の中心には熊川が流れ、その流域は平地となっているが、それ以外は主として台地である。この点は他の標葉郡や楢葉郡でも同じで、阿武隈山地から流れる川沿いに平地があるが、それ以外は海岸部まで台地が広がり、海に面して断崖になっていることが多い。熊川の北の夫沢にも、標高二〇メートルほどの台地が広がっている。台地上は水利が悪く、耕地としての開発が困難なため、荒野だった。そこを利用して、福島第一原発が建設された（二〇一頁の地形図参照）。

つまり、この地に原発が建設された理由は、こうした地形的な特徴に基づくとも言えよう。この点はともあれ、福島第一原発は相馬領の境目付近に位置し、避難区域になっている飯舘村や楢葉町も相馬領の境目である。これは戦国時代に形成された境目と原発事故による高濃度の放射能拡散地域の在り方が関係していることを示唆する。

飯舘村（相馬氏領）に関しては、先に述べたように、川俣町（伊達氏領）との境が分水嶺となっており、分水嶺が障壁となって拡散の度合いが違ったと考えられる。また、楢葉町（相馬氏領）と広野町（岩城氏領）の境は、阿武隈山地から山（台地）が海まで突き出ており、これがやはり違いを生み出した可能性がある。この場合は原発からの距離も関係していようが、両町の境が山（台地）で区切られている点も無視できない。

なお、原発の南を流れる熊川の南側に小良浜《おらはま》という集落がある。その南にも小良ヶ浜《おらがはま》という集落があり、富岡町に属する。この二つの集落（村）は、近世にはそれぞれ相馬藩と平藩という異なる藩に属したため、一方に「ヶ」を付けて区別したと考えられる。元亀元年（一五七〇）に富岡が岩城氏領となった時に、この浜を「おら浜だ。おらが浜だ」と争い、小良ヶ浜という地名ができたと伝えられている（『角川日本地名大辞典』）。

この地名伝承は、一続きの浜が岩城氏領と相馬氏領に分断され、そこが境目の地になったことを象徴的に示している。この小良ヶ浜の海岸は断崖が続き、景色がたいへん良いというが、現在、その景色を見ることができないのは残念である。

第三章　新地＝「境目の城」をめぐる戦い

多様な意味をもつ「新地」という言葉

領国防衛の柱

戦国時代の戦いは、第一章・第二章で見たように、境目《さかいめ》にある城をめぐる攻防が主要なものであった。当然ながら境目は時期によって変化する。敵の戦国大名領へ侵攻し占領すると、その地が新たな境目となる。そこに従来から敵方が使用していた城があれば、改修して境目防衛のための城とする。ない場合には新たに城を構築する。

これに対して、敵方も新たな境目に対応するために、城を再利用したり、新たに構築する。このように、境目付近には双方の「境目の城」が存在するが、そこには複数の城が作られ、城郭群として防衛機能を果たしている場合も多い。

こうなると、互いに境目の突破が難しくなり、戦線が膠着《こうちやく》状態に陥り、境目が固定化する。しかし、何らかの契機で戦国大名間の力のバランスが崩れると、侵攻が行われ、それが成功すると新しい境目が生まれた。戦国時代後期には、境目を突破され、一気に領国全体が崩壊する事態も生まれる。第二章でも見たように、伊達政宗《だてまさむね》は蘆名《あしな》方の境目の城、安子ヶ島《あこがしま》・高玉《たかたま》の両城を落とした後に、会津《あいづ》に侵攻して蘆名氏を滅亡させた。織田信長《おだのぶなが》も武田《たけだ》氏の境目の城を落とし、一気に武田氏を滅亡させている。

一方、隣同士の戦国大名が同盟関係にある時は、敵対している場合に比べれば、境目の緊張感は相対的に少なく、境目も通行可能である。とは言え、同盟関係はいつ破綻《はたん》するかもわからず、境目の防衛は必要であり、緊張感は存在する。そして、実際に同盟関係が破綻すると、境目を堅固に防衛することが必要となり、新たに境目の城が作られることになる。

このように、境目の城は戦国大名にとって、領国防衛の柱であり、自らの存亡にかかわるものだった。こうした境目の城を象徴的に示す言葉が、第二章で扱った「新地城《しんち》」という城名である。本章では「新地」という言葉の用法を検討してみたい。

新地と付城の意味

『日本国語大辞典』を引くと、「新地」には、次のような三つの意味が載っている。①新しく開墾した土地、新たに居住地として開けた土地、新開地、新田。②新しく得た領地。③新開地にできた遊里《ゆうり》。遊里は一般に土地を開いて設けられる場合が多かったことから言う。大坂では曽根崎《そねざき》新地を指すことが多い。

戦国時代の史料にも、新地という言葉がしばしば見られる。その用法としては、②の意味で、新しい土地を宛行《あてが》うという文脈で使われることがある。史料では「本地・新地」と並列して表現されることが多く、本地つまり本領安堵《あんど》、新地つまり新しい所領の宛行《あてがい》を保証する宛行状によく見られる。

一方、大筋では①や②の意味だが、少し異なる意味で使われる用例の方が多い。それは新しく作った城という意味である。たとえば、千葉《ちば》氏家臣と思われる作安《さくあん》の書状には、「爰元《ここもと》新地へ罷移《まかりうつり》、毎日普請《ふしん》、大儀可為御察候《たいぎおさっしせられるべく》」（内藤泰夫氏所蔵文書）とある。これは「新地に移って、毎日普請をしています。その苦労をお察しください」という意味である。普請とは当然城普請のことで、作安は新しい城の築造に動員されているのである。

「新地」は基本的には新たに作った城という意味だが、築城目的や築城する場所によって、ニュアンスが少々異なる。また、「地利《ちり》」という言葉も同様の意味で使用されており、この点も注目される。そこで、新地の用法をケース別に検討していこう。

まず、第一に付城《つけじろ》としての用法がある。永禄《えいろく》三年（一五六〇）五月九日付の「北条氏康《ほうじょううじやす》書状」には、「上総《かずさ》国久留里《くるり》に向けて、新地を取り立て、普請がすべて完成したので、近日中に城兵を入れます」とある（「白川文書」）。この時に北条氏は、里見《さとみ》氏の上総国における根拠地・久留里城（千葉県君津《きみつ》市）を攻撃しており、攻撃の拠点として、新たに付城を築造し、それを新地と呼んでいる。

新地は「地利」とも呼ばれることがあった。天正《てんしょう》三年（一五七五）十二月二十四日付の正木憲時《まさきのりとき》宛「佐竹賢哲（義斯《よしこれ》）書状」には、「万喜《まんぎ》に向けて、地利を取り立てたことを窺《うかが》いました。落城はすぐと思います」とある。この時には、正木氏は北条氏方である土岐《とき》氏の居城・万喜城（千葉県いすみ市）を攻撃しており、やはり付城を築造し、それを地利と呼んでいる。

「地利」にも色々な意味があり、『日本国語大辞典』では、①土地から生ずる利益。②地勢・地形上の便利、地の利。③地形を利用して作られた障害物。という意味が載っている。

③は実質的に城のことであり、城は地の利がある場所を選んで構築されるので、城という意味が派生し、戦国時代によく使われるようになったと思われる。

牛久沼周辺の攻防と新地

もう一つ同様の用法を検討しよう。茨城県にある牛久沼《うしくぬま》沿岸（茨城県龍ケ崎市《りゅうがさき》など）には、岡見《おかみ》氏という国衆《くにしゅう》がいて、北条氏に従属していた。一方、牛久沼北部の下妻《しもつま》（下妻市）を本拠とする多賀谷《たがや》氏は、北条氏と対立していた。牛久沼周辺が両者の境目であり、激しい戦いが繰り広げられていた。

天正十五年（一五八七）と推定されている三月十八日付の岡見宗治《むねはる》宛「北条氏照《うじてる》書状」には、「今度《このたび》、足高《あだか》城に向けて、多賀谷氏が侵攻し、地利を取り立てたと聞きました。足高城の備えが心許ないので、高城《たかき》・豊島《としま》氏を加勢として遣《つか》わします」と述べている（「岡見文書」）。北条方の岡見宗治の居城・足高城（茨城県つくばみらい市）に、反北条氏方の多賀谷氏が攻撃をかけ、新たに城を構築した

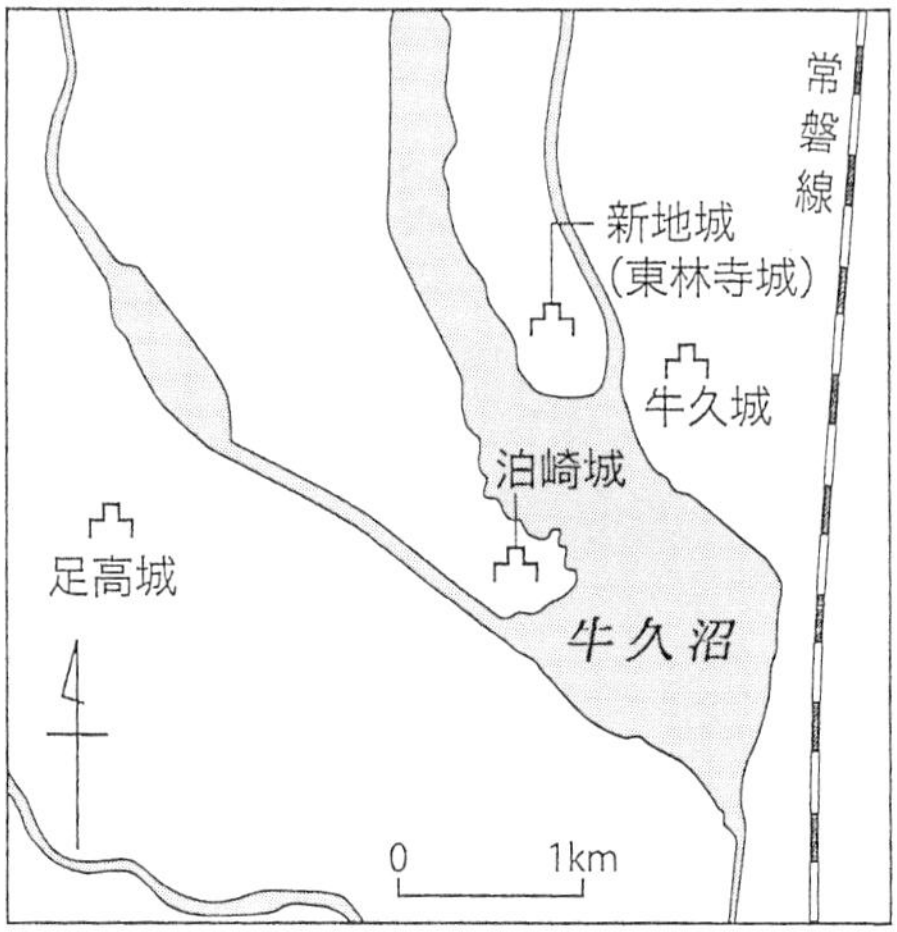

牛久沼と周辺の城

ため、不安に思った北条氏照（氏政《うじまさ》の弟）が加勢を遣わしている。

この付城は泊崎《はつさき》（八崎）城（茨城県つくば市）のことで、牛久沼に突き出た台地上に築城されたもので、湖面を挟んですぐ北側には、岡見氏の東林寺《とうりんじ》城（牛久市）があり、直接的には東林寺城を攻撃対象とした付城と考えられる。

また、牛久沼の東側には牛久城（同前）、西側に足高城があり、ともに岡見氏の本拠地で、泊崎城はその間に楔《くさび》を打ち込むような立地にあり、まさに地の利を得ている。この築城により、牛久沼を利用した足高城と牛久城の連絡は遮断され、危険な状態に陥った。この城の構築は、岡見氏に脅威を与えるものであり、それゆえ氏照は危機感を抱き、加勢を派遣したのである。

東林寺城は「新地城」とも呼ばれ（「記録御用所本」古文書（二））、そこは近世には新地村となった。このことは、東林寺城は岡見氏が多賀谷氏との境目の地に新たに作った城で、築造当時は「新地」と呼ばれ、それが近世になり村名になったことを意味する。これに対抗して多賀谷氏は、境目の防衛や東林寺城攻撃のために、泊崎城を作ったと考えられ、この城は付城であると同時に境目の城でもあった。

境目に作られた城は、境目の防衛を担《にな》うと同時に、敵方の境目の城への攻撃拠点となるので、実質的には両方の機能を持っていることが普通である。それゆえに、境目では新地や地利と呼ばれる城の構築が頻繁に行われたのである。第二章で述べた新地城も、最初は相馬《そうま》氏が伊達氏との境目に新しく作った城で、やはり築造当時は新地と呼ばれ、それが城名となり、その後に地名化したものと考えられる。

新地と本城移転

新地のもう一つの用法として、次のようなものがある。それは、元からの本拠地の城では防御が弱いと感じて、新たにより防御性の高い場所に築城する場合も、それを新地と呼ぶ用法である。ここでは二つの事例をあげておこう。

天正十三年（一五八五）九月に結城晴朝《ゆうきはるとも》は上杉景勝《うえすぎかげかつ》に書状を送り、「宇都宮国綱《うつのみやくにつな》の居城宇都宮城は抱えるのが困難なので、新地を取り立てた」と述べている（「覚上公御書集」）。この時には北条氏が下野《しもつけ》（栃木県）に進出し、宇都宮・佐竹・結城氏との対立が深まっていた。その二ヵ月前の七月には、北条氏は宇都宮からそれほど離れていない皆川広照《みながわひろてる》の居城・皆川（栃木県栃木市）を攻撃するために出陣している。

北条氏は、この攻撃に失敗し、佐野《さの》（栃木県佐野市）に退陣した（「上杉家文書」）。宇都宮氏は北条氏の圧力が迫っているのを感じ、平地にある宇都宮城（宇都宮市）では防御性に欠けると考え、新地を築城したのである。

この新地は多気山《たげさん》城（宇都宮市）のことで、標高三七七メートルの多気山に築かれた山城である。城自体はこれ以前から存在したが、防御を固めるために新たに普請を行ったと見られる。現在も頂上を中心に多くの曲輪《くるわ》、一部の土塁《どるい》・堀《ほり》が残っている。多気山の中腹には、この地域での信仰が厚い多《た》気不動尊《げふどうそん》があり、その宗教的な力も借りて、防衛を行おうとしたのであろう。この新地である多気山城に、宇都宮氏は本拠を移したのである。

三田氏による新地への移転

多摩《たま》川上流地域（武蔵《むさし》国多西《たさい》郡の北部）を本拠とし、高麗《こま》郡・入西《にっさい》郡・入東《にっとう》郡の一部を支配領域としていたのが三田《みた》氏である。三田氏は勝沼《かつぬま》城（東京都青梅《おうめ》市）を本拠とし、国衆として独立的な存在であったが、次第に北条氏への従属度を深めていた。ところが、永禄三年（一五六〇）の上杉謙信《けんしん》の侵攻により、三田綱定《つなさだ》は北条氏から離反して、謙信に従った。これに対して北条氏は、三田氏攻撃を計画する。

永禄四年（一五六一）七月三日付の那須資胤《なすすけたね》宛「謙信書状」には、「勝沼口の件で、ご心配していただき、ありがとうございました。勝沼口に地利を構え、備えを堅固にするよう命じたので、ご安心ください」とある（「那須文書」）。その直後の七月十日付、加藤景忠《かとうかげただ》宛「武田信玄《しんげん》書状」には、「敵が三田の内に新地を築いたそうだ。これに対して、氏康が由井《ゆい》（東京都八王子市）に在陣し、敵味方の間はわずかに三〇里（十六世紀当時、東国では一里は六町。三〇里は約一八キロ）と聞いているが、軍事行動を起こさず、いたずらに在陣している。どのような備えをしているのか。幸いなことに、あなたは由井に滞在しているので、風聞《ふうぶん》（聞こえてきた情報）を知らせなさい」とある（「諸州古文書」）。

「謙信書状」の地利と「信玄書状」の新地は同じものを指し、三田氏の領内に新しい城を築城したことがわかる。この城は辛垣山城《からがいさん》（東京都青梅市二俣尾《ふたまたお》）と考えられている。三田氏の本拠である勝沼城は、平地より少し高い山裾《やますそ》を利用して作られたもので、もちろん、堀や土塁、複数の曲輪があり、城内もかなり広く、それなりの防衛機能を備えている。だが、北条氏の攻撃が迫るなかで、平地に近いこともあり、守るのが難しいと三田綱定は考え、新しく辛垣山城を作ったのである。謙信書状の表現からは、築城に際して謙信の命令または助言があったように思われる。

一方、辛垣山城は、標高四五〇メートルの辛垣山の頂上付近に作った城である。この山は傾斜が急で、登るのにかなり苦労する。特に頂上付近は傾斜が非常にきつく、そこには現在も曲輪や堀が残っている。こうした天険《てんけん》の地にある点で、平地近くにある勝沼城より、防衛機能は高いと考え、新城（新地）を作ったのであろう。

謙信書状に見える地利とは、地の利を得た堅固な城と謙信が認識していたことを物語っている。この書状を送った時には、謙信は越後《えちご》に帰国しており、三田氏は自らの力のみで、北条氏の攻撃から身を守る必要に迫られていた。

一方、この時には、北条氏康と武田信玄は同盟して謙信に対抗しており、氏康は三田氏攻撃のために、由井に陣を進めていたが、そこに滞在して一向に動く気配がなかったので、信玄は不審に思い、由井にいる国衆・加藤景忠に問い合わせをしたのである。

千喜良口と半手の村

この時に景忠が由井にいて、氏康と同じ陣にいたのはどのような事情なのであろうか。景忠は甲斐《かい》国上野原《うえのはら》（山梨県上野原市）を本拠とする国衆で、信玄に従っていた。上野原の東側を流れる境川《さかいがわ》が甲斐と相模《さがみ》の境界であり、加藤氏はまさに甲斐と相模の境目の領主というべき存在であった。

景忠が由井にいた四ヵ月前の三月に、北条氏照は景忠の父・虎景《とらかげ》に書状を送り、謙信が当麻《たいま》に陣取っているので、信玄による加勢を千喜良《ちぎら》口まで、出陣させるように依頼している（「加藤文書」）。

千喜良とは、相模《さがみ》国千木良《ちぎら》村（神奈川県相模原市、旧藤野《ふじの》町）のことである。村の北境には甲州街《こうしゅうかい》道《どう》が通っていて、東に行くと相模・武蔵国境である小仏《こぼとけ》峠にさしかかり、高尾・八王子方面（東京都八王子市）に向かう。千木良村は、まさに相模・武蔵の境目の村であった。また、村の南には相模川が流れているが、川を下っていくと、謙信が陣を敷いている当麻に着く。つまり、千木良村は当麻と直結しているのである。

謙信はその後、小田原《おだわら》を攻めるが、もし武田軍が相模川に沿って南下し、渡河地点を抑えれば、謙

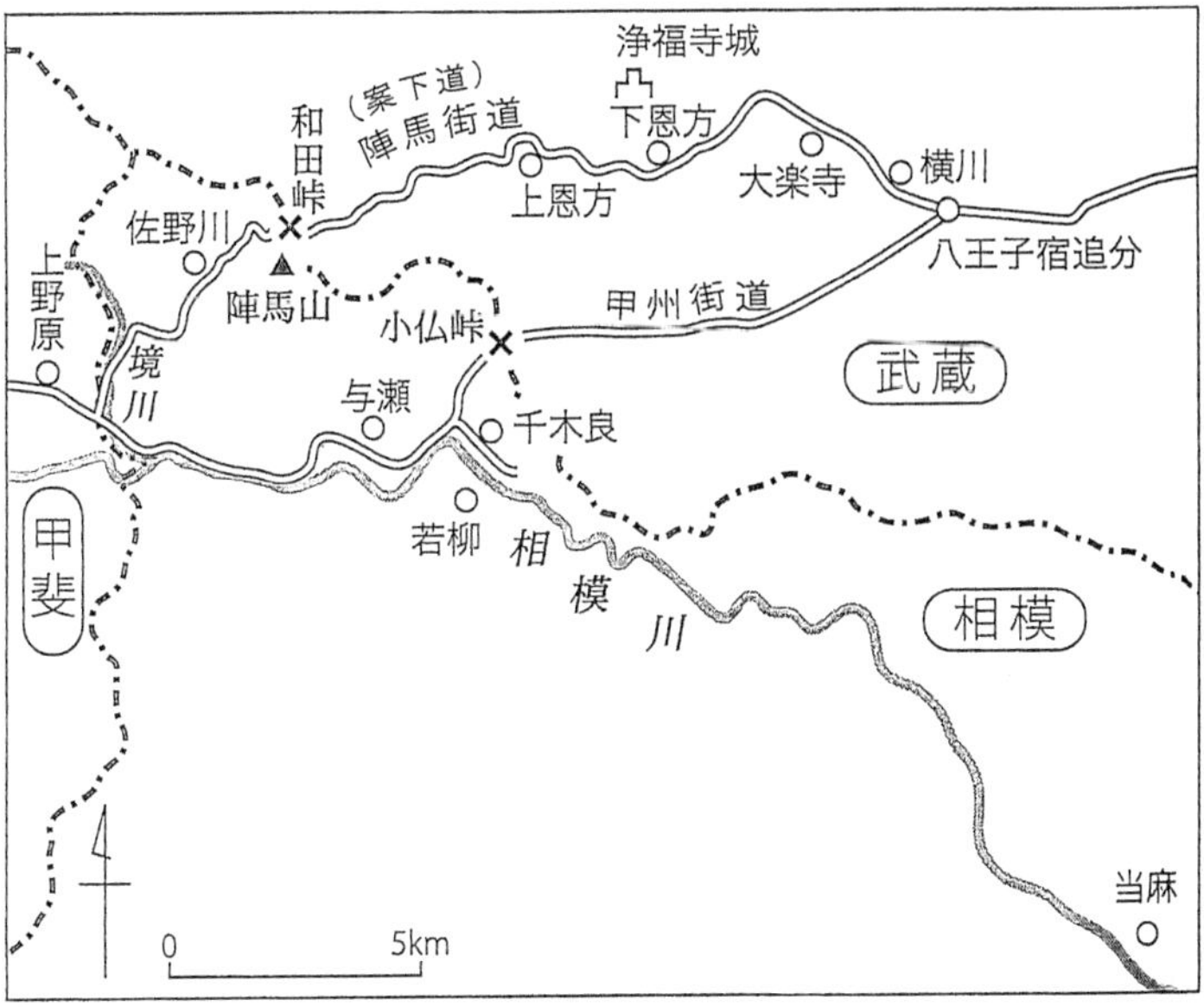

甲斐国・相模国・武蔵国の境界と街道

信は退路を絶たれることになる。また、小仏峠を越えて、八王子地域に進出することも可能である。これは謙信に脅威を与えることであり、それを狙って、千喜良口への出陣要請が行われたと考えられる。

こうした狙いがあったとは言え、北条氏の領国に武田氏の軍勢が入るのは好ましくなかった。これが千喜良口という地点を指定して、出陣要請が行われた理由であると村田精悦氏は指摘している。従来から、この地域は郡内《ぐんない》地方（甲斐国都《つ》留《る》郡）を支配する小山田《おやまだ》氏と北条氏（具体的には津久井《つくい》城主の内藤氏）の境目で、小山田氏と北条氏に半分ずつ年貢を納める「半所務《はんしょむ》」（半手《はんて》）の村が存在していたことで知られている。村田氏によれば、千木良村は北条氏領だが、西隣の与瀬《よせ》村や相模川対岸の若《わか》柳《やなぎ》村（ともに相模原《さがみはら》市）は半所務の村であり、この付近が北条氏領と半所務の村の境目にあたっていた。

第二章で述べたように、「口」とは、異なる戦国大名領国への入口を意味する。この千喜良口は、北条氏にとっては小山田氏領（大局的には武田氏領国）、加藤・小山田・武田氏にとっては北条氏領国への入口であった。この場合、北条氏は自己の領国内に武田軍が駐屯するのを忌避したはずなので、村田氏は武田軍が与瀬村に駐屯したと推測している。

与瀬村からは、小仏峠に向かう甲州街道と千木良村に向かう道が分岐しており、武蔵と相模の両方に軍事行動を起こすことができる。この点でも与瀬村は駐屯地として有利な場所であった。次章で越中（富山県）神通《じんづう》川に即して述べるように、道や川の分岐点が境目になる事例は他にもある。境目は異なる戦国大名領への回路と言えるが、分岐点の場合は回路が多元的になる地点であり、境目になりやすかったと思われる。

信玄の加勢が千喜良口に実際に集結したかは、史料的には定かではない。だが、その後に景忠が由井にいるので、加勢が行われたのは確実である。おそらく、最初は千喜良口にいたが、謙信の帰国により、攻撃対象が三田氏に変わったため、由井に移ったと考えられる。由井がどこなのかが問題となるが、これは出陣要請の交渉を北条氏照が加藤景忠としている点とも密接な関係がある。

本拠地・由井と案下道

当時、氏照は由井を本拠としていた大石《おおいし》氏の養子となっており、旧大石氏の所領・由井領を支配していた。由井は斎藤慎一氏により、下恩方《しもおんがた》（八王子市）にある浄福寺《じょうふくじ》城と推定されている。恩方は戦国時代には「案下《あんげ》」と呼ばれ、上恩方《かみおんがた》村の字に上案下《かみあんげ》・下案下《しもあんげ》があり、近世になり、案下が恩方に転訛《てんか》したとされている。

ここを通る道を戦国時代には案下（安下）道、近世には佐野川《さのがわ》街道・甲州裏街道・甲州脇往還《わきおうかん》、現在は陣馬《じんば》街道と呼ばれている。この道は八王子宿追分《おいわけ》（八王子市追分町）で甲州街道から分岐し、横川《よこかわ》・大楽寺《たいらくじ》・下恩方・上恩方（以上、八王子市）から和田《わだ》峠（すぐ南が陣馬山）を越えて、相模国の佐野川村（相模原市、旧藤野町）を経て、上野原宿で甲州街道と合流する。浄福寺城の下を、案下道が通っているので、この城には案下道を抑える機能があった。

天正十年（一五八二）と推測される九月二十日に北条氏忠《うじただ》（氏康の子、実は氏康弟の氏堯《うじたか》の子か）は川口（山梨県河口湖町）の御師《おし》が檀那廻《だんなまわり》のために武蔵を通るので、「安下通」の諸役所中に役所を通過させることを命じる「過所《かしょ》」（通行許可書）を出している（渋江文書）。川口の御師とは河口湖畔にある村を本拠とした富士御師で、富士信仰を広めるために、各地を廻《まわ》って檀那を獲得していた。この時には甲斐から案下道を通り、武蔵に入るので、過所が必要だったのである。

役所とは関所のことであり、案下道には複数の関所が存在していた。これ以前は北条氏と武田氏は敵対状態にあったので、甲斐の御師が武蔵に入ることは原則として許可されなかったはずである。しかし、武田氏が滅亡し、本能寺《ほんのうじ》の変《へん》により北条氏が甲斐に進出すると、武蔵へ入ることが可能になった。

当時、北条氏忠は郡内地方に侵攻しており、川口の御師は氏忠に申請して、過所を獲得し、それを持参して、案下道を通過したのである。この役所はこの時に設定されたのではなく、武田氏が健在だった時から存在し、案下道を通る者をチェックしていたのだろう。村田氏によれば、陣馬峠を西に下った佐野川村は、半所務の村であり、この峠はまさに境目をなしていた。

このように、氏照の本拠地・由井は案下道を通じて、景忠の本拠・上野原と直結していたのであり、この道を利用して接触したのだろう。この道の存在からすれば、景忠は最初に千喜良口に出陣したが、謙信の越後帰国により、いったんは本拠に戻り、三田氏攻撃の加勢として案下道を通り、由井（浄福寺城）に入ったのだろう。両者はともに境目の領主としての性格を持っていた。

境目の領主同士が戦国大名間の交渉を仲介する事例は、第二章でも述べたように、しばしばあり、この場合も同様である。また、氏照と景忠の支配領域の間には、半所務であった佐野川村がある点も注目される。半所務の村は両者にとっては緩衝《かんしょう》地帯となり、敵対時には、境目における緊張を幾分は和らげる効果があったと考えられる。

さて、話を辛垣山城に戻すが、永禄四年（一五六一）九月十一日付の「北条氏政書状」には、「唐《から》貝山《がいさん》を責め落とし、則《すなわち》当地高坂《たかさか》（埼玉県東松山市）へ陣を寄せ」とあり、これより少し前に辛垣山（唐貝山）城が落城している。せっかく要害の地に作った新城であったが、孤立無援の三田氏には守るのは難しく、北条軍により攻め落とされてしまった。

町の外縁部と新地

以上、防衛機能がより高い城の築城を「新地」と呼んだ事例を検討した。新地は「地利」とも言い換えられることが多いが、地の利が良い土地を選んで築城するという意識がこの言葉から読み取れる。辛垣山城は三田氏の支配領域の境目に作られたわけではない。だが、境目防衛のために新たに境目付近に作る城を、新地と呼ぶ用例の方が圧倒的に多い。

付城を新地と呼ぶ事例を紹介したが、この場合も付城が攻撃側の最前線で、この地点が攻撃側と守備側の境目となる。そして、城攻めが膠着状態に陥った時には、境目が固定化することになる。新地としての付城の築城は、そこを新たな境目とする役割を果たしたと言えよう。

ところで、先に新地には新開地にできた遊里の意味もあることを紹介した。この用法は新しい城の築城という戦国時代の新地とは直接的には関係はないが、共通する性格がある。近世において、遊里は町の中心に新たに作ることは許されなかったので、必然的に町の外縁部に作られることになる。近《ちか》松門左衛門《まつもんざえもん》の『曽根崎心中』で有名な曽根崎新地（大阪市北区）も、大坂の町の外側にある曽根崎村に遊里として建設された空間である。

近世の大坂は、中世にはそれぞれ独立していたいくつかの町を統合して成立した都市である。その町の一つが、大坂天満宮の門前町である。その西側が曽根崎村であり、そこは大坂の周縁地にあたる。つまり、曽根崎新地は、大坂という都市と外側の村という境目の地に作られたのであり、やはり境目という性格を持つ。曽根崎新地やその北にあるJR大阪駅周辺は、一般に「キタ」と呼ばれて賑《にぎ》わっている。もともとは都市大坂の境目の地にあたっていて、それを象徴的に示しているのが、新地という今も残る地名である。

このように、新地には異なる用法があるが、境目と密接な関係がある点では共通する。次章では、境目に築城された新地を軸にして、主に越後・越中《えっちゅう》・飛驒《ひだ》の境目における戦いの実態を述べていこう。

第四章　国境と戦国大名の戦い

1　越中と隣国との攻防戦

上杉氏の境目の城

上杉《うえすぎ》氏関係の史料にも、「新地《しんち》」という言葉がしばしば見える。謙信《けんしん》は永禄《えいろく》十一年（一五六八）八月十八日付の「直江政綱《なおえまさつな》・柿崎景家《かきざきかげいえ》宛書状」で、「飯山《いいやま》には新発田《しばた》・五十公野《いじみの》・吉江佐渡守《よしえさどのかみ》を移した。関山《せきやま》の新地には、上杉景信《かげのぶ》などを籠《こ》め置いた。この他に旗本を十騎・十五騎、飯山と関山に横目《よこめ》として入れた。禰知《ねち》・不動山《ふどうやま》へも旗本を多く派遣した」と述べている（柿崎氏所蔵文書）。

この時期には、謙信の本拠地・越後《えちご》の境目《さかいめ》は信玄《しんげん》から攻撃を受けており、かなり危機的な状況だった。書状からも謙信の危機感が伝わってくる。そのため、謙信は境目の城に増援部隊を入れるように指示していた。書状に見える地名は、いずれも越後や信濃《しなの》にある上杉方の境目の城である。飯山（長野県飯山市）は長野の北東に位置し、そこから北には本拠地・春日山《かすがやま》（新潟県上越《じょうえつ》市）に通じる道が

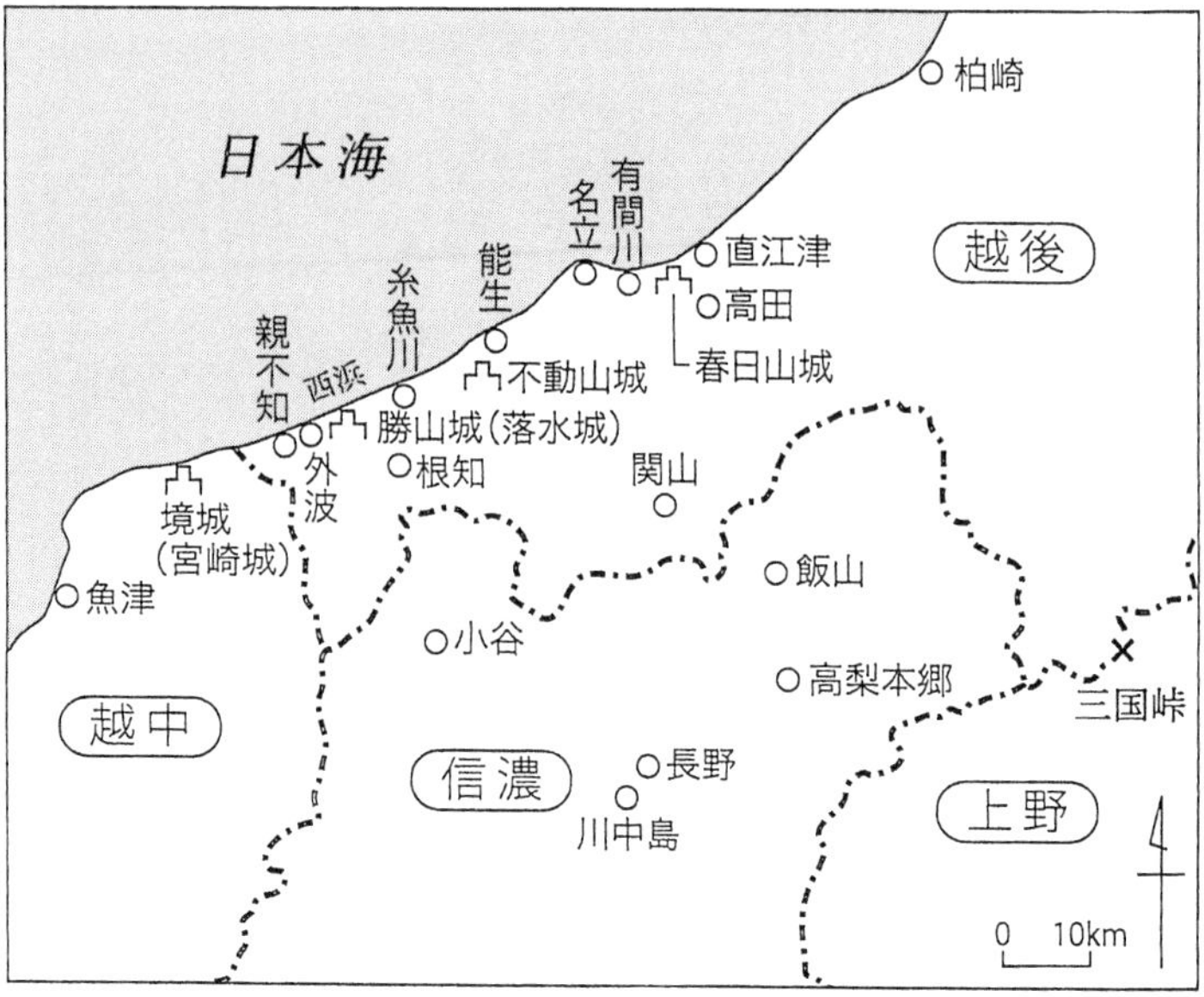

越中国・越後国・信濃国の境界と西浜周辺

あり、ここが武田《たけだ》方の手に落ちると、春日山が危機に陥る。

関山（新潟県妙高《みょうこう》市）は、信濃国境のすぐそばにある。現在、長野から直江津《なおえつ》にしなの鉄道・えちごトキめき鉄道（旧JR信越本線）が通っているが、途中の黒姫《くろひめ》駅までは信濃、その北の妙高高原《みょうこうこうげん》駅（元は田口駅）からは越後、その次が関山駅で、そこから春日山までわずか三〇キロ程度しかない。書状には「関山の新地」とあるので、この城は武田氏の攻撃から越後国境を守るために新しく作った、境目の城だったことがわかる。飯山城・関山城は、ともに長野方面から北上して、春日山を攻撃しようとする武田氏の動きを阻止する最後の砦《とりで》だった。

両城に旗本を横目として入れたと述べているが、これは要するに監視役である。境目の城に籠もる者は、敵からの調略《ちょうりゃく》を受けて寝返ることもあり、そうした事態を防ぐために、横目を置いて監視するのである。以下でも触れるが、横目の配置は境目の城に対する常套《じょうとう》手段であり、味方の者といえども、決して信用できないことを物語っている。

一方、根（禰）知（新潟県糸魚川市根小屋《いといがわしねごや》）は、松本から北上して越後に抜けるルートにある。現在、松本から糸魚川まではJR大糸《おおいと》線が通っている。松本から北に向かうと安曇野《あずみの》となり、その北の小谷《おたり》までが信濃で、その先の信濃・越後国境付近は険しい谷が続く。その谷を抜けると平地に出るが、そこが根知である。

信濃・越後国境付近は、有名な糸魚川・静岡構造線（フォッサ・マグナ）のなかでも最も険しい地形であり、城など築けない。そこで谷を抜けた所にある禰知城によって、信濃国境からの武田方の侵入に備えたのである。すでに信玄は安曇野を支配しており、この方面から越後への侵入を図っていた。不動山城（新潟県糸魚川市、旧能生《のう》町）は、糸魚川の東に位置する直江津（春日山はそのすぐ南）との中間付近にあり、根知城を攻略された時の最後の砦であった。

佐々成政の越中平定と新地

この糸魚川にも新地があった。天正《てんしょう》十一年（一五八三）四月十三日付の西方房家《にしかたふさいえ》宛「直江兼続《かねつぐ》書状」には、「越中牢人衆《えっちゅうろうにんしゅう》を糸魚川新地に差し置いた。よって、彼らが材木や薪《まき》などを根知領で採取することを上杉景勝《かげかつ》が認めた」と述べている（「歴代古案」）。この上杉氏の対応には、いかなる背景があり、新地とどのような関係があるのだろうか。

これはその当時、越中を支配していた佐々成政《さっさなりまさ》と上杉景勝の対立と密接に関係するので、以下では成政の動きを中心に新地や越中の境目をめぐる戦いについて述べていこう。

これより二年前に信長《のぶなが》は佐々成政に越中を与え、柴田勝家《しばたかついえ》らとともに上杉方の城を攻略させた。翌天正十年（一五八二）六月二日に起きた本能寺《ほんのうじ》の変《へん》の翌日に、成政らは魚津《うおづ》城（富山県魚津市）を落城させたが、この混乱に乗じて、再度上杉氏が同城を取り戻した。

しかし、その後も成政は富山《とやま》城を本拠とし、新川《にいかわ》郡や婦負《ねい》郡で上杉方と戦い、次第に優勢になっていた。また、山崎《やまざき》の戦い以後に秀吉《ひでよし》と柴田勝家の対立が深まり、成政は勝家方、景勝は秀吉に近い存在であり、この点でも両者は対立していた。そして、同年十二月に秀吉は、勝家方の近江《おうみ》国長浜《ながはま》城（滋賀県長浜市）を落とし、両者は戦闘状態になった。

一方、成政は翌天正十一年（一五八三）二月上旬に越後国境に近い境《さかい》城（富山県朝日《あさひ》町）を攻め落とし、越後に乱入し、落水《おちみず》（新潟県糸魚川市）まで攻め込み、越後と越中の連絡を分断した。これにより孤立した魚津城を、三月末または四月初めに落城させ、城主の須田満親《すだみつちか》を舟で越後に送り返し（「魚津照願寺文書」「温故足徴」など）、成政は念願の越中平定を果たした。

兼続の書状はその直後のものであり、境城や魚津城落城により、越中と越後の境目が危機に陥ったので、その事態に対応したものと言えよう。糸魚川新地の城がいつ作られたかは不明だが、境城や魚津城の落城に対応して、越後国境を固めるために新しく作られた城と考えられる。

越中牢人衆と横目

その城に差し置かれた越中牢人衆とは、いかなる存在であろうか。第一章で述べたように、信長による越中侵攻は天正六年（一五七八）に始まったが、その過程で多くの武士が国を追われ牢人となり、越後に多く逃げ込んでいたと思われる。また、一向一揆《いっこういっき》と対立して、牢人となった者も多数いたはずである。

牢人衆は当然ながら、越中への帰国を望んでおり、それゆえ彼らは最前線の糸魚川新地に置かれ、境目の防衛にあたらされた。さらに、機会を見つけては反撃に出て、越中を回復する役割も担っていたと考えられる。つまり、この対応は強制にも見えるが、越中復帰を願う越中牢人衆の心情をくみ取ったものとも言えよう。

景勝は、越中牢人衆による根知領での材木や薪の採取を認めている。材木は、糸魚川新地に新たに作る家屋や城を補強する材料に使われたと思われる。薪は基本的には日常的に使用する燃料であるが、境目の城では夜間に敵方によるゲリラ的な攻撃を受けることもあり、篝火《かがりび》を焚いて城の周囲を見張る必要があった。当然、篝火用の薪も含まれていた可能性がある。戦国時代には、材木や薪は軍需物資として伐採が制限されていた。境目の地では、他の地域以上に必要性が高く、より厳しく制限が行われていたであろう。そのため、景勝によって材木や薪の採取が許可されたのである。

なお、根知領とあるので、糸魚川地域は根知城が中心的な城となって領域的支配が行われており、糸魚川新地は、その支城的な位置づけにあったと思われる。実は「兼続書状」の宛先である西方房家は、根知城将であり、そのため兼続は景勝の命令を伝えたのである。これ以前に、根知城主は信玄から信濃を追われ、謙信を頼った村上義清《むらかみよしきよ》だったこともある。義清は信濃牢人であり、この場合も牢人が境目の城に置かれている。こうした処置は戦国時代には一般的であった。

越中牢人衆が糸魚川新地に置かれた直後に、上杉景勝は秋山定綱《あきやまさだつな》（伊賀守《いがのかみ》）を「横目」として同城に入れた（「上杉定勝古案集」）。もちろん、これは越中牢人衆に対する監視であり、佐々成政から調略の手が伸びることを警戒したものである。定綱はこれ以前から越中に在陣したり、越中の境城に派遣されるなど（「景勝公御書」十二）、越中や越中・越後の境目の事情に通じており、その点で横目として適任であった。

国境防衛と西浜新地

兼続の書状から八日後の四月二十一日に行われた賤ヶ岳《しずがたけ》の戦いは、秀吉の勝利に終わり、二十四日に北庄《きたのしょう》（福井市）で柴田勝家は自刃した。秀吉は二十八日に金沢に入城し、北陸地方の仕置《しおき》を行った（「毛利家文書」）。佐々成政は金沢で秀吉と対面し、越中一国を安堵《あんど》され、越後に関する取次《とりつぎ》を任された（佐々木信綱氏所蔵文書）。

越後に対する成政の差配《さはい》は、以前に信長の朱印状によって認められたもので（「魚津照願寺文書」）、秀吉はそれを追認したと成政は認識していたようである。また、成政はこの時点では、信長の次男・織田信雄《おだのぶかつ》が天下を差配し、秀吉が指南しているとも認識していた（同前）。つまり、成政は織田体制が継続していて、そのもとで越後に対して自己判断で差配できると考えていたのである。

こうした認識は次のような事態をもたらした。翌五月一日に、上杉景勝は新発田重家《しばたしげいえ》討伐のため、府中《ふちゆう》（新潟県上越市）を出陣し、新発田氏の重要拠点の一つである新潟（新潟市）に向かった（反町英作氏所蔵文書）。景勝は六、七月にも新潟に在陣していたが、その最中に成政は重家に書状を送り、景勝が出陣中であり、越中の仕置も済んだので、春日山に乱入するという意志を示した（「魚津照願寺文書」・前田育徳会所蔵文書）。

一方、この六月には秀吉と景勝の間で交渉が行われ、入魂《じつこん》つまり親密な関係になることが確認されている（「上杉家文書」）。このことは、成政が秀吉の意図に反していることを意味し、成政はあくまでも自己判断で越後の事態に対応し、景勝と敵対していたのである。

こうした状況にあった七月の初めに、景勝の耳に成政が留守を狙い、西浜《にしはま》新地を攻撃するという噂《うわさ》が入った。これに対して景勝は、西浜新地や春日山に対して警戒を厳重にし、他の場所から春日山に援軍を派遣するように命じた（「景勝公御書」）。また、西浜の普請《ふしん》も行わせた（「上杉家文書」）。

西浜とは、直江津から越中国境付近までの海岸を指す広域地名である。この地域は頸城《くびき》郡で、中心地は直江津と隣接する越後国府《こくふ》（ともに新潟県上越市）だが、それより西側の浜を西浜と呼ぶようになったと思われる。西浜新地と呼ばれているので、先の糸魚川新地と同時期に成政の侵攻に備えて、新しく作った城と考えられる。実際には成政による西浜への攻撃は行われず、越中・越後国境は緊張状態のまま推移した。

この西浜新地は勝山《かつやま》城と考えられている。この城は越中国境に近い落水《おちみず》（糸魚川市、旧青海《おうみ》町）にある標高三二八メートルの勝山の頂上を中心に作られた山城である。海岸部にはわずかな平地があり、そこを越中と越後を結ぶ北陸街道が通っている。すぐ西側が親不知《おやしらず》であり、まさに国境を防衛する城であった。

親不知や勝山城下の北陸街道を封鎖すれば、越中から越後への侵入は不可能である。信長の越中侵攻以前は、越中から越後を攻めることはまずないと上杉氏は考えていた。成政による越後攻撃が現実のものになると、境目の防衛強化が必要となり、景勝は西浜新地、つまり勝山城を築城させたのである。

なお、勝山城主は先に糸魚川新地に横目として派遣された秋山定綱であった（「文禄三年定納員数目録」）。勝山の方が糸魚川より越中国境に近く、より防備を固めるために派遣されたのだろう。この段階では落水城という名だったが、後に定綱を糸魚川城に移し、代わりに荻田長繁《おぎたながしげ》を置いて、勝山城に改称したという（同前）。

越中・飛騨の境目の領主斎藤氏

翌天正十二年（一五八四）三月、秀吉と織田信雄・徳川家康《とくがわいえやす》は戦闘を開始し、四月九日に長久手《ながくて》の戦いが行われた。この頃には、まだ佐々成政は秀吉方であったことが同年六月二日付の家康判物《はんもつ》によって推測できる。この判物で家康は、斎藤信利《さいとうのぶとし》に越中における本領を安堵し、戦功を励むように述べている（「記録御用所本古文書」巻十一）。

信利は越中国楡原保《にれはらのほ》（富山市、旧細入《ほそいり》村・八尾《やつお》町）を本領とした国人《こくじん》で、城生城《じょうのう》（旧八尾町）を本拠としていた。城生城は東側を流れる神通《じんづう》川を天然の堀とし、大きな堀や多くの曲輪《くるわ》により防衛された堅固な城で、現在富山県内で遺構が残っている城としては松倉《まつくら》城（魚津市）と並んで双壁《そうへき》とされている。保名である楡原（旧細入村）は、神通川を富山平野から遡《さかのぼ》ると、山間部に入ったところの西岸にあり、さらに遡ると飛騨《ひだ》国境である。つまり、斎藤氏は越中・飛騨の境目にあたる重要な場所を支配していたのである。

第一章で述べたように、謙信の死後、信長は神保長住《じんぼながずみ》を飛騨口から派遣して、越中攻略を図った。そのため、境目を支配する斎藤氏を真っ先に味方に付けることが必要だった。斎藤氏は調略を受けて信長方となり、信長から信の字を与えられ、信利と名乗ったという（「寛政重修諸家譜《かんせいちょうしゅうしょかふ》」）。

だが、天正十年（一五八二）二月十日付、直江兼続宛「黒金景信《くろがねかげのぶ》書状」によれば、前年秋には信利の弟・信言《のぶこと》は上杉方の味方になることを申し出ている。兄の信利も同じ意志を示したが、信利の方は少し消極的だったようで、兄弟の間で意見の食い違いがあったようである（「上杉家文書」）。

こうした信長方から上杉方への転変の背景には、前年（天正九年・一五八一）に起きた信長による越中国人の粛清事件があると見られる。前年二月に佐々成政は、信長から越中一国の支配権を与えられた。翌三月六日に成政は、神保長住などの越中国衆を率いて、安土《あづち》に向かった（『信長公記』）。これは成政自身にとっては、越中支配権賦与《ふよ》の御礼、これに加えて成政に従った越中国衆を信長に目通りさせて、以後の忠節を誓わせる目的があったと思われる。

ところが、成政や国衆の留守をついて、上杉景勝自身が越中に出陣し、三月九日に小出城《こいでじょう》（富山市）を攻撃した。小出城は常願寺川《じょうがんじがわ》の東側にあり、その東には上杉氏の拠点である松倉・魚津両城が存在した。常願寺川は神通川と並ぶ大河であり、渡河が困難なところから、本来は上杉方の防衛線として機能していたはずだが、そこをすでに突破され、成政の勢力は新川郡の西部に伸びていた。この時点では、小出城が前線基地であり、そこに上杉方は攻撃を掛けたのである。

その知らせが三月十五日に安土に入ったため、信長は成政に加えて、柴田勝家や前田利家《まえだとしいえ》などを越中に派遣した。成政らが越中に着陣したことを知った景勝は、すぐに退陣した（『信長公記』）。景勝の出陣は結局失敗に終わったが、この間に越中国衆の一部が信長方から離反し、上杉方に付いた。その一人が願海寺《がんかいじ》城主（富山市）の寺崎盛永《てらさきもりなが》であった。五月四日に願海寺城で、盛永の家臣が信長家臣で七尾《ななお》城主（石川県七尾市）の菅屋長頼《すがやながより》を二の曲輪まで引き入れた（「上杉家文書」）。これは盛永が信長

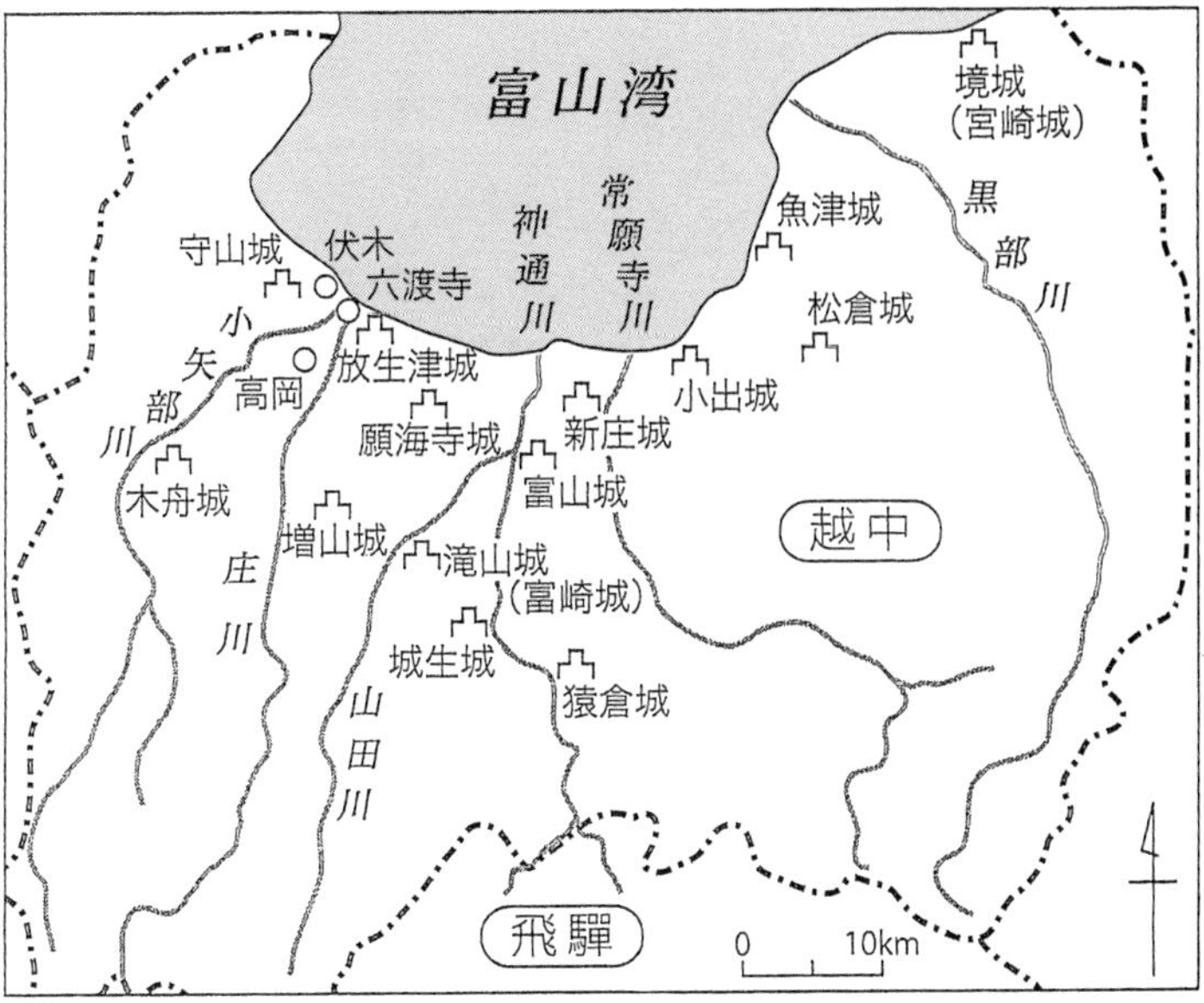

戦国時代の富山周辺にあった城（高岡徹『越中戦国紀行』の図を参考に作図）

方から上杉方に離反していたことを意味する。

この願海寺城攻撃とほぼ同時に、滝山《たきやま》城（富山市、旧婦中町《ふちゅう》富崎《とみさき》）・増山城《ますやま》（砺《と》波《なみ》市）では城主自らが火をかけて、逃亡している。また、守山城《もりやま》（高岡市）は信長方に侘言《わびごと》をして降伏したが、木舟城《きぶね》（高岡市）は抵抗を続けていた（「別本歴代古案」）。これらの城はいずれも有力な越中国衆の居城であり、上杉方への離反の動きは越中全体に広がっていた。

これを奇貨《きか》として、信長は越中国衆の粛清に乗り出す。寺崎盛永は七月十七日に佐和山《さわやま》（滋賀県彦根市）で切腹を命じられた。また、木舟城主の石黒成綱《いしぐろなりつな》も七月に長浜（滋賀県長浜市）で殺害された。

五月の時点では石黒成綱は抵抗していたが、その後に降伏し、安土に来て、離反の申し開きをするように命じられたのであろう。また六月には、信長の命により、菅屋長頼は旧七尾城主・畠山《はたけやま》氏の家臣を殺害し、これを知って、自分も同類と思った家臣たちは逃亡した（『信長公記』）。

このように、越中・能登の国衆が次々と粛清されたことにより、斎藤氏も不安を覚えたのは容易に想像できる。その結果、斎藤氏は成政から離反して、上杉氏に付くことを決意したのだろう。

斎藤氏・三木氏・江馬氏

先の「黒金景信書状」には、「飛州《ひしゅう》の儀、上辺へ旧冬以来手切《てぎれ》、必定せしめ候」ともある。上辺とは上方《かみがた》のことで、要するに信長のことである。「手切」は和睦《わぼく》や同盟の状態にあったものを破り、敵対状態になることを意味する。つまり、飛州は去年の秋までは信長と同盟していたが、冬には確実に敵対状態になったという情報が上杉氏にもたらされたのである。この飛州とは誰であろうか。

この時期の飛驒は、南部の益田《ました》郡や北部の高山《たかやま》盆地を三木《みつき》氏、北東部の高原郷《たかはらごう》（岐阜県飛驒市、旧神岡町など）を江馬《えま》氏が支配していた。三木良頼《よしより》（嗣頼《つぐより》）は、弘治《こうじ》二年（一五五六）に古川《ふるかわ》（岐阜県飛驒市、旧古川町）を本拠とする飛驒国司の姉小路《あねがこうじ》氏を滅ぼし、永禄元年（一五五八）には飛驒守《ひだのかみ》に任じられた。同五年二月には従三位《じゅさんみ》に任ぜられ、嗣頼に改名した（『公卿補任《くぎょうぶにん》』）。

その後も勢力を伸ばし、信長とも誼《よしみ》を通じていたが、元亀《げんき》三年（一五七二）十一月に没した。跡を継いだ子・自綱《よりつな》は、天正三年（一五七五）に上洛《じょうらく》して信長に馬を献上している（天正七年には高山松倉城を築城）。また、先に述べた神保長住を越中に派遣するにあたり、信長は自綱にその仲介を命じている（『信長公記』）。

一方、江馬氏はその時々で武田氏や上杉氏と提携し、信長とは敵対していたが、天正十年（一五八二）三月に江馬輝盛《てるもり》は信長の信濃出陣の際に参上すると述べており（「飛州志」）、この頃には信長方になっていた。

三木氏は姉小路氏の名跡を継ぎ、飛驒守を称していたので、飛州とは三木氏を指している。つまり、信長と手切したのは三木自綱であったことになる。また、この書状では、手切の件に関しては、飛州のみでなく、塩屋《しおや》秋貞《あきさだ》父子にも書状を送るべきだと述べている。これより以前の永禄十二年（一五六九）二月には、謙信は三木良頼に書状を送ると同時に秋貞にも書状を送っている（渡辺謙一郎氏所蔵文書）。これは秋貞が、三木良頼の重臣だったことを示すものである。この点からも、飛州が三木氏を指すことがわかる。

つまり、天正九年（一五八一）冬には、自綱は信長と手切となり、その情報をつかんだ上杉氏が書状を送り、提携を要請したのであろう。ただし、この情報の真偽に関しては検討の余地があるが、事実とすれば、次のようなことが考えられる。

この事態は、織田方である斎藤氏にとって脅威となったと思われる。楡原保の南端の猪谷《いのたに》（富山市、旧細入村）は、越中・飛驒の国境に位置するが、そこは飛驒から流れてきた高原《たかはら》川と宮《みや》川が合流して、神通川になる地点である。猪谷は富山から南下してきた飛驒街道の分岐点でもあり、高原川に沿って越中東街道、宮川に沿って越中西街道が通じている。高原川流域が江馬氏の本拠・高原郷である。

一方、宮川の上流は姉小路氏の本拠であった古川（姉小路家は三家に分かれ、小島《こじま》城を本拠とする小島家、向小島を本拠とする小鷹《こたか》利《り》家、古川城を本拠とする古川家があった）や高山盆地であり、この流域を三木氏が支配していた。神保長住は三木氏に警固され、越中西街道を送り届けられ、国境で斎藤氏に渡されたと考えられる。

つまり、猪谷は江馬・三木・斎藤氏の境目の地であった。三木氏が信長と手切となり、楡原保に攻めてきたら、斎藤氏は困難な立場に陥る。塩屋秋貞はこれより前の元亀二年（一五七一）四月、楡原保から見て、神通川の対岸の猿倉《さるくら》（富山市、旧大沢野《おおさわの》町）に進出し、城を築いている（「歴代古案」）。秋貞は第一章で触れた謙信による神通川西岸の反上杉氏勢力討伐の援軍として出陣したのだが、途中で退却して猿倉城を築城したのである。この築城は、飛驒から越中に進出する拠点とするのが目的と考えられる。このように秋貞による越中進出には前例があり、三木氏の手切は斎藤氏にその記憶を蘇《よみがえ》らせたであろう。

三木氏による手切の動きはこれ以前からあり、そうした情報は当然、斎藤氏の耳に入っていたはずである。この手切は、先に述べた信長による越中・能登《のと》の国衆の粛清に、三木氏が不安感を抱いた結果とも考えられる。こうした飛驒国の情勢変化も、斎藤氏が上杉方に転換した要因になった可能性が

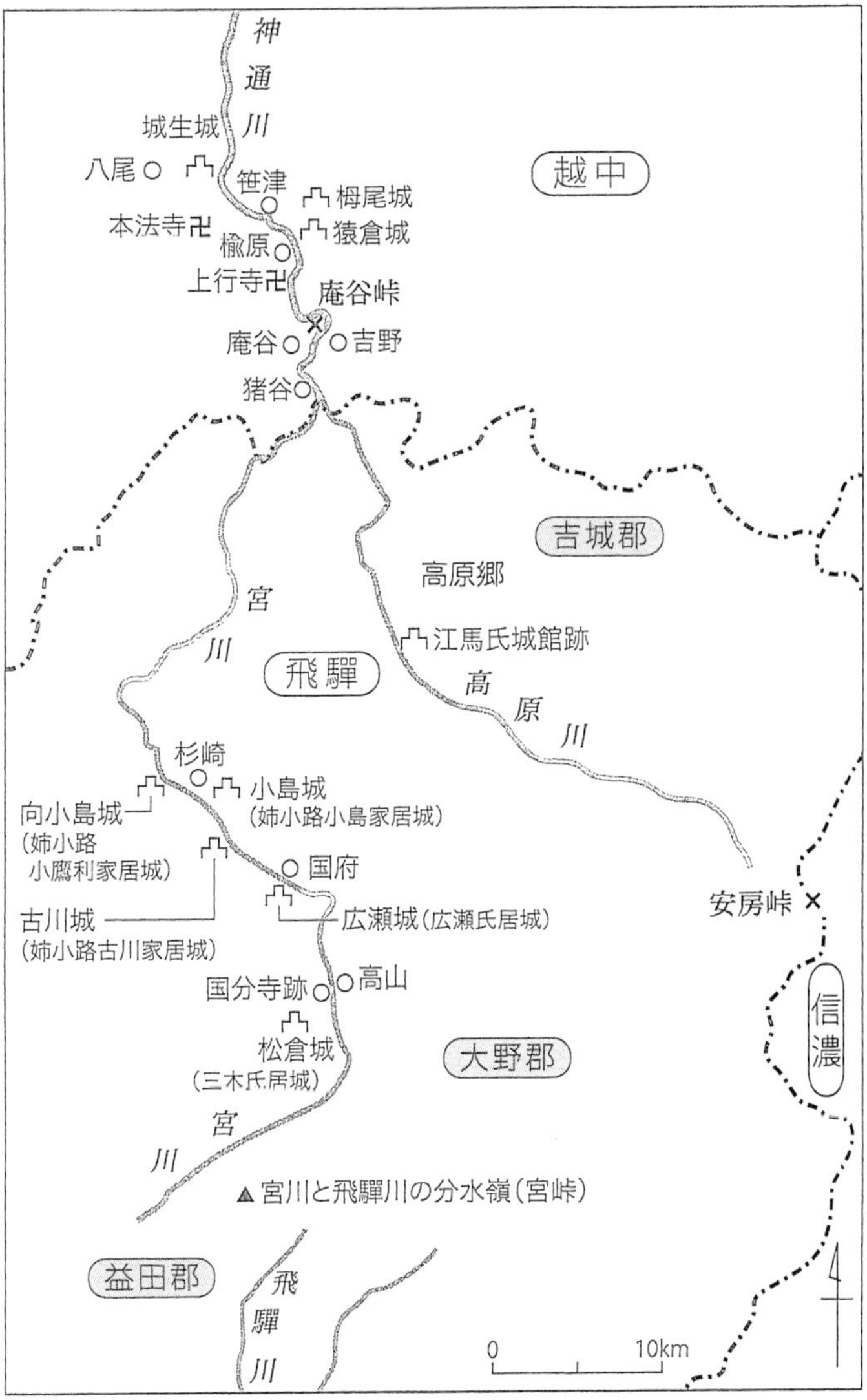

飛騨国と越中国の境界線。高原川と宮川が合流し神通川となる

ある。斎藤氏のような境目の領主は、隣国の領主とも日常的に関係が深いため、その情勢の影響を受けやすく、隣国の領主の動きに同調することもあったのである。

一方、三木氏の方も越中の情勢に敏感であり、越中と飛驒両方の情勢が互いに影響し合って、信長と上杉氏のどちらに付くかの選択が行われたと言えよう。

牢人となった斎藤信利

こうして斎藤氏は、信長方から上杉方に転換した。これにより佐々成政による攻撃を受けたが、天正十年（一五八二）六月の本能寺の変により、いったんは中止されたと考えられる。しかし、成政は再度の越中平定を目指し、斎藤氏に対する攻撃を再開した。斎藤信利は十一月八日付で、景勝の直臣《じきしん》・狩野秀治《かのうひではる》に書状を送り、「上杉軍の出馬が遅れているので、攻撃を受けて困っている。殊《こと》に自分が抱えている猿倉両城については、兵粮《ひょうろう》の援助をお願いしたい」と述べている（「覚上公御書集」）。

この書状は、信利が完全に上杉方となり、攻撃を受けていること、狩野秀治が取次《とりつぎ》を行うのは天正九年十二月以降である点から、天正十年のものと考えられる（『上越市史』は天正九年に比定）。この攻撃とは当然、成政によるもので、信利は窮地に陥っている。猿倉両城とは猿倉城と栂尾《とがのお》城（富山市、ともに旧大沢野町）のことと思われ、隣り合った山の上にある。成政は、山への入口を封鎖して兵粮攻めにしていたのだろう。猿倉城は先に述べたように、元亀二年に三木氏家臣の塩屋秋貞が築城したものである。一方、栂尾城は史料的には築城者は明確ではないが、同じく塩屋秋貞による築城と推測される。

天正四年（一五七六）八月に謙信は越中に出陣し、九月に栂尾城を落城させ、飛驒口に新たに城を作らせた（「栗林文書」）。これは三木氏が信長方になったことへの対応なので、栂尾城はこの時までは塩屋秋貞の持城であったと考えられる。飛驒口への築城はもちろん、三木氏の越中への侵入を防ぐためのもので、飛驒と越中の国境付近である猪谷や楡原付近に作られたのだろう。

この時に猿倉城も同時に落城し、謙信は猿倉・栂尾両城を信利に与えたと考えられる。その後も信利が持城としていたが、天正十年（一五八二）十一月以前から成政による攻撃を受けていた。もちろん、本拠の城生城も攻撃されていたはずである。

翌天正十一年（一五八三）六月、信利は城生城下にあった日蓮宗寺院の本法寺《ほんぽうじ》に対して、領内における他宗の寺院を本法寺に帰伏させると述べている（「本法寺文書」）。斎藤氏は代々日蓮宗の熱狂的な信者で、本拠の楡原は近世以後には「楡原法華《ほっけ》の堅法華《かたぼっけ》」と呼ばれるほど日蓮宗信仰が篤《あつ》かった場所であり、斎藤氏の信仰を領民が共有した結果である。信利の命令は、信仰していた本法寺、ひいては「法華経《ほけきょう》」の加護を得て、成政の攻撃を跳ね返す目的で行われたのだろう。逆に言えば、それだけ追い込まれた立場にあり、実際には落城目前であったと考えられ、翌七月あるいは八月に城生城は落城したようである。

信利は越中から没落して牢人になり、最初は三木氏を頼ったと伝えられる（「寛政重修諸家譜」）。その後、家康の庇護《ひご》下に入り、天正十二年（一五八四）六月に家康から本領安堵を受けたのである。家康は信利を先兵として、越中を攪乱《かくらん》しようと画策していた。これは家康が、成政を秀吉方と認識していたことを意味する。当時、飛驒国は成政と親しい三木氏が支配しており、そこを通過して、越中を直接攻撃するのは困難だが、信利は旧領主として楡原保の旧臣に号令して、反乱を起こさせることが可能だった。家康もそれを期待していたと考えられる。

先に景勝が糸魚川新地に越中牢人衆を配置したことを述べたが、家康も信利のような越中牢人を利用していたのである。こうした牢人による敵国への攪乱工作は、戦国時代には常套手段だった。

佐々成政の能登・加賀攻め

このように六月の段階では家康は成政を敵と見なしていたが、成政はついに織田信雄・徳川家康方となり、八月末に加賀《かが》・朝日山城（金沢市）、続いて九月九日には能登・末森《すえもり》城（石川県宝達志水《ほうだつしみず》町）を攻撃した。これに対して前田利家は、金沢城（金沢市）から自ら出陣して十一日に反撃に出て、成政を撃退した。

この動きに上杉景勝は即座に反応した。九月十八日に須田満親は、前田利家に書状を送り、かねてからの申し合わせのとおり、後詰《ごづめ》として越中の境城を攻撃したことを告げた（「青木文書」）。これによれば、成政が加賀や能登を攻撃した時は、上杉氏も越中に出兵するという約束がなされていたことがわかる。

この書状によれば、成政は倶利伽羅《くりから》峠（富山県小矢部《おやべ》市・石川県津幡《つばた》町）と小原《おはら》峠（小矢部市・金沢市）から加賀に侵入していた。倶利伽羅峠は越中と加賀の境目で、源 義仲《みなもとのよしなか》と平家の合戦が行われたことで有名だ。現在は北陸本線が峠の下をトンネルで抜けており、富山と金沢を結ぶメインルートである。

小原峠は倶利伽羅峠の南にあり、かつては倶利伽羅峠の間道《かんどう》として、人馬の往来が盛んだった。この峠は内山《うちやま》（小矢部市）から松根《まつね》（金沢市）に抜ける途中にある両国の境目で、松根のすぐ先に成政が最初に攻めた朝日山城がある。このルートの方が、倶利伽羅峠越えよりも金沢までの距離が近い。つまり、成政は金沢城を直接攻撃しようとして、最初はこのルートをとったが、朝日山城を落とすことができず、別ルートの倶利伽羅峠を越え、末森城を攻撃したのである。越中と加賀の境目は山だが、そこを抜ける峠の

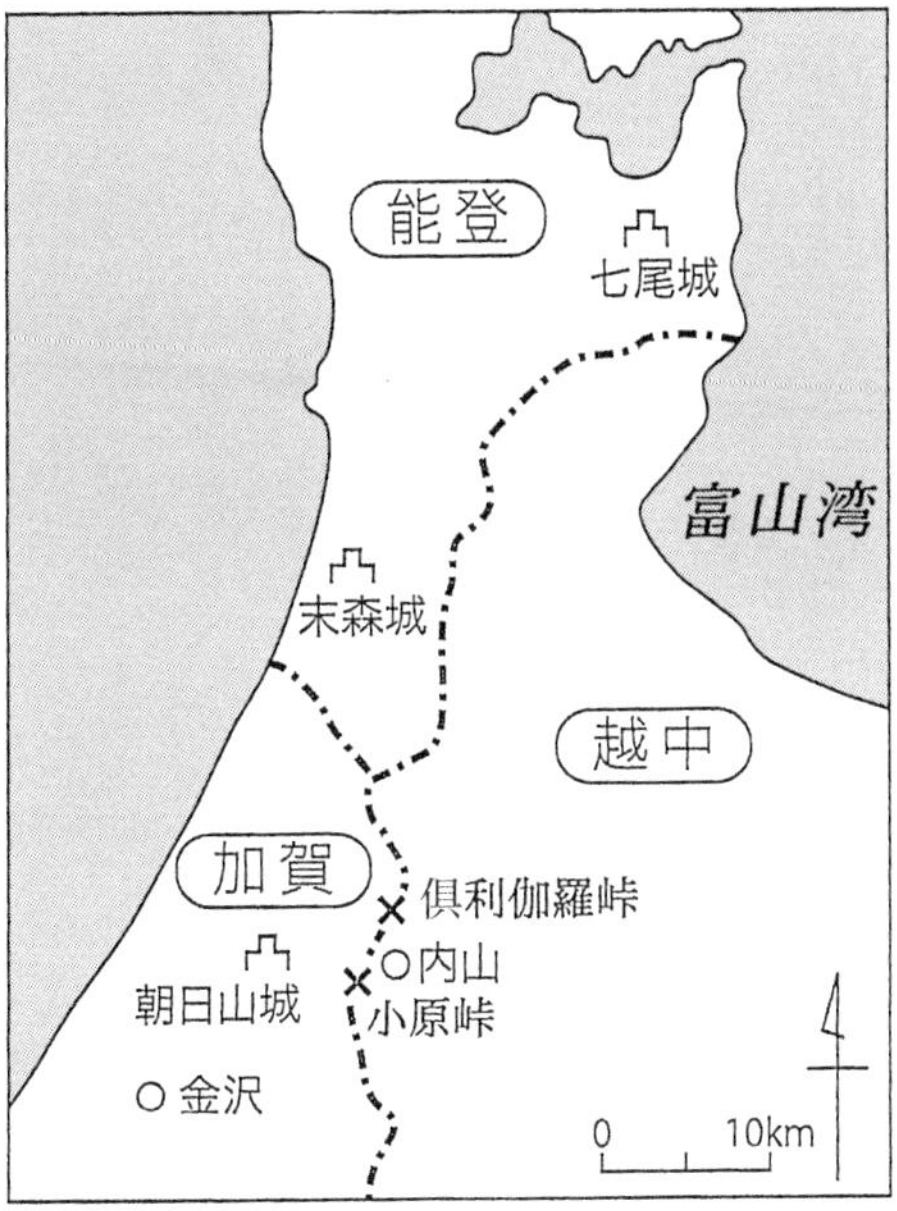

加賀国・能登国・越中国の境界線

うちで、メインルートがこの二つの峠であり、成政はそこを通り、加賀や能登に向かった。

また、同じ日に土肥政繁《どいまさしげ》・唐人親広《かろうどちかひろ》・寺嶋信鎮《てらしまのぶしげ》・斎藤信言・神保昌国《まさくに》は連署して、利家の兄安勝《やすかつ》に書状を送り、須田満親とともに境城を攻めたことを告げた（「温故足徴」）。これら五人はいずれも越中国人であり、糸魚川新地に配置された越中牢人衆とは、彼らのことと思われる。このうち斎藤信言は、先に述べたように、城生城主・斎藤信利の弟で、兄は家康を頼っていたが、弟は景勝を頼っていたのである。

これは先に述べたように、斎藤氏の上杉方への復帰に関して、兄弟間での意見の食い違いがあったことに由来するのではないだろうか。一方、須田満親も先に述べたように、前年に成政によって、魚津城を追われた人物である。つまり、彼らはともに越中への復帰を目指しており、成政の加賀・能登攻撃の隙をついて、越中の境目に攻め込んだのである。もちろん、先陣は越中牢人衆が務めたであろう。

結局、境城は十月二十六日に落城した（「覚上公御書集」）。その後、景勝は境城を普請させ番を付けて、警固を厳重にした。しかし、上杉軍はそれより先には進まず、境城を保持するにとどまった。越中と加賀・能登の境目付近でも戦いが行われていたが、この方面も膠着《こうちゃく》状態になった。

秀吉による成政攻め

十一月十二日に秀吉と織田信雄は講和し、家康も次男の秀康《ひでやす》を人質に差し出した。講和成立により、佐々成政は孤立することになった。その対応のために、成政は十二月に越中を出発して浜松《はままつ》を経て、三河《みかわ》の吉良《きら》（愛知県西尾市）で信雄と対面した（『家忠日記《いえただ》』）。この対面の目的や通行ルートに関しては諸説あるが、必ずしも明らかではない。

「家忠日記」の原文には、「信雄様御鷹野ニ御座候御礼申候」とある。御礼とは一般に、家臣が主君に挨拶をすることを意味するので、成政は信雄を主君と仰ぎ、対面を遂げたことになる。また、御礼は祝儀《しゅうぎ》の意味で行われることもあり、この点からすれば、講和成立の祝儀として、成政は挨拶をしたことになる。御礼の意味は多様であり、いずれとも決められないが、成政と信雄の対面の目的や意義は、今後も追究すべきテーマである。

翌天正十三年（一五八五）三月に、上杉景勝は須田満親・小倉伊勢守《おぐらいせのかみ》・村山慶綱《むらやまよしつな》に書状を送り、境城の普請や在番《ざいばん》のやり方を指示した（長野県立博物館所蔵文書）。この書状の宛名は満親がトップなので、境城主は満親で、小倉・村山氏がサポートし、その下に越中牢人衆などが在番する体制になっていたと考えられる。

秀吉は最初五月に成政を攻撃する予定であったが、三月に根来《ねごろ》・雑賀《さいか》一揆の討伐、六月には四国攻めが行われたため、延期された。一方、五月には成政は家康を通じて、秀吉との講和交渉を行ったが（「田安徳川家入札目録」）、結局まとまらず、ついに八月八日に秀吉は京都を出陣した。これに呼応して、景勝は境城まで出陣したが、その後もそこからは動かなかった。

秀吉軍は越中に入り、戦国時代以来、越中の拠点の城であった木舟（富山県高岡市、旧福岡《ふくおか》町）・守山（高岡市）・増山城（砺波市）などを落とし、各地を放火した。これにより、成政は八月二十六日に信雄を頼って、倶利伽羅峠に陣を敷く秀吉のもとに参上した（「三村文書」）。成政の参上が倶利伽羅峠で行われたのには、次のような意味があったと思われる。

戦国時代には、講和の交渉や締結が境目で行われることがよくあった。秀吉はその慣習を踏襲して、あえて先に進まず、越中と加賀の境目である倶利伽羅峠で、成政の参上を待ち構えていた。こうして成政は降参し、秀吉は閏《うるう》八月一日に富山城に入城を果たした（「多聞院《たもんいん》日記」）。秀吉は富山城で景勝の出仕《しゅっし》を待っていたが、景勝は境城から動かなかった。

この点に関して萩原大輔氏は、景勝は秀吉への臣従の礼を行うことを嫌ったためと推測している。そして、秀吉は景勝に大坂への参上を通告し、富山城の破却を命じて、閏八月五日に富山を出発し、帰国の途についた（「九条家文書」）。戦後処理として国分《くにわけ》が行われ、成政は新川郡、残りの婦負・砺波・射水《いみず》郡は、前田利家に与えられることになった。この際に景勝が占拠した境城も、当然成政に返却されたはずである。

越中は、国自体が加賀と越後の境目的な存在であり、加賀の一向一揆と上杉氏、信長方の武将と上杉氏、前田利家と上杉景勝が東西から越中に攻め込むなど、長い間戦乱が続いた。

秀吉の佐々成政攻め、戦後処理としての国分は、この状況に終止符を打つものであり、越中・越後の境目や越中国内を舞台とした戦いは終結した。しかし、成政と景勝は激しく争った同士であり、国境付近の緊張はなおも継続していたと考えられる。

その後の越中の領有関係を簡単に述べておこう。天正十五年（一五八七）五月に島津《しまづ》氏を降伏させ、九州を平定した直後、秀吉は成政に肥後《ひご》一国を与えた。そして、成政が領していた新川郡は秀吉の蔵入地《くらいりち》（直轄領）となり、前田利家が預かることになった。これは直接的には、蔵入地からの年貢を必要時に北陸や東北で運用するためのものだった。また、新川郡を前田氏と上杉氏の緩衝地とする目的もあったと思われる。とはいえ、新川郡は実質的には利家の所領であった。

家康は関ヶ原合戦後に、利家の子・利長《としなが》に加賀南部（能美《のみ》・江沼《えぬま》郡）を加増し、前田氏による加賀・能登・越中三国の領有が確立して、金沢藩が成立した。こうして越中は、加賀・能登と一体化することになった。しかし、支藩として、寛永《かんえい》十六年（一六三九）に富山藩（十万石）が成立し、万治《まんじ》二年（一六五九）には、越中・加賀に分散していた領地を整理して、婦負郡全体と富山付近の新川郡の一部にまとめた。

これにより、越中は金沢藩に属すと同時に、富山藩の存在によって一部は独立性を保ったが、同じ前田氏の藩とは言え、国が異なる藩に分断されていた。しかし、明治期になり、越中が富山県となり、独立性を確保した。

2　境目の国、越中と飛驒

戦乱を増幅させた牢人たち

上杉氏による新地の築城に関連させて、越中を中心に境目をめぐる戦いを述べてきた。以下では、その戦いの特徴をまとめたうえで、補足を加えておきたい。上杉氏は越後国境防衛のために、各地に「新地」と呼ばれる新しい城を作った。また、越中の境目の境城を、越後国境を守る城として重視していた。だが、その城が落ちて、越後国境が危機に陥ると、糸魚川や西浜に新地の城を築いて、防衛を強化した。

糸魚川新地には、越中牢人が置かれ、上杉氏が越中出陣の際に出陣し、境城を回復した後には彼らを在番させた。また、城生城主の斎藤信利は、信長方から上杉方に転換し、成政によって本領を追われて牢人となったが、家康を頼り、本領回復を企図していた。戦国大名による牢人の庇護や活用は一般的であり、先に述べたように、信長も越中侵攻にあたって、越中牢人の神保長住を利用した。

天正三年（一五七五）八月の信長による越前攻めの際にも、先陣を務めたのは越前牢人だった（『信長公記』）。このように牢人は、利用価値が高かった。しかし、本国への復帰を熱望する牢人の意志に戦国大名が引きずられて、侵攻を強行することにもなり、境目の不安定化を招く要因ともなった。特に越中の場合は、上杉・織田氏や一向一揆の侵攻により、他国以上に多数の牢人が生まれ、その存在がさらに戦乱を増幅したと思われる。

神通川で通じる越中と飛驒

越中は飛驒とも境を接しており、様々な点で関係があった。まず、水系について見てみよう。一般に川やそれに沿った街道を通して、人や物さらには情報が入ってくる。同一水系に属する地域には、ある種の一体性が生じる。越中の神通川の上流猪谷では、飛驒から流れてくる高原川と宮川が合流するので、越中中央と飛驒北部は同一の水系に属する。つまり、越中は神通川によって飛驒と通じているのである。

江馬氏や三木氏は、神通川に沿って越中にも進出していた。江馬氏家臣の河上《かわかみ》氏は、永禄八年（一五六五）六月に高原紅屋の牛荷が、魚谷《いおだに》・吉野《よしの》・篠津《ささづ》（笹津）を通る際の役銭《やくせん》を免除する過所《かしょ》を出している（川上幸雄氏所蔵文書）。紅屋は江馬氏の本拠・高原（岐阜県飛驒市、旧神岡町）に住む商人で、牛を使って越中に荷物を運び、売りさばいていたのだろう。

魚谷は、先に見た高原川と宮川の合流地点である猪谷の北にある庵谷《いおりだに》（富山市、旧細入村）のことと思われる。そこは峠になっていた。魚は「いほ」「いお」と読むので、庵《いおり》は魚が転訛《てんか》したものであろう。この場所は神通川西岸で、猪谷から庵谷、楡原を通り、西笹津に出る越中西街道が通っていた。楡原は斎藤氏の本拠地なので、庵谷までを江馬氏が支配し、この付近が斎藤・江馬氏の境目となっていたと思われる。

猪谷から神通川東岸に沿って下流に向かう道（越中東街道）もあり、少し行ったところが吉野（富山市、旧大沢野町）である。さらに下ると富山平野に出るが、その入口が笹津（同前）である。つまり、江馬氏が神通川東岸や西岸の山間部から、平野の入口までの道や関所を支配していたのである。

一方、先に述べたように、三木氏家臣の塩屋秋貞が、笹津に近い猿倉に城を築いており、この道をめぐっては、三木氏と江馬氏の間で競合があったと思われる。この付近の神通川西岸は、斎藤氏が支配していたので、両氏にとって、東岸沿いの道は越中への出口や越中に進出する足掛かりとして重要だっただろう。

特に笹津は津という地名から見て、古くから港としての機能を持っていたと考えられる。また、近世には筏場《いかだば》があったと伝えられている。神通川上流の飛驒は、山林資源が豊富なことで知られており、そこで採取される材木は、三木・江馬両氏の経済基盤だったと思われる。採取した材木は筏にして下流に流されるのが一般的なので、戦国時代から神通川でも筏流しが行われ、笹津で新たに筏を組み直していた可能性が高い。また、近世には同地が渡し場で、東岸と西岸（西岸も笹津で、現在は区別して西笹津と呼ぶ）を船で渡っていた。

このように、笹津は港や渡し場としての機能を持ち、飛驒から神通川の両岸沿いに越中に向かう道の結節点であり、同時に富山平野への出口として重要な地点であった。『飛驒国治乱記』には永禄年

吉川弘文館

新刊ご案内　2021年5月

〒113-0033・東京都文京区本郷7丁目2番8号　振替 00100-5-244（表示価格は10%税込）
電話 03-3813-9151(代表)　ＦＡＸ 03-3812-3544　http://www.yoshikawa-k.co.jp/

〝恋愛〟で歴史が動く!?　涙誘う純愛から不義密通まで。

恋する日本史

好評2刷

『日本歴史』編集委員会編　Ａ５判・二五六頁／二二〇〇円

天皇・貴族から庶民にいたるまで、昔の人びとはどのような恋をしていたのだろう？　第一線で活躍する歴史学・国文学などのエキスパートが、日本史のなかの知られざる恋愛エピソードを紹介。あの有名人の恋愛スキャンダル、無名の人物が貫いた純愛、異性間に限らない恋心、道ならぬ恋が生んだ悲劇…。恋愛を通してみると歴史はこんなに面白い！

『内容案内』送呈

史実に基づく正確な伝記シリーズ

人物叢書

日本歴史学会編集　四六判

幣原《しではら》喜重郎

種稲秀司著　三五二頁／二六四〇円

近代日本の外交官・政治家。ワシントン会議全権を務め、外相として幣原外交を展開。敗戦後首相となり、日本国憲法草案を発表した。多彩な史料や新聞雑誌記事、議会議事録を駆使して生涯を辿り、外交理念、信念を考える。（通巻308）

大伴旅人《たびと》

鉄野昌弘著　三〇四頁／二四二〇円

『万葉集』などに数多くの作品を残した歌人・政治家。栄達の過程、大宰府への下向、山上憶良との交友などを、歌とともに辿る。大伴氏の中核で高級官人でありながら、個人の心情を表出した歌の世界を切り開いた生涯。（通巻309）

4 室町幕府分裂と畿内近国の胎動
天野忠幸著
＊十六世紀前半／中央

十六世紀前半、明応の政変などを経て室町幕府は分裂。分権化が進み、新たな社会秩序の形成へと向かう。三好政権の成立、山城の発展、京都や大阪湾を取り巻く流通などを描き、畿内近国における争乱の歴史的意味を考える。

5 東日本の動乱と戦国大名の発展
丸島和洋著
＊十六世紀前半／東日本

十六世紀前半、東日本では古河公方の内紛と連動した戦乱から、戦国大名の衝突へ変化する。伊達・上杉・北条・武田・今川・織田—大名間「外交」と国衆の動静を軸に、各地の情勢を詳述。戦国大名確立の背景に迫る。

6 毛利領国の拡大と尼子・大友氏
池　享著
＊十六世紀後半／西日本

十六世紀後半、西日本では大内氏を倒し台頭した毛利氏をはじめ、尼子や大友、島津などの地域勢力が熾烈な領土争いを繰り広げた。海外交易の実態、流通・経済の発展など社会状況も概観し、西国大名の覇権争いを描く。

7 東日本の統合と織豊政権
竹井英文著
＊十六世紀後半／東日本

十六世紀後半、関東では武田・上杉・北条らの領土紛争が激化、奥羽では伊達の勢力が急拡大する。戦乱の中で進化する築城技術や経済活動、領国支配の構造などを描き、織豊政権の介入で統合へ向かう東日本の姿を追う。

8 織田政権の登場と戦国社会
平井上総著
＊十六世紀後半／全国

十六世紀後半、織田信長は室町幕府に代わる政権を打ち立て、全国を統合へ向かわせた。将軍義昭の追放、朝廷への対応、大名との衝突と和睦などの政局に加え、都市や流通、宗教など社会の諸相から織田政権の実像に迫る。

9 天下人の誕生と戦国の終焉
光成準治著
＊十七世紀初頭／全国

十七世紀初頭、豊臣氏を滅亡させた徳川氏が権力の頂点に立つ。秀吉の天下一統から大坂の陣、徳川政権確立までの政局をたどり、兵農分離の実像や芸能・美術など、社会と文化にもふれながら「天下人」の時代を見渡す。

われわれは宗教をどう理解し、いかに向き合うか？
新しい人文学のあり方を構想する画期的シリーズ！

日本宗教史 全6巻 完結

〈企画編集委員〉伊藤 聡・上島 享・佐藤文子・吉田一彦

A5判・平均三二〇頁／各四一八〇円 『内容案内』送呈

1 日本宗教史を問い直す

吉田一彦・上島 享編 〈2刷〉

古代から近代までの日本宗教史を、神の祭祀や仏法伝来、宗教活動の展開と宗教統制、政治との関係などを柱に概観する。さらに文化交流史、彫刻史、建築史、文学、民俗学の分野から日本の豊かな宗教史像をとらえ直す。 三四四頁

2 世界のなかの日本宗教

上島 享・吉田一彦編 （最終回配本）

日本の宗教史は世界においてどのような特色を持つのか。キリスト教やイスラーム教、儒教を信仰する地域と比較。妻帯、葬送、信仰、時空意識などを考察して、アジア史、そして世界史のなかに日本宗教史を位置づける。 三五八頁

3 宗教の融合と分離・衝突

伊藤 聡・吉田一彦編 〈2刷〉

仏教・神道・キリスト教をはじめ多様な宗教が併存する日本社会。他の信仰に対する寛容さを持つ一方、排他的な志向や事件も繰り返されている。古代から現代まで、さまざまな宗教・思想・信仰の融合と葛藤の軌跡を辿る。 三〇八頁

4 宗教の受容と交流
佐藤文子・上島　享編

古来、中国やインド、西洋からの影響を波状的に受けて育まれてきた日本の宗教文化。仏教・儒教・道教・キリスト教や様々な民間信仰をとりあげ、伝播の衝撃や受容の実態などを明らかにし、その歴史的意義を考える。
三三八頁

5 日本宗教の信仰世界
伊藤　聡・佐藤文子編

自然災害や疫病、大切な人の死に面したとき、人々は日ごろ忘れている宗教的な体験の記憶を呼び覚まして向かい合おうとする。人が生まれてから死を迎えるまで、社会の営みの基底にいきづく多様な〈信仰〉のかたちを描く。
二七二頁

6 日本宗教史研究の軌跡
佐藤文子・吉田一彦編

日本宗教史の諸学説はいつ、どのようにして成立したのであろうか。明治・大正以来の研究の歩みを振り返り、今後の学問の方向を探る。近代国家の展開に共振する学問史を洞察し、新たな日本宗教史研究の地平をめざす。
二九四頁

【本シリーズの特色】

◉宗教史の視座から、現代日本の信仰、文化、社会などのあり方を再考する。

◉古代から現代に至る日本宗教の歴史を通史的に把握しつつ、各巻にその特徴を浮き彫りにするテーマを設定。

◉日本史・外国史・宗教学・文学・美術史・建築史・民俗学等の諸分野の成果を反映しつつ、垣根を越えて総合的に考察し、新たな人文学の方向性を模索する。

◉日本の宗教は世界史のなかにどのように位置づけられるのか。諸外国との交流により形成された宗教文化の実相を明確化し、国際社会と日本の関わりを描く。

◉仏教・神道・キリスト教・儒教・陰陽道など、個別の宗教や宗派研究の枠を出て、それぞれが融合・衝突・併存しつつ日本社会に定着した姿を考察する。

◉日本の思想・学問・芸術そして生活へと影響を与えた宗教文化の内実を論じ、人びとの信仰のかたちと死生観を明らかにする。

◉日本の宗教を私たちがどう自己認識してきたかを検証し、宗教の概念を問い直す。

歴史文化ライブラリー

全冊書下ろし

●21年2月～4月発売の6冊

四六判・平均二二〇頁

人類誕生から現代まで／忘れられた歴史の発掘／常識への挑戦／学問の成果を誰にもわかりやすく／ハンディな造本と読みやすい活字／個性あふれる装幀

518 東大寺の考古学 よみがえる天平の大伽藍

鶴見泰寿著

聖武天皇が造営した国家的大寺院・東大寺の創建当初の面影は、今日までどれほど残り、当時はどのような伽藍だったのか。文献・絵画資料の検証と最新の発掘調査の成果を手がかりに、奈良時代の東大寺の実像に迫る。

二四〇頁／一八七〇円

519 家老の忠義 大名細川家存続の秘訣

林　千寿著

戦国の荒波を乗り越え、肥後熊本藩主となった細川家。主君への忠義が絶対ではなかった時代、筆頭家老松井康之と息子興長は細川家存続にいかなる影響を与えたのか。主家と藩政の維持・発展に尽くした家老の姿を描く。

二二四頁／一八七〇円

520 平安貴族の住まい 寝殿造から読み直す日本住宅史

藤田勝也著

平安貴族の住宅としてよく知られる寝殿造。だが、建物は現存せず実像は謎につつまれている。遺構や絵巻、史料から、左右対称と言われてきたこれまでの通説を徹底検証。寝殿造の本質に迫り、日本住宅史に一石を投じる。

二四〇頁／一八七〇円

521 摂関家の中世
藤原道長から豊臣秀吉まで

樋口健太郎著

天皇を支えた摂政・関白。それはいかなる地位でどのような政務に携わったのか。平安後期から秀吉の関白就任まで、摂関職の継承と権力の変転を描く。幾度の危機を乗り越え、その都度新たな価値を創出した摂関家の歴史。

二八八頁／一九八〇円

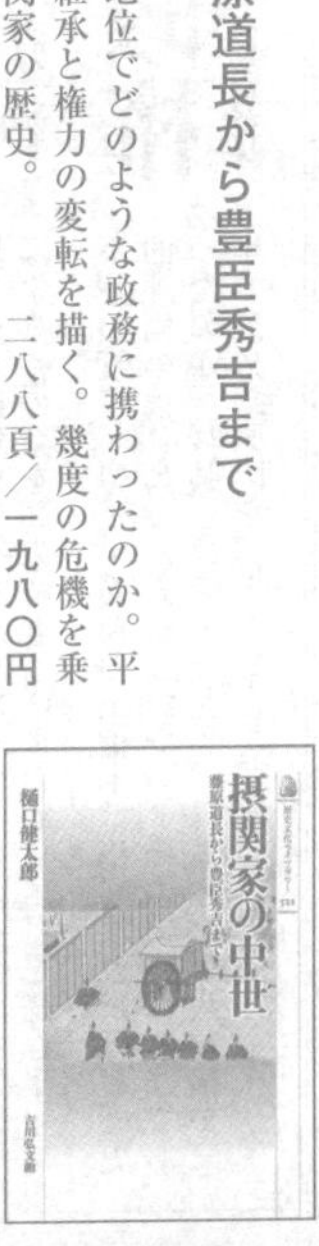

522 アクセサリーの考古学
倭と古代朝鮮の交渉史

高田貫太著

古墳時代、日本列島では冠・耳飾りなど貴金属のアクセサリーが流行した。朝鮮半島から贈られた品々には、いかなる意図が込められていたのか。発掘されたアクセサリーを紹介しつつ、身に着けた人びとの群像を活写する。

二八八頁／一九八〇円

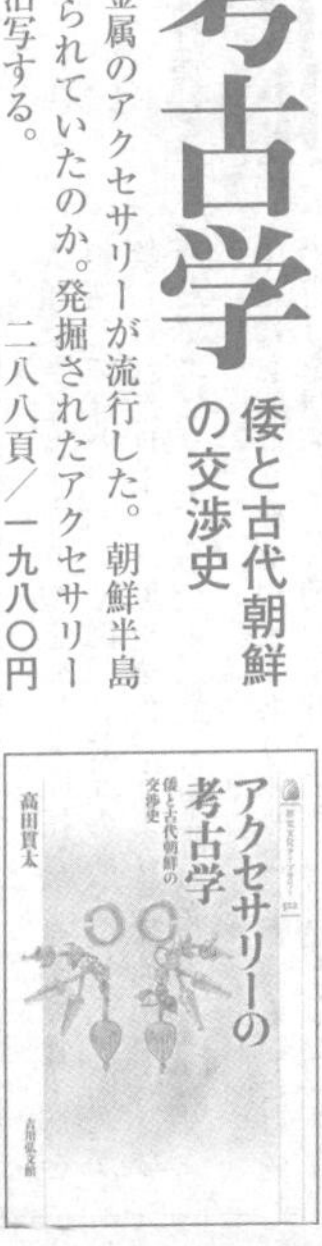

523 山寺立石寺
霊場の歴史と信仰

山口博之著

慈覚大師円仁の開創と伝わる山寺立石寺《やまでらりっしゃくじ》。その全貌を、絵図や古文書、石造物などのモノ資料から分析。比叡山延暦寺や最上氏との関係にもふれ、信仰の形と背景を解明。霊場を切り口に、地域の中世史の再構築を試みる。

三〇四頁／一九八〇円

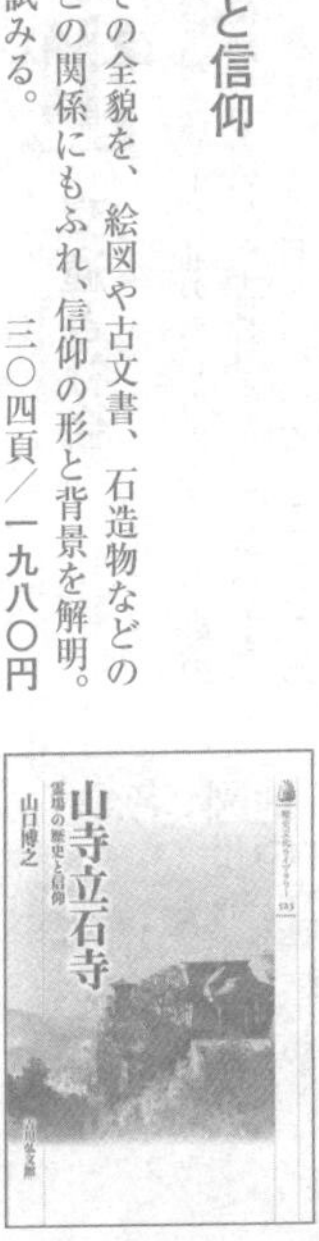

【好評既刊】

514 顔の考古学 異形の精神史
設楽博己著
二五六頁／一九八〇円 〈2刷〉

515 伊達一族の中世 「独眼龍」以前
伊藤喜良著
二五六頁／一九八〇円 〈2刷〉

516 江戸時代の瀬戸内海交通
倉地克直著
二七二頁／一九八〇円

517 神々と人間のエジプト神話 魔法・冒険・復讐の物語
大城道則著
二三八頁／一八七〇円

日本神道史（増補新版）

岡田莊司・小林宣彦 編

古来、神は日本人の精神的より所として存在し、国家成立に大きな位置を占めていた。初版刊行から一〇年、沖ノ島や律令国家祭祀に新知見を加えるなど、記述を見直しよりわかりやすく編集。今も息づく神道の世界へ誘う。

四六判・四二〇頁・原色口絵四頁／三八五〇円

地図で考える中世 交通と社会

榎原雅治著

地形図・絵図・航空写真などから、一三〜一六世紀の陸上交通のあり方を分析。宿町の構造と機能、交通整備に関わる幕府や宗教者の役割を考察して中世日本社会を読み解き、東海道沿道地域の開発と災害の歴史をも見通す。

A5判・四〇〇頁／五二八〇円

読みなおす日本史

毎月1冊ずつ刊行中　四六判

食の文化史

大塚　滋著

二〇〇頁／二四二〇円（解説＝江原絢子）

人類はさまざまな食物を発見・開拓し、豊かな食生活を創造してきた。パンや肉、乳製品の西洋に対し、肉食が禁じられた日本では魚や菜食、うまみと醤油が主流となった。エピソードを交え、食から東西の文化を読み解く。

夢語り・夢解きの中世

酒井紀美著

一九二頁／二四二〇円（補論＝酒井紀美）

中世において、夢は現実であり未来だった。人びとは夢の告げを信頼して行動の指針、生きる目標とした。夢を見ることに努め、夢を語りあった。日記や物語などに登場する夢の話を読み解き、中世の心象風景を描き出す。

後醍醐天皇と建武政権

伊藤喜良著

一九二頁／二四二〇円（補論＝伊藤喜良）

不徳の天皇・聖王・異形の王権―。後醍醐天皇ほど歴史的評価の揺れ動いた人物はいない。その実体はどうであったのか。行動と政策を検討し、目指した公武政権が三年で潰えた原因を、東アジア世界も視野に入れて考える。

摂関政治最盛期の「賢人右府」
藤原実資《さねすけ》が綴った日記を待望の現代語訳化！

『内容案内』送呈

現代語訳 小右記 全16巻

倉本一宏編

四六判・平均二八〇頁／半年に1冊ずつ配本中

⑫法成寺《ほうじょうじ》の興隆

【第12回】三三〇〇円

治安三年（一〇二三）正月～治安三年十二月

道長の造営する法成寺が完成に向かう一方で、顚倒した際に頬に腫物を生じさせてしまった実資は、その治療に奔走する。さまざまなルートからいろいろな治療法を聞き出し、加持や夢想によってその効果を探ろうとする。　三一〇頁

好評既刊

①三代の蔵人頭《くろうどのとう》
②道長政権の成立
③長徳《ちょうとく》の変
④敦成《あつひら》親王誕生
⑤紫式部との交流
⑥三条天皇の信任
⑦後一条天皇即位
⑧摂政頼通
⑨「この世をば」
⑩大臣闕員騒動
⑪右大臣就任

①～⑤⑨＝各三〇八〇円
⑥～⑧⑩⑪＝各三三〇〇円

鑑真と唐招提寺の研究

眞田尊光著

A5判・二八四頁／一二一〇〇円

日本に戒律を伝えるため、幾多の困難をのり越え唐より渡来した鑑真と弟子たち。彼らが造立した唐招提寺伝存の諸像の意義や目的、弟子たちの活動の様相など、鑑真一行がもたらした授戒と美術の様相に迫る。

中世の禅宗と日元交流

康　昊著

A5判・二三四頁／八八〇〇円

十四世紀、国家の新しい体制仏教として位置づけられた禅宗の発展過程を、虎関師錬ら禅僧の活動から追究。五山禅林の思想・教学、仏事法会を通しての公武権力や中国宋元仏教との関わりを、対外関係史からも解明する。

近世村落の領域と身分

関口博巨著

A5判・三九六頁／一二一〇〇円

近世における社会空間や身分はどのように仕切られ、生活の現場でいかに機能し、受け止められていたのだろうか。全国各地の村々や百姓・従属民らを事例に追究。身分社会の越境者にも光を当て、仕切りの透過性を考える。

近世日本の災害と宗教 呪術・終末・慰霊・象徴

朴　炳道著

A5判・三四四頁／一三二〇〇円

近世の人々は、地震・飢饉・大火や疫病などの災害にどのように対処してきたのか。呪術・終末・慰霊・象徴をキーワードに、災害における人々の認識と実践を追究。宗教学の視点から「災害文化」として体系的に捉え直す。

古墳時代東国の地域経営

若狭 徹著

後進的とされた東国古墳社会像を、近年の発掘成果や古代石碑の検討から覆し、畿内に連動する社会経営が実践されていた事実を提示。倭王権の一翼を担い、独自の文化構造を成立させた東国豪族の地域経営の実態に迫る。　A5判・三六〇頁／四一八〇円

永青文庫叢書

細川家文書 地域行政編

熊本大学永青文庫研究センター編

A5判・四五六頁・原色口絵八頁・原色別刷図版八頁　二七五〇〇円

熊本藩では領国統治のため、重層的な行政組織が設けられた。郡代、惣庄屋、会所役人、村庄屋など、行政関係者それぞれの職掌を明らかにする。徴税、土地管理、窮民救済などの社会の公共的な機能を担った様子を描く。

京坂キリシタン一件と大塩平八郎 史料と考察

宮崎ふみ子編　A5判・三七六頁・口絵八頁／一三二〇〇円

文政十年(一八二七)大坂東町奉行所が摘発した事件は、大塩平八郎らの捜査で「キリシタン集団」の発覚に発展した。被疑者や関係者の供述、判決など多数の史料を翻刻。事件全容の解説と論考、年表・地図等を収載する。

皇室制度史料 儀制 大嘗祭一

宮内庁書陵部編纂(財団法人菊葉文化協会・発行／吉川弘文館・発売)

皇室に関する諸般の制度の歴史的沿革を解明することを企図し、関連する基本的史料を編目別に編修。　A5判・三七〇頁／一二六五〇円

考証の世紀 十九世紀日本の国学考証派

大沼宜規著　A5判・三四〇頁／一一〇〇〇円

十九世紀、文献等に基づき歴史的事実の解明に尽くした国学考証派。その登場と学問領域を築き深化させた過程を、考証の方法や実践、集団関係に着目して追究。近代の実証的学問への継承まで論じ、歴史的意義を解明する。

幕末の学問・思想と政治運動 気吹舎の学事と周旋

天野真志著　A5判・二六〇頁／九九〇〇円

幕末、国政に関する勢力間の仲介を目的に志士らが展開した国事周旋。私塾気吹舎《いぶきのや》での学問と政治関与の考察から、活動基盤としての学問・思想、情報・交流を検討。平田国学の政治的意義と議論空間の様相を解き明かす。

世界の中の近代日本と東アジア 対外政策と認識の形成

大日方純夫著　A5判・三五六頁／一一〇〇〇円

近代日本は大陸国家への道をいかに目指したのか。日清・日露戦争を経て台湾・朝鮮を植民地化していく過程を、対外政策と認識を中心に解明。エジプトなどの動向も視野におさめて、日本の近代化を世界史的に位置づける。

鎌倉遺文研究 第47号
鎌倉遺文研究会編集 ——— A5判・一一八頁／二二〇〇円

読者の皆さまからのリクエストをもとに復刊。好評発売中

11出版社共同復刊
書物復権 2021

日本古代女官の研究
伊集院葉子著　A5判・三四二頁／九九〇〇円
令制以前から平安期の女官の実態を追究し、政治的役割に迫る。

平等院鳳凰堂 現世と浄土のあいだ
冨島義幸著　A5判・二一二頁／三三〇〇円
個別に論じられてきた建築・仏像・絵画・庭園などを総合的に捉え直す。

明治の青年とナショナリズム 政教社・日本新聞社の群像
中野目　徹著　A5判・三五二頁／一〇四五〇円
国家や民族のために何をなすべきかを模索した彼らの声に耳を傾ける。

近代家族と子育て
沢山美果子著　A5判・二八八頁／四九五〇円
近代の家族規範のもとで、女・男・子どもはいかに生きてきたのか。

戦国史研究 第81号
戦国史研究会編集 ——— A5判・五二頁／七五〇円

日本史「今日は何の日」事典 367日+360日・西暦換算併記
吉川弘文館編集部編
正確な日付で「その日」の出来事が分かる日めくり事典。出典の明らかな記事を日付ごとに掲載。暦に関するコラムや付録も充実したユニークな歴史カレンダー。〈3刷〉　A5判・四〇八頁／三八五〇円

図説 元興寺の歴史と文化財 一三〇〇年の法灯と信仰
元興寺・元興寺文化財研究所編　B5判・二〇八頁／二八六〇円

日本仏教はじまりの寺 元興寺 一三〇〇年の歴史を語る
元興寺・元興寺文化財研究所編　A5判・二四六頁／二四二〇円

検証 奈良の古代仏教遺跡 飛鳥・白鳳寺院の造営と氏族
小笠原好彦著　A5判・二一六頁／二四二〇円

災害と生きる中世 旱魃・洪水・大風・害虫
水野章二著　四六判・二四〇頁／二七五〇円

みちのく歴史講座 古文書が語る東北の江戸時代
荒武賢一朗・野本禎司・藤方博之編　A5判・二六四頁／二四二〇円

強い内閣と近代日本 国策決定の主導権確保へ
関口哲矢著　四六判・二六四頁／二七五〇円

国史大辞典 全15巻（17冊）
国史大辞典編集委員会編
四六倍判・平均一一五〇頁
本文編（第1巻～第14巻）＝各一九八〇〇円
索引編（第15巻上中下）＝各一六五〇〇円
全17冊揃価 三二六七〇〇円

明治時代史大辞典 全4巻
宮地正人・佐藤能丸・櫻井良樹編
四六倍判・平均一〇一〇頁
第1巻～第3巻＝各三〇八〇〇円
第4巻（補遺・付録・索引）＝二二〇〇〇円
全4巻揃価 一一四四〇〇円

アジア・太平洋戦争辞典
吉田 裕・森 武麿・伊香俊哉・高岡裕之編
四六倍判 八五八頁 二九七〇〇円

日本歴史災害事典
北原糸子・松浦律子・木村玲欧編
菊判・八九二頁 一六五〇〇円

歴史考古学大辞典
小野正敏・佐藤 信・舘野和己・田辺征夫編
四六倍判 一三九二頁 三五二〇〇円

事典日本の年号
小倉慈司著
四六判・四五四頁／二八六〇円

令和新修 歴代天皇・年号事典
米田雄介編
四六判・四六四頁／二〇九〇円

源平合戦事典
福田豊彦・関 幸彦編
菊判・三六二頁／七七〇〇円

戦国人名辞典
戦国人名辞典編集委員会編
菊判・一一八四頁／一九八〇〇円

織田信長家臣人名辞典 第2版
谷口克広著
菊判・五六六頁／八二五〇円

日本古代中世人名辞典
平野邦雄・瀬野精一郎編
四六倍判・一二二二頁／二二〇〇〇円

日本近世人名辞典
竹内 誠・深井雅海編
四六倍判・一三二八頁／二二〇〇〇円

日本近現代人名辞典
臼井勝美・高村直助・鳥海 靖・由井正臣編
四六倍判 一三九二頁 二二〇〇〇円

●近刊

古代の食を再現する　みえてきた食事と生活習慣病
三舟隆之・馬場　基編
A5判／三五二〇円

角田文衞の古代学　❸ヨーロッパ古代史の再構成
公益財団法人古代学協会編
A5判／五五〇〇円

神社の起源と歴史
新谷尚紀著
四六判／二二〇〇円

中世は核家族だったのか　民衆の暮らしと生き方（歴史文化ライブラリー524）
西谷正浩著
四六判／一八七〇円

〈武家の王〉足利氏　戦国大名と足利的秩序（歴史文化ライブラリー525）
谷口雄太著
四六判／一八七〇円

南北朝の宮廷誌　二条良基の仮名日記（読みなおす日本史）
国文学研究資料館編／小川剛生著
四六判／二四二〇円

室町・戦国時代の法の世界
日本史史料研究会監修・松園潤一朗編
四六判／二四二〇円

境界争いと戦国諜報戦（読みなおす日本史）
盛本昌広著
四六判／二四二〇円

徳川忠長　兄家光の苦悩、将軍家の悲劇（歴史文化ライブラリー527）
小池　進著
四六判／一八七〇円

今に息づく江戸時代　首都・官僚・教育
大石　学著
A5判／二四二〇円

女と男の大奥　大奥法度を読み解く（歴史文化ライブラリー528）
福田千鶴著
四六判／一八七〇円

近世後期の世界認識と鎖国
岩﨑奈緒子著
A5判／一〇四五〇円

沖縄戦の子どもたち（歴史文化ライブラリー526）
川満　彰著
四六判／一八七〇円

猫が歩いた近現代　化け猫が家族になるまで
真辺将之著
A5判／二〇九〇円

予約募集

京都の中世史　全7巻
7月刊行開始！
四六判／予価三〇八〇円

【企画編集委員】元木泰雄（代表）・美川　圭・野口　実・山田　徹・早島大祐・尾下成敏・山田邦和

第1回配本　❹南北朝内乱と京都……山田　徹著

学校教育に戦争孤児たちの歴史を！
戦争の本質を学び平和学習・人権教育にいかす

戦争孤児たちの戦後史 全3巻

浅井春夫・川満 彰・平井美津子
本庄 豊・水野喜代志 編

各二四二〇円 A5判・平均二五四頁／『内容案内』送呈

1 総論編

浅井春夫・川満 彰編

孤児になる経緯・ジェンダーなどの視角を重視し、現代的観点から孤児問題を考える姿勢を提示する。年表も掲載。〈2刷〉

2 西日本編

平井美津子・本庄 豊編

孤児救済に尽力した施設や原爆孤児のための精神養子運動などの取り組み、大阪大空襲や引揚、沖縄戦における実態を詳述する。

3 東日本・満洲編

浅井春夫・水野喜代志編

養育院・上野地下道・残留孤児をキーワードに、児童福祉施設の運営、東京大空襲の被害や引揚の実相などを詳述。今後の課題を展望。

ユネスコの世界文化遺産に登録された
平泉の魅力に迫る！

平泉の文化史 全3巻

菅野成寛監修

各二八六〇円

B5判・本文平均一八八頁
原色口絵八頁／『内容案内』送呈

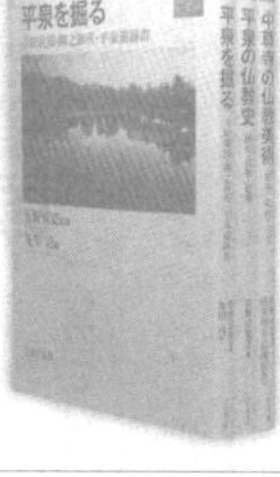

1 平泉を掘る 寺院庭園・柳之御所・平泉遺跡群

及川 司編 柳之御所遺跡、毛越寺と無量光院跡、国見山廃寺跡…。発掘調査成果から、中世平泉の社会を明らかにする。

2 平泉の仏教史 歴史・仏教・建築

菅野成寛編 金銀字一切経などに着目し、平泉前史の国見山廃寺の性格から鎌倉期の中尊寺史まで、仏教文化の実像に迫る。

3 中尊寺の仏教美術 彫刻・絵画・工芸

浅井和春・長岡龍作編 同時代の京都の動向や造像の比較とともに、科学調査の成果から検討。平泉の仏教世界に迫る。

間（一五五八〜七〇）の頃に、杉崎城主（岐阜県飛驒市）の塩屋筑前守《ちくぜんのかみ》（秋貞）は勇将で、手勢だけで越中に討ち入り、謙信と通じて、笹津近辺を切り随《したが》え、猿倉の城に住んだとある。

この記述は元亀二年（一五七一）の猿倉築城前後のことを述べていると思われるが、最初に秋貞は笹津を支配下に収めた点が注目される。これにより、秋貞は陸上交通と河川交通を抑え、飛驒から越中への出口を確保したことになる。猿倉城は猿倉山の上にあり、南は楡原保、北は富山平野全体を見渡せる絶好の位置にあり、斎藤・江馬氏さらには上杉氏にも脅威を与えたと思われる。

各地の情報が集まる飛驒

飛驒と越中の関係を情報の入手という点から見てみよう。江馬輝盛の重臣・河上富信《とみのぶ》は、元亀四年（一五七三）四月二十五日付で、松倉城主（魚津市）である謙信の重臣・河田長親《かわだながちか》に書状を送り、①信長が足利義昭《あしかがよしあき》を追放したこと、②信玄が病気または死去した噂があること、③美濃《みの》や尾張《おわり》で甲州出陣の陣触《じんぶれ》があったという噂があり、この点から信玄の死は事実らしいと述べた。

また、これらの点は謙信に直接申し上げるべきだが、実否が不明なので、事実と判明したら、改めて申し上げるとも述べている（「上杉家文書」）。実際、四月四日に信長は、二条御所《にじょうごしょ》の足利義昭を囲み、四月十二日に信玄が没している。江馬氏から伝えられた情報は事実だった。

この情報を入手した河田長親は、同月晦日《みそか》に謙信の直臣・吉江資堅《よしえすけかた》に書状を送り、①美濃と遠江《とおとうみ》に派遣した脚力《かくりき》（使者）が戻ってきて、信玄が死去したという噂が広まっていること、②塩屋秋貞が近日中に来るので、この点について問いただし、謙信に言上《ごんじょう》することなどを述べた（「吉江文書」）。塩屋秋貞は先に述べたように、三木氏の重臣であり、長親は三木氏ルートからも情報の入手を図っていた。

このように、越中・松倉城主の河田長親は、三木氏と江馬氏を通して各地の情報を獲得し、それを謙信に伝えていた。長親は三木氏や江馬氏家臣と交流していたので、おそらく両氏に対する取次の役割を果たしていたと考えられる。塩屋秋貞が、長親を訪問する予定になっている点も注目される。この年は秋貞が猿倉城を築城した二年後にあたり、この時点で秋貞がどこにいたかは不明だが、越中と深い関係を持っていたことを示している。

飛驒は美濃《みの》・信濃・越前《えちぜん》・越中と境を接しているので、各地からの情報が集まる場所だった。三木・江馬両氏は、獲得した情報をもとに上杉・武田・織田氏への対応を決めていたと思われる。飛驒は山国で閉ざされた国というイメージがあるが、そうではない。各地から人や情報が集まる開かれた国だったとも言えよう。

佐々成政と三木氏の関係

次に、佐々成政と飛驒の三木氏との関係について見ていこう。秀吉は賤ヶ岳の戦いの終了後、天正十一年（一五八三）の四月に、金沢城で成政を飛驒国取次に任じたと述べている（「小早川家文書」）。その二カ月後に成政は、新発田重家に対して「飛驒国に関しては、いよいよ入魂《じっこん》となり、上方への取次を自分が行う」と述べている（「魚津照願寺文書」）。この飛驒とは具体的には三木氏を指すが、いよいよ「入魂」と言っているので、これ以前から成政と三木氏は関係が深かったことがわかる。また、越後との取次が、信長の時からの継続だった点からすれば、飛騨との取次も信長以来のものだった可能性がある。

天正十年（一五八二）十月に、三木氏は江馬輝盛を滅ぼしたが、高岡徹氏はこの戦いを主導したのは成政だったと推測している。先に述べたように、三木氏は天正九年冬に信長と手切し、成政とも敵対状態になった。その後の武田氏滅亡や本能寺の変という情勢変化により、成政との関係を修復していたと考えられる。三木氏と江馬氏は対立関係にあり、江馬氏と戦うには、成政の援助が必要という判断がなされたのであろう。

このように、成政は三木氏と入魂かつ取次の関係にあった。そのため、秀吉は三木氏も成政と同様に反秀吉方と見なし、成政攻撃と同時に、越前大野（福井県大野市）城主・金森長近《かなもりながちか》に命じて三木氏を攻撃させた。結局、三木自綱《よりつな》は命を許されたが、子の秀綱は自殺し、三木氏は滅亡した。秀吉は富山から帰国して、閏八月十七日に近江坂本《さかもと》（滋賀県大津市）に入り、その翌日に小早川隆景《こばやかわたかかげ》に朱印状《しゅいんじょう》を送った。その一節には「越中・飛騨共ニ平均申付」とあり（「小早川家文書」）、越中と飛騨の平定を併記して述べている。これは秀吉が、成政と三木氏攻撃を一連のものと考えていたことを物語る。

このように、越中と飛騨は関係が深かったが、それは根本的には越中と飛騨が神通川によって、結ばれていたことに基づく。両国の境目である楡原保の斎藤氏の存在は、こうした関係を象徴的に示すものである。また、飛驒自体も美濃の織田氏、信濃の武田氏、越中の上杉氏といった諸勢力に挟まれた、境目的な位置にあった。この点では越中と飛驒は類似しており、秀吉の成政・三木氏攻撃は、そうした境目的な国や領主の存在を解消する目的もあったと言えよう。

Ⅱ

境目を挟んだ戦国諜報戦

第五章　草・乱波・透波の諜報・破壊活動

1 「草」とは何か

目的は恐怖心を与えること

境目《さかいめ》の戦いは、一般にイメージされるような正規軍同士の戦いだけではない。その背後には、今風に言えばゲリラ的な戦いが重要な要素を占めていた。正規軍同士の戦いが非日常的なものとすれば、ゲリラ戦は日常的なものだった。そのため、住民は通常の生活をしていても、否応なしに戦いに巻き込まれてしまう。

そうした形態の戦いを象徴するのが、陸奥《むつ》関係の史料に多く見える「草《くさ》」という言葉である。草に関しては、荒垣恒明氏による研究がある。本章では、これを参考にして草の果たした役割を中心に境目の戦いの実態を検討しよう。

草の実態を詳しく記しているのが『政宗記《まさむねき》』である。まずはこの記述を紹介しよう。『政宗記』は伊達《だて》政宗の叔父・成実《しげざね》が記したものである。「成実領地草調儀《ちょうぎ》の事」という項には次のようなことが書かれている。

奥州《おうしゅう》の軍言葉《いくさ》に草調儀などがある。草調儀とは、自分の領地から他領に忍びに軍勢を派遣することをいう。その軍勢の多少により、一の草、二の草、三の草がある。一の草である歩兵を、敵城の近所に夜のうちに忍ばせることを「草を入れる」という。それから良い場所を見つけて、隠れていることを「草に臥《ふ》す」という。夜が明けたら、往来に出る者を一の草で討ち取ることを「草を起こす」という。敵地の者が草の侵入を知り、一の草を討とうとして、逃げるところを追いかけたならば、二、三の草が立ち上がって戦う。また、自分の領地に草が入ったことを知ったならば、人数を遣わして、二、三の草がいるところを遮《さえぎ》り、残った人数で一の草を捜して討ち取る。

この記述は、草の語源を象徴的に示しており、草に伏し（臥し）、そこに隠れていることから、草という言葉が生まれたのである。また、草は敵地に忍びの軍勢を入れて、敵地の者を殺害することを意味することがわかる。殺害対象は、侍・百姓といった身分や老若男女に関係なく、あらゆる者であり、とにかく無差別に襲撃を行う。目的は敵地の者に恐怖心を与え、戦闘能力や意志を削《そ》ぐことだったと思われる。

これを毎日のように繰り返し、相手を弱体化させたうえで、正規軍による攻撃を加えれば、敵城を落城させたり、敵の村を自己の側に従属させることができる。

これが草の目的の一つと思われるが、もちろん、これから述べるように、他にも色々な目的や行動形態がある。『政宗記』の記述では、草は逃げるふりをして敵をおびき寄せ、途中で待ち伏せを行い、討ち取る戦法をとっているのが特徴である。こうした草による攻撃や戦法は、攻撃される側も当然承知している。警戒して何らかの対策をとり、草をめぐって敵味方で虚々実々の駆け引きが行われる。その実例を同じく『政宗記』により見ていこう。

草をめぐる駆け引き

先の草に関する記述の次に、玉井《たまのい》（福島県大玉村《おおたま》）に高玉《たかたま》（福島県郡山市《こおりやま》）から草が入れられた話が記されている。当時、『政宗記』の著者・伊達成実は、二本松《にほんまつ》城主（福島県二本松市）で、玉井や本《もと》宮《みや》地域も支配していた。高玉は第二章でも述べたように、城主は高玉常頼《つねより》で、会津《あいづ》の蘆名《あしな》氏に属していた。

玉井は本宮の北西四キロにあり、その西側に聳《そび》える山を越えると、高玉である。現在も玉井の西にある高松山《たかまつ》（標高六四一メートル）と守谷山《もりや》（標高七九五メートル）の間には、高玉と安子ヶ島《あこがしま》の中間付近に抜ける道が通っている。この山が玉井と高玉の境目で、伊達氏と蘆名氏の境目でもあった。

天正《てんしょう》十六年（一五八八）三月十三日に玉井に高玉から草が入った。高玉の草は、玉井から四・五里（当時、東国では一里は六町なので、約三キロ）離れた山際の西原で待ち伏せ、玉井からの往来の者を討ち取ろうとした。この山は高松山や守谷山を指すと思われる。西原という地名から推測できるように、草が繁っていた場所であり、その中に潜んでいたのである。

玉井からの往来の者とあるが、高玉は敵地なので、境目にある山や原で草や薪《まき》・材木を取りにいく者が狙われたのであろう。特に三月は、稲作作業の開始直前であり、当時肥料としてよく使用されていた草木を採取する時期でもある。こうしたタイミングを狙って、高玉側は草を入れたと考えられる。

玉井城と周辺の城

　このことを玉井側が知り、逆に草を攻撃して逃げる草を兵儀《へいぎ》（兵略のこと）なしに追いかけていった。玉井側が草が入ったことを知ったのは、草が入るのを予想して捜索したのか、あるいは後で述べるように、敵地から草が入る情報が事前にあったと思われる。

　高玉側は玉井側の行動を見て、今度は「押切《おしきり》」を置いて討ち取ろうと、三月二十二日の夜に玉井から高玉への山道にある、矢沢という場所に草を入れる評定を行った。「兵儀なし」とは、玉井側が先の記述でいう二、三の草による待ち伏せを考慮せずに、やみくもに草を追いかけた行為を指すのだろう。それを見て高玉側は、今度は押切、つまり二、三の草を置いて、追いかけて来たところを襲撃して討ち取ろうと考えたのである。

ところが、二十三日に今夜玉井に草が入るという情報が、敵地から本宮にもたらされた。そこで、朝になって本宮と玉井の者、さらには成実自身が草を捜したが、見つからなかった。そのため、誤報と思って引き返した。

しかし、昼には玉井の近所に敵二、三十人が現れ、玉井側が攻撃しようとしたが、敵が引き揚げたために、追いかけていき、台輪田で糶合《せりあい》（競り合い）になった。高玉側は押切に襲撃させるために、わざとゆっくりと退却した。玉井側は押切がいるとは夢にも思わず、さらに攻撃を加えたところ、高玉側は崩れかけた。この高玉側の不利を押切が見て、押切行為をするのを待ちかねた三百余人が早く出てしまった。そのため、高玉側は押切自体はできなかったが、逆に玉井側が崩れかかった。

この記述から押切の意味が推測できる。押切とは一般に物を切る、分断するという意味である。この場合は早く出すぎたため、押切ができなかったとあるので、本来は玉井側が通り過ぎた直後に背後に廻《まわ》って、退路を断つことを狙っていたと考えられる。つまり、逃げるふりをした一の草と、押切をした二、三の草で相手を挟み撃ちにし、殲滅《せんめつ》しようと図っていたのだろう。

その後、両軍は入り乱れて戦ったが、大将の高玉常頼が鉄砲で撃たれるなど不利となり、退却するところで五十三人の頸《くび》を取った。頸は鼻を削いで、米沢《よねざわ》の政宗に送った。こうして、高玉による草は失敗に終わったが、このことが翌日付の政宗書状に記されている（「伊達家文書」）。これには「昨日二十三日に玉井で草調儀があり、玉井日向守《ひゅうがのかみ》など三百余人を討ち取り、満足している」とある。

飛脚の報告

政宗は、翌日には玉井に対する草調儀を知っており、情報伝達がかなり早かったことがわかる。伊達氏の公的な日記とされる『伊達天正日記』の三月二十四日条には、玉井の草調儀で敵を二百余人討ち取ったことを、大森《おおもり》（福島市）・二本松からの飛脚が報告したとある。この記述から、実際に翌日には、米沢に玉井での草調儀が報告されたことが確認できる。

現在の東北本線では、玉井に近い本宮から二本松まで約一〇キロ、二本松から福島まで約二三キロ、JR奥羽《おうう》本線で福島から米沢まで約四〇キロである。当時の道路も距離的には現在の鉄道とそれほど変わらないと思われるので、合計約七三キロを飛脚は一日で走ったことになる。馬を使用したかどうかは不明だが、伊達氏は飛脚により、素早く情報をキャッチする態勢をとっていた点も注目される。

討ち取った人数は、政宗書状では三百余人、『伊達天正日記』では二百余人とあるので、政宗が少し水増ししたようである。また、『政宗記』の記述によれば、もう少し討ち取った人数が少ないようなので、水増しして米沢に報告をしたとも考えられる。このように、情報伝達の段階ごとに、少しずつ水増しがなされ、最終的には過大な戦果が強調されたのである。

ところで、討ち取った者に玉井日向守とあるが、名字からして、元は玉井を支配していた者で、高玉に牢人《ろうにん》として寄寓《きぐう》し、玉井奪還を狙って草調儀に参加したと考えられる。第四章で、越中《えっちゅう》牢人が境目の城に入っていた事例を述べたが、この場合も同様で、玉井氏は境目の城である高玉にいたのである。

なお、後でも検討するが、草がどのような階層や性格の者であったかも問題となる。草は「忍び」とも同義で使用され、忍びの者が主体となることもあった。この場合は、高玉城主や牢人の配下が主体であり、一般的な侍や足軽などが草の主要な参加者だったようである。もちろん、その中に忍びの者が含まれていた可能性はある。

2　草の情報合戦

入り乱れる敵味方

玉井に草が入る情報が、事前に敵地から本宮にもたらされた点も注目される。草調儀は隠密《おんみつ》行動であり、情報漏れがあると失敗に終わる。しかし、現実には情報漏れがあり、草調儀される方も当然のごとく情報収集に努めていた。この点について『政宗記』には示唆的な記述がある。これは先の「成実領地草調儀の事」の直前の記述である。

大内定綱《おおうちさだつな》は政宗と敵対していたが、帰属しようとして、使者を成実に送った。その使者は、この直前に定綱によって討ち取られた本内主水《もんど》の親類で、やはり玉井の住人だった。その親類たちは成実に、「玉井は敵地に近く、境目であり、地下人《じげにん》も二本松譜代《ふだい》で、他領に草を入れるにしても、敵地へ内通があると危惧《きぐ》される。しかし、大内兄弟が政宗に帰属すれば、高玉や安子ヶ島城も維持できず、政宗の手に入ることは疑いない。だから、大内兄弟の帰属を政宗に仲介するのは、伊達家のためであり、玉井のためでもある」と言った。

二本松譜代とは、二本松城主・畠山《はたけやま》氏の家臣という意味である。玉井や本宮は、元々は畠山氏の所領で、天正十四年（一五八六）七月に政宗は畠山氏を滅ぼし、畠山氏の所領全体を手中に収めていた。しかし、玉井には畠山氏の旧臣が多く残っており、政宗に対する敵対心を持ち続けているのだ。伊達氏の方から敵地に草を入れようとしても、それを通報される恐れがある。敵地とは、具体的には高玉や安子ヶ島であり、草を入れる主体は成実であろう。

大内兄弟とは第二章で述べたように、大内定綱と片平親綱《かたひらちかつな》のことで、親綱の居城・片平（福島県郡山市）は、高玉や安子ヶ島城の南側にある。親綱が政宗方になると、両城の維持が困難になり、ついには落城し、この地域全体が伊達氏領となって安定することになる。最後の「玉井のためでもある」というのは、そのようになれば、玉井が境目の地ではなくなり、安全になるので、それは玉井にとって喜ばしいことだという意味であろう。実際、先に見たように、玉井は高玉から草調儀を繰り返し受けている。

このように、境目の地には敵対勢力が残存し、特に玉井のように新たに伊達氏領になった場所では、その勢力が根を張っている。元々、畠山氏は蘆名氏と組んで、政宗に敵対していたのであり、玉井にいる畠山旧臣が、伊達氏による草調儀を高玉に知らせたことが予想される。玉井が得た草調儀の情報も、高玉や安子ヶ島に住んでいるが、伊達氏に心を寄せている者が伝えてきたのだろう。高玉や安子ヶ島にも、境目状況から脱するために、伊達氏に地域の統一を望む者がいるはずであり、そうした者が情報を伝達したのであろう。

第二章で、翌年に政宗が高玉や安子ヶ島を落城させたことを述べたが、その背後には境目状況からの脱却という地域住民の願望があった。そうした願いを汲《く》み取る形で、政宗は境目への攻撃を行い、ついには成功したのである。境目の地には、敵味方の勢力が入り乱れ、不断に情報漏洩《ろうえい》の恐れがあり、漏洩を防止して草調儀を行うことが求められていた。草調儀には、情報戦という要素があったと言えよう。

なお、『伊達天正日記』によれば、天正十六年（一五八八）五月二十三日に玉井に来た草を追いかけて伊達氏側は三人を討ち取っている。翌年四月二十六日には、片平から高玉と安子ヶ島に草を出している。第二章で述べたように、安子ヶ島が落城したのはその直後の五月四日、つづいて高玉城が落城した。これは本格的な城攻めの前に草を入れ、相手を封じ込める作戦が取られていたことを意味している。

使者を捕らえて書状を奪う

すでに荒垣氏が指摘しているが、草は敵方への攻撃のみではなく、敵方の情報を獲得する目的でも行われていた。具体的には、敵方の使者を捕らえて書状を奪ったり、敵方の者を捕虜《ほりよ》にして情報を聞き出すことである。戦国時代には多くの書状が作成され、宛先に届けられた。それには軍事的な機密情報が記されており、これを奪えば、敵の動きを知ることができる。典型的な事例を一つ挙げておこう。

慶長《けいちよう》五年（一六〇〇）七月二十二日付、大津助充《おおつすけみつ》宛「直江兼続《なおえかねつぐ》書状」には次のようなことが記されている（「大津文書」）。

所用があり、山岸六右衛門を相馬《そうま》に派遣するので、境目を無事に送り届けなさい。十四日に八幡寺を派遣したところ、草野境で、金山《かねやま》が置いた伏《ふせ》によって、八幡寺が討ち取られた。その場へそなたが駆けつけて、伏二人を討ち取り、書状を取り返したのはすばらしいことだ。

この時は関ヶ原合戦の直前で、二日後の二十四日には政宗が上杉《うえすぎ》方の白石城《しろいし》（宮城県白石市）を攻撃し、政宗と景勝《かげかつ》の戦いが開始されている。書状が書かれた二十二日は戦いが始まる以前だが、両者が臨戦態勢にあったことを示している。兼続は相馬に使者を派遣して、相馬氏を味方に付けようと図っていると考えられる。この時点では、相馬氏は徳川《とくがわ》方か上杉方か帰趨《きすう》を明らかにしていない。その使者が草野境（福島県飯舘《いいたて》村）で伏により討ち取られ、書状を奪われたが、大津氏がそれを取り返したのを兼続は称賛している。

「伏」は草と同じ意味で、草に伏すことに由来する言葉であろう。この書状から上杉氏では、草ではなく、伏を使用していたことがわかる。その用例は上杉氏関係史料にいくつか見える。天正十一年（一五八三）五月二十日付の「上杉景勝書状」には、「新発田重家《しばたしげいえ》が笹岡《ささおか》（新潟県阿賀野《あがの》市、旧笹神《ささかみ》村）に伏を働いたところ、足軽が出て、敵を少々討ち取って、頸をよこしたのは比類ない働きです」とある（新潟県立歴史博物館所蔵文書）。この時には、景勝は新発田を攻撃しており、笹岡が最前線で、そこに新発田氏が伏による攻撃をかけてきたのである。

また、同年五月二十八日付の「上杉景勝書状」には、「池端（新潟県新発田市）に伏調議に及び、多数を虜《とりこ》（捕虜）にしたのは比類ない」とある。この場合は逆に、景勝側が新発田氏支配下の村に伏を行い、捕虜を得ている。捕虜になったのは戦闘員のみとは限らず、一般の百姓だった可能性がある。また、捕虜がその後どうなったかも問題となるが、明確ではない。この点はともあれ、上杉氏の場合は、伏という言葉を使用していたことが確認できる。

金山（宮城県丸森町）は政宗の家臣・中島宗求《なかじまむねもと》の居城であり、伊達氏側が上杉氏の使者を捕捉して、書状を奪うために、草野境に伏を置いたのである。この時点では草野は相馬氏領であるが、上杉氏の使者が相馬氏の本拠・小高《おだか》（福島県南相馬市）へ行く際に通過すると予想されるルートの途中にあった。
また、第二章で述べたように、草野は戦国時代には伊達氏と相馬氏の境目の地であり、一時期は伊達氏が占領した所なので、中島氏の配下にはこの付近の地理に明るい者がいたと考えられる。この伏は伊達氏側からすれば草であるが、相馬氏領で上杉氏の使者を窺《うかが》うのは危険な行為であり、ある程度特殊な能力を持った者が役割を担ったのであろう。

一方、伏を討った大津氏は、当時、相馬氏領との境目、川俣《かわまた》（福島県川俣町）周辺を警戒していたの境目付近だったと考えられる。現在で言えば、川俣町と飯舘村の境界付近となる。そこで大津氏は（「大津文書」）。川俣から草野に道が通じているので、伏が置かれた草野境とは、上杉氏領と相馬氏領境目の警戒にあたっており、伏の出現を知り、反撃して、書状を取り戻したのである。書状の内容は、上杉氏が相馬氏を味方に誘い、共同で政宗を攻撃しようと述べたものと推測される。政宗は、上杉氏はもちろんのこと、相馬氏の動きも警戒しており、両氏の間で行われている交渉内容を知りたかったのは当然であり、両氏の境目に伏を置いていた。つまり、この場合の伏（草）は、書状の奪取という情報収集が目的だった。

政宗は慶長六年（一六〇一）三月三日の書状で、「草動《はたらき》などについては、今少し延期すべきである」と述べている（千秋文庫所蔵文書）。同じ書状で「白石に十日頃に出馬する予定なので、陣屋《じんや》建築などを命じている。だが、景勝が会津から上洛《じょうらく》するのが確実ならば、延期する」とも述べている。この時点では関ヶ原合戦は終了しているが、なお政宗と景勝は臨戦態勢にあり、政宗は景勝に対する攻撃を企図している。

しかし、景勝の上洛が確実ならば、草や白石出陣を延期するとしている。景勝の上洛は家康《いえやす》に対して、臣従を行うものであり、戦闘の終了を意味する。その動きを見極めるまで、草の働きを延期させたのであろう。だが、このことは、政宗が景勝との戦いの最中に草を働くことを指示していたことを物語っている。その目的の一つが書状の奪取だが、景勝との戦いは膠着《こうちゃく》状態に陥ったので、草による境目の城や村に対する攻撃も各地で行われたと考えられる。

3　草による城の奪取

興味深い事例

草の目的には単なる攻撃や殺害ではなく、城の奪取もあった。この点に関して興味深い事例を紹介しよう。石川《いしかわ》城主（福島県石川町）の石川晴光《はるみつ》が、佐竹《さたけ》氏の家臣・小川大蔵丞《おがわおおくらのじょう》と和田昭為《わだあきため》に宛てた年未詳の書状には次のことが記されている（秋田藩家蔵文書五）。

方々から知らせがあったので、申しあげます。昨夜は大雨だったので、中止になりましたが、今夜は必ず当地に大事があるという情報があります。白河《しらかわ》の北境の人衆が、赤館《あかだて》（福島県棚倉《たなぐら》町）

に来ていることを見た者が石川に来て、その様子について詳しく話しました。当地で先日、足弱《あしよわ》を取られた者が二、三人、白河へ申し合わせて、足弱を請け戻すと言って、「中途」まで行き、その時に白河方と申し合わせをしたそうです。その内容は寺山《てらやま》近辺（棚倉町）に草を入れて、城内から草を討つために軍勢が出てきたら、草の者が敗れたふりをして、退却したところに、方々に「しこみ」を置いておき、一戦に及ぶ。その時、替衆が城内に火を付けるというものと承っています。よくよくご用心が肝心です。

白川結城氏と佐竹氏の境目の城

まず、当地は寺山近辺に草を入れるとあるので、場所は寺山のことである。当時、佐竹氏は小峯《こみね》（福島県白河市）を本拠とする白川結城《しらかわゆうき》氏と対立しており、寺山城は白川氏に対する境目の城だった。そして、白川氏の佐竹氏に対する境目の城が赤館城だった。寺山の者が白川の者に内通して草を引き込み、城内の者が草と戦っているうちに、城に火を付けて乗っ取ろうと計画している、という情報が石川氏のもとに入った。寺山城将と思われる小川・和田両氏に知らせて注意を呼びかけているのだ。

まず、注目されるのが、寺山の内通者が取られた足弱の請け戻しを理由に、白川氏と接触したことである。足弱とは「子供・女性・老人」を指すが、これを取ったのは白川氏側の草であろう。先に景勝方の伏が捕虜を取った事例を紹介したが、草は村や町に侵入して、捕虜を取ることが多かったのである。

下総《しもうさ》結城氏が制定した『結城氏新法度《ゆうきししんはっと》』二十七条にも、この点を示唆する次のような記載がある。

草や夜業《よわざ》は、悪党などの素早い特技を持つ者が専門に行うものである。結城氏が草を命じた時に、若い近臣たちが表向きは敏捷《びんしょう》なふりをして、内心では女の一人を取ろうと思って、命令もないのにどこへでも行き、その結果どうなっても改易《かいえき》に処す。

これは草が結城氏の命により動く存在で、悪党のような特殊能力を持っているが、それに便乗して、若い近臣が女の拉致《らち》を目論《もくろ》んでいることを示している。もちろん、これ自体は草が日常的に行っていることであろう。

捕虜の請け戻しと「中途」

さて、寺山の者は足弱を請け戻すと称して、白川の者と接触している。この請け戻しは、相手の草に金銭つまり身代金を支払うことで行われたと推測される。それが行われる場所を書状では、「中途」と述べている。「中途」とは一般に途中という意味だが、この場合、途中では意味が不明確である。それではどのような意味なのだろうか。次の事例を見てみよう。

天正二年（一五七四）九月に、江尻《えじり》城代（静岡市）の穴山信君《あなやまのぶただ》は、半手《はんて》商売に関する三ヵ条の定書を松木氏ら駿河《するが》の商人に下した（「判物証文写」今川二）。その第一条では、敵方の商人と接触する際には、償銭《つぐないせん》を取り交わすように水川郷（静岡県川根本町《かわねほん》）で互いに川端に出て商売をするように定めている。水川郷は大井《おおい》川上流の西岸にあり、対岸への渡し場があった（一六一頁地図参照）。大井川より西が遠江《とおとうみ》、東が駿河で、この時期には、遠江の大部分が徳川氏、駿河は武田《たけだ》氏が支配していた。つまり、水川郷は武田氏と徳川氏の境目の地で、そこで武田方と徳川方の商人が出会い商売をするように定めたのである。

そのことを「半手商売」と呼んでいる。第三章で述べたように、半手は境目付近の村が境を接する両方の戦国大名に年貢を半分ずつ納めることを意味するが、この場合は、水川郷が実際に半手の村だったかは明らかではない。この場合の半手商売とは、境目の地で商売をするといったニュアンスで使用していると思われる。

そして、この地は償銭を取り交わす場でもあった。一般に償いとは損害や罪科を償うことだが、ここではそうした意味ではなく、身代金のことであろう。この付近は境目の地なので、やはり草などによる捕虜の獲得が頻繁に行われていた。その請け戻しが、水川郷で行われる慣習があり、その際に支払う身代金を「償銭」と呼んでいたのだろう。

つまり、水川郷は償銭の支払いという目的で、異なる戦国大名領国に属す者同士が、接触する場でもあった。半手商売も、武田氏と徳川氏という異なる戦国大名に属する商人が、出会って商談を行う点では同様である。同じく水川郷という半手の地で行うように定められたと考えられる。

以上から「中途」とは境目の地、半手の地と同義と思われる。この場合は、佐竹氏と白川結城氏の境目の地のことで、そこでは身代金の支払いによって足弱を請け戻していた。このことはしばしば行われていたことで、その場所も慣習的に決まっていたのだろう。

先に赤館城が白川結城氏、寺山城が佐竹氏の境目の城だったと述べたが、「中途」はその中間付近にあったと考えられる。この点からすれば、「中途」には中間というニュアンスもあったのだろう。

現在、赤館城と寺山城はともに福島県棚倉町内にある。棚倉町の北部には、地域の中心地の棚倉があり、近世には棚倉藩が置かれ、現在も棚倉城跡が残っている。棚倉の北側の山上に赤館城がある。一方、寺山城は町の南部にある。つまり、この時点では棚倉町が南北に二分され、その中間付近が「中途」と呼ばれる境目の地で、佐竹氏と白川結城氏に属する者が互いに接触する場だった。この場合は、寺山の者が足弱の請け戻しを理由に、赤館の者と城の乗っ取りの手筈《てはず》を談合したのである。

草同士の遭遇戦

以上、いくつかの事例から草の実態を探ったが、ここで補足をしておこう。草は陸奥関係の史料に多く見える言葉だが、先の『結城氏新法度』などの関東関係の史料でも見かける（この点後述）。単に草ということが多いが、先に見たように「草調儀」と呼ばれることもある。

調儀は戦国時代によく使われた言葉で、①なに事かをもくろむこと、工夫・計画・計略、②攻撃することを意味する（『日本国語大辞典』）。つまり、草調儀とは草による計略や攻撃ということである。草調儀は、相手に情報が漏れると失敗するため、秘密裏に行われるので、秘密の計略や策略というニュアンスが強い。

また、蘆名氏家臣と思われる経徳実頼《けいとくさねより》が、石川大寺《おおでら》氏（大寺城主、福島県玉川村南須釜《みなみすがま》）に宛てた書状には、「境目草調儀を度々《たびたび》行っていると聞いています」とあるように、境目で行うものと認識されていた（「首藤石川文書」）。これが草・草調儀の本質であり、敵方に属す境目の城や村に対して、草により攻撃し、相手を消耗させる。これは当然ながら、お互いにやっていることなので、時には両者の草が遭遇して戦いになることもあった。

『伊達天正日記』天正十六年（一五八八）六月二十六日条には、「常葉《ときわ》より大越《おおごえ》に草を出し、あい草で合戦があり、両人を討ち、首二つが進上された」とある。第二章で触れたように、当時、常葉は田《た》村《むら》氏の支配領域、そのすぐ南の大越城主の大越氏は、岩城《いわき》・相馬氏方で、敵対関係にあった。この時には常葉から大越に草を入れたが、大越からも草を入れていたので、境目で偶然出会って戦いになったことを「あい草」（相草または合草）と表現していると思われる。

草は一、二、三の草に分かれ、それぞれが異なる役割を果たしていた。先の石川晴光の書状には、「草の者が敗れたふりをして、退却したところに、方々に『しこみ』を置いておき、一戦に及ぶ」とあった。これによれば「しこみ」とは、誘い出された兵を途中で襲撃しているので、二、三の草の別名であることがわかる。

『政宗記』には、「石川弾正《だんじよう》、若狭《わかさ》（白石宗実《しろいしむねざね》）領地西といふ処へ亦《また》草を入、其身も自身しこみに出、内より早朝に出ける者を一両人討て取り、是を城中にて知合、出ける人数と弾正取組、城内へ追込」とある。

政宗と敵対している石川弾正（月山城主、福島県二本松市木幡《こはた》鍛冶山《かじやま》、旧東和《とうわ》町）が、政宗の家臣・白石宗実の領地に草を入れ、早朝に城から出た者を討ち取った。それを知って城内から出た兵を石川弾正が襲撃し、城内に追い込んでいる。この「しこみ」も、城内から兵が出てきたところを襲撃しているので、やはり二、三の草を意味している。この事例は、石川弾正のような城主自らが、草に参加する事例もあることを示している。

しこみ（仕込）には色々な意味があるが、座頭市《ざとういち》で有名な仕込杖《しこみづえ》のように、中や内部に刀などを込めるという用法がある。また、内側に入り込む、侵入するという意味もある。仕込杖は外からは刀があるとは見えないが、「しこみ」も草の中に隠れていて、その存在が見えない。つまり、草としての「しこみ」は、敵方の内部に密《ひそ》かに侵入し、外からは見えないようにしておくというニュアンスが込められているのだろう。

北条氏の足軽大将・大藤氏

北条氏《ほうじょう》も草による攻撃を行っていた。天正九年（一五八一）と推測される十一月二十八日付、大《だい》藤政信《とうまさのぶ》宛の「北条氏邦《うじくに》書状」には、「昨夜草を出し、敵十余人を討ち取り、他に生け捕りもして、氏《うじ》照《てる》に送ったのは心地よいことだ」とある。同じ日に北条氏照は、大藤政信に「興国寺《こうこくじ》に人衆を遣《つか》わして、敵陣を往復する者を多く討ち取り、頸六つを送ってきたのは感悦の至りである」と述べている（ともに「大藤文書」）。これにより大藤政信は、興国寺城（静岡県沼津《ぬまづ》市）に草を入れて、敵を討ち取ったことがわかる。

この頃は、伊豆《いず》・駿河の境目で北条氏と武田氏が戦っており、興国寺城は武田方の城だった。この書状の年次が天正九年で正しければ、前月に戸倉《とくら》城（静岡県駿東《すんとう》郡清水《しみず》町）が武田方の手に落ちており、従来からあった沼津城（沼津市）と合わせて、武田方の支配地はより伊豆の境目に接近し、北条氏は対応を迫られていた。草が討ち取った敵陣を往復する者とは、興国寺城と沼津・戸倉城などを往復する者で、彼らを攻撃することで、前線との連絡を遮断する目的があったと考えられる。

この大藤政信は足軽大将であった。『北条氏所領役帳』では、諸足軽衆の筆頭に大藤式部丞《しきぶのじょう》の名があり、北条氏配下の足軽大将で最も重んじられていた。初代の大藤金谷斎《きんこくさい》（栄永《えいえい》）は、軍記物の一種『北条記』に根来《ねごろ》金谷斎とあり、紀州根来寺（和歌山県岩出《いわで》市）が鉄砲と関係が深かったことから、根来寺と関係があり、鉄砲使いだったとも推測されている。

第一章で当麻《たいま》（神奈川県相模原《さがみはら》市）の関山《せきやま》氏が、当地が境目だった時から伊勢早雲《いせそううん》に奉公した事例を述べた。関山氏の一族・藤二郎は、金谷斎の同心《どうしん》だった。金谷斎は天文《てんぶん》二十一年（一五五二）に死去しているが、それ以前に関山氏の本家と分家の間で、道者《どうじゃ》問屋をめぐって相論《そうろん》が起きていた（「関山文書」）。

道者問屋とは、社寺や霊場を参詣する信仰者を宿泊させる宿のことで、相模川の渡河地である当麻は、道者の宿泊地として賑《にぎ》わっていた。そのため道者問屋の権利をめぐって、本家と分家の間で相論《そうろん》が起き、北条氏当主に裁定が持ち込まれた。本家は石巻家貞《いしまきいえさだ》を頼り、分家の藤二郎は金谷斎の同心だったので、金谷斎と近藤氏を頼り、結局は道者問屋の権利を二分することになった。

同心とは寄親《よりおや》に附属している寄子《よりこ》の一種であり、戦争時には寄親の下に編成されて一手（軍団の単位）を構成し、指南を受けると同時に、日常的には裁定や要望を、寄親を通して戦国大名に取り次いでもらっていた。足軽大将の場合も配下に同心が附属され、一手の足軽隊が編成されていた。関山藤二郎は足軽大将・金谷斎の同心なので、自身も足軽だったことがわかる。

実際、『北条氏所領役帳』には、「当麻三人衆」が諸足軽衆とあり、関山の本家と分家、これに加えて落合《おちあい》氏の三家が足軽であったと推測できる。関山本家と落合氏は、天正十四年（一五八六）に商人問屋（行商人を泊める宿）の権利をめぐって相論を起こしていた（「関山文書」）。落合氏も当麻の有力な家であり、同氏が当麻三人衆の一人であったと見られる。また、関山の分家が頼った近藤氏も『北条氏所領役帳』の諸足軽衆に見える近藤隼人佑《はやとのすけ》と同一人物と見られ、やはり足軽大将だった。藤二郎は時には、近藤氏の同心となることもあったのだろう。

実際、年未詳の「大藤氏着到帳」には、落合与三郎《よさぶろう》が六人、落合三河守《みかわのかみ》が三人、関山右衛門尉《うえもんのじょう》が六人を連れて着陣したことが記されており、関山氏と落合氏が大藤氏の同心だったことが裏付けられる（「大藤文書」）。一方、関山本家が頼った石巻家貞は『北条氏所領役帳』では御馬廻衆《おうままわりしゅう》だが、しばしば前線に派遣されている事例から見て、足軽大将的な性格を持っていたと思われ、関山本家は家貞の同心だったのだろう。

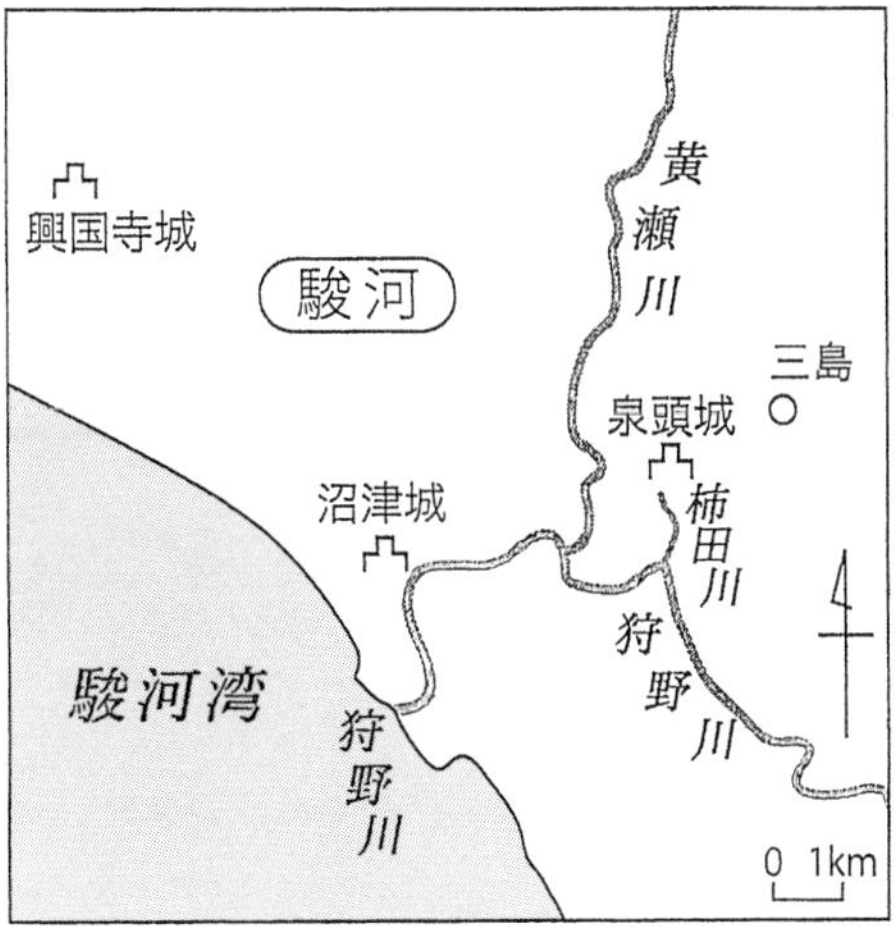

武田方と北条方の境界の城

このように、当麻在住の有力者である当麻三人衆が足軽に編成されていたのは、当麻が境目の地だったことと関係していると思われる。境目では草の活動が盛んだったが、当麻三人衆も敵地に対する草としての活動を期待され、足軽に編成されたのだろう。

草の重要な活動の一つに、敵地の情報の獲得がある。道者や商人が宿泊する当麻の地は、様々な情報が飛び交う地であり、道者問屋や商人問屋を経営する関山氏は、居ながらにして情報が得られる。また、進んで敵地に入って情報収集を行ったり、敵地を攻撃する草に参加することもあったろう。

大藤氏などの足軽大将は、境目に派遣されることも多かった。金谷斎については次の事例がある。天文六年（一五三七）に真里谷《まりやつ》（千葉県木更津《きさらづ》市）を本拠とする真里谷武田氏の兄弟が、北条方と反北条方に分かれて内乱状態になった。そこで、北条氏綱《うじつな》は北条方の武田信隆《のぶたか》を支援するため、金谷斎を真里谷新地《しんち》に派遣した（「東慶寺文書」）。

この新地は、反北条氏方の武田信応《のぶまさ》が籠城している真里谷城を攻撃するために、新たに築城した付《つけ》城《じろ》と思われる。金谷斎は足軽の持つ機動力に加え、草としての働きも期待されたのだろう。

先の大藤政信は、興国寺城に草を入れているので、当然境目の近くにいたはずである。当時の北条氏の最前線は、新地である泉頭城《いずみがしら》（静岡県駿東郡清水町）なので、この城にいた可能性が高い。『北条記』によれば、泉頭城には大藤長門守《ながとのかみ》と多目《ため》周防守《すおうのかみ》がいたが、この大藤長門守が大藤氏の一族と推定されている。多目氏も『北条氏所領役帳』では諸足軽衆に「多米新左衛門」とあり、周防守と同一人物と考えられる。つまり、泉頭城には足軽大将が在城していたのである。これもやはり草としての活動を期待されたものだろう。

こうした事例からも、北条氏の場合は新地や境目の城に足軽大将が在城し、足軽が中心となって草を入れることが一般的だったと推測できる。草の構成員などは重要な問題なので、以下でさらに検討を加えよう。

4　諜報戦の担い手たち

『北条五代記』と草・乱波

北条氏の家臣であったとされる三浦浄心《みうらじょうしん》が記した『慶長見聞集』（成立時期は諸説あり）から北条氏関係の記述を抜き出して成立したのが『北条五代記』である。記載内容の真偽に関しては検討の余地があるが、他史料にはない記述がある点で貴重である。これには草や乱波《らっぱ》に関する記述があり、内容的には『政宗記』と類似している部分もある。「昔矢軍《やいくさ》の事」（巻五）には次のような記述がある。

その頃は国々の案内をよく知り、心横道なる曲者《くせもの》が多く、乱波と呼ばれ、戦国大名から扶持《ふち》を受けていた。夜討《ようち》の時は乱波を先に立てれば、灯火なしに知らない所に行っても、道に迷わない。足軽百人前後を伴って、敵国に忍び入りて、ある時は夜討や分捕《ぶんどり》をし、ある時は境目に行き、藪《やぶ》原《はら》や草むらの中に隠れて、敵を窺《うかが》う。これをかまり、しのび、くさとも言う。

この記述によれば、乱波は道を知り、夜目《よめ》が利き、忍びが上手で、人道に背いた乱暴者だが、その特技を買われて、大名に雇われていたことがわかる。また、乱波の配下には足軽が付けられて、敵地で草の活動をし、夜討ちや掠奪《りゃくだつ》をしていた。そうした活動を、かまり・忍び・草とも呼ぶ。『北条五代記』の「北条家の軍に貝太鼓を用事」（巻八）には、次のような記述がある。

駿河の陣で敵味方が競り合いをしていた。敵は草を臥せてあるので、わざと退却した。味方は草があるのを知らず、進んでいったところ、草が蜂のように興って、跡を取り切って討とうとする。味方は先方の敵に目を向けて、それに気づかない。味方の旗本はこれを見て、のけ貝を吹き、太鼓を打ったので、味方は引声を聞いて、引き返し、鰐《わに》の口を逃れた。

駿河の陣とは、先述した北条氏と武田氏との戦いのことで、武田方も草を入れていたことがわかる。わざと退却して、草が退路を断つのは『政宗記』と同様で、草の一般的な戦術だった。先に述べたように、跡を取り切ることを『政宗記』では「押切」といっていた。

『北条五代記』の「物見の武者ほまれ有事」（巻八）には、対陣の時には敵味方が夜に入ると、足軽が境目に行き、草に臥し、暁《あかつき》には帰る。だが、昼まで残ることがあり、物見の武者がこれを知らずに、境目を過ぎる時、草が興って、帰路を取り切って、討とうとするとある。これによれば、草の主体は足軽で、夜に行き、暁に帰るのが原則だが、昼まで残り、物見を襲撃することもあった。

透波と忍び

『北条五代記』には草の別称がいくつか挙げられているが、乱波に似た言葉に透波《すっぱ》（素波）がある。透波には、①盗人、詐欺師、すり、②戦国時代に野武士、強盗から出て、間者《かんじゃ》をつとめた者、忍びの者、突破、③邪心、偽りの心、それらの心を持っている者、といった意味がある。②の用例として、『本福寺跡書《ほんぷくじ》』（「東山大谷殿破却之事」）の「この慰（尉カ）、相撲の行司、透波の手柄師、軍に意得」

を挙げている（『日本国語大辞典』）。

『本福寺跡書』は、堅田《かたた》（滋賀県大津市）の浄土真宗寺院・本福寺の明誓《みょうぜい》が記したもので、明誓は永《えい》禄《ろく》三年（一五六〇）に死去したと推定されており、これ以前の成立である。この用例は寛正《かんしょう》六年（一四六五）正月に、大谷《おおたに》（京都市）の本願寺《ほんがんじ》が山門《さんもん》（比叡山延暦寺《ひえいざんえんりゃくじ》）から襲撃を受け、本職は堅田の桶《おけ》師である「イヲケノ慰」が反撃した場面である。「イヲケノ慰」は、他の箇所では常の時でも強勢、曲者とあり、武具を固めて、「町に火をかけて合戦をして、討死せん」と高声で叫ぶといった描写がなされている。

この記述によれば、「透波の手柄師」は軍を良く知り、武勇に優れた乱暴者といった意味が考えられ、盗人・忍び的な要素は薄い。しかし、こうした者の活動がエスカレートし、その能力を買われて、戦国大名の傭兵《ようへい》になり、①②のような意味が生まれたのだろう。

また、桶師のような職人が、同時に透波であるという二つの顔を持つ点も興味深い。職人は色々な所に出入りするため、自然と情報が入ってくるので間者としての役割を果たすことができる。この点では、職人と間者としての透波は近い存在である。

透波は北条氏関係史料にも見られる。天正十年（一五八二）と推測されている十月十三日付の吉田真重《まさしげ》宛「北条氏邦書状」には、次のようなことが記されている（「諸州古文書」十二）。

信濃《しなの》から透波が五百人程来て、その地を乗っ取ろうとしている知らせが入った。昼夜ともによく用心しなさい。今は寒い時期なので、月夜でなくては、忍びは付かないだろう。番の者は夜に三度ずつ来て、石をころがし、松明《たいまつ》を投げ、忍びがいないかを見届けなさい。もし敵の足軽が来ても、門を閉じて、城に籠《こ》もりなさい。足軽は深く出てはならない。

この時に北条氏邦の家臣・吉田真重は、上野《こうずけ》（群馬県）または武蔵《むさし》（埼玉県、東京都、神奈川県の一部）と信濃（長野県）の境目の城にいたと思われる。そこに信濃から透波が来て、城の乗っ取りを図っているという情報が入ったため、用心を命じている。忍びは月明かりを頼りに城に近づくと認識されているので、透波と忍びは同一の存在である。これに対して、夜番を付け、石をころがしたり、松明を投げて、忍びを警戒するように命じている。足軽は深く出てはならないと述べているのは、待ち伏せによる伏兵を警戒してのことであろう。

この点に関して西ヶ谷恭弘氏は、城の空堀《からぼり》から幾層もの焼土層や炭化物が出土している事例があるが、これは忍びの警戒のために、空堀に継続的に松明を投げていたことを示すと推測している。こうした可能性は十分にある。これに加えて、堀際では篝火《かがりび》を焚《た》いて警戒をしていたので、焼け残りや灰を堀に捨てていたとも考えられる。この点はともあれ、忍びの警戒のため、松明や篝火が大量に使用されていたのは確かである。

忍びによる城の乗っ取りに関しては、次の事例もある。下総関宿城主《しもうさせきやど》（千葉県野田市《のだ》）簗田晴助《やなだはるすけ》は、書状で「夜前に水海城《みずみ》（茨城県古河市《こが》）の際《きわ》にある小屋で火事が起きたのは、とんでもないことだ。

しかし、敵地と申し合わせたわけではなく、忍びのしわざでもないとも申し上げたので、小屋の者たちは落ち着きなさい」と述べている（「下総旧事」葛飾郡三）。

この頃、簗田氏は北条氏と対立し、しきりに攻撃を受けていた。水海城も簗田氏の城だったが、城内にある小屋で火事が発生した。最初は敵との内通や忍びの仕業と疑ったが、単なる失火であることがわかり、安堵《あんど》している。内通者は単に放火を行うのではなく、忍びと共謀して放火を行い、その混乱に乗じて城を乗っ取ることが多かったと考えられる。先に内通者と草が共謀し、寺山城の乗っ取りを計画した事例を紹介したが、こうした活動は一般的だった。簗田晴助の脳裏には、そのことがすぐに浮かんだのであろう。

『関八州古戦録』という近世成立の軍記物には、永禄十二年（一五六九）に武田信玄が小田原城を攻めた時に、北条氏は透波を武田の陣に入れておき、退陣ルートを知ったとある。この記述が事実だったかは不明だが、敵陣に潜入して情報収集を行うことは実際にあったと考えられる。

透波・乱波の供給源

透波・乱波に関して、民俗学・国文学者の折口信夫《おりくちしのぶ》が、次のような言及をしている。

透波・乱波は諸国を遍歴した盗人《ぬすびと》で、一部は戦国大名や豪族の傭兵となり、腕貸しを行った。透波・乱波は団体的なもので、親分・子分の関係がある。一方、それから落伍《らくご》して、単独になった者をすりと呼んだ。山伏《やまぶし》も法力によって、戦国大名などに仕えることもあった。山伏の中には逃亡者・落伍者・亡命者などが交じり、武力を持つ者もいて、この点でも透波・乱波と近い存在である。

また、折口は旗や指物《さしもの》は法力による戦争から生まれたとも述べている。他にも歌舞伎など芸能、人入れ稼業など多様な面から言及をしている（「ごろつきの話」）。

こうした折口の指摘は、透波・乱波の起源や実態を解明するうえで、示唆に富んでいる。まず、注意すべきなのは、村落、武士団、芸能民、職人などの様々な集団からの脱落者が透波・乱波の供給源になったと思われることである。特に戦国時代には、戦乱による脱落者が増加し、武士の場合も主家の滅亡などにより牢人《ろうにん》となった者が多数生まれた。こうした者が、透波・乱波、山伏などの宗教者に流入し、その一部が戦国大名に傭兵として雇われることもあったのだろう。

山伏は、戦国大名の使者として活躍したことが知られている。その理由は宗教者としての特権に加えて、道をよく知り、道なき道を行くことができたためである。こうした能力は、草（透波・乱波）が敵地に行く時に必要であり、山伏が草を先導したり、山伏出身の草がいたこともあったと考えられる。

また、『北条五代記』の「北条家の軍に貝太鼓を用事」には、戦場で法螺貝《ほらがい》を吹く役を務めたことが記されている。相模《さがみ》大山寺（神奈川県伊勢原《いせはら》市）の山伏・学善坊は、他の者には吹けない「薩摩《さつま》」という大貝を持っていた。その貝は五十町（約五・五キロ）先にも聞こえた。その山伏は北条氏直《うじなお》が出陣する時に来て、旗本で貝を吹いたという。これも山伏と戦国大名との関わりを示す事例である。

山伏以外にも、各地を遍歴する宗教者は多数存在した。その出自は様々であったが、武士出身の者もいた。第二章で伊達政宗が新地城《しんち》（福島県新地町）を落城させたことを述べたが、城主の泉田甲斐《いずみだかい》はからくも逃れて廻国聖《かいこくひじり》となり、行方不明になったという（『政宗記』）。

また、落城翌日には、相馬から首を乞いに来た坊主を政宗自ら切ったが、行人《ぎょうにん》（修行者）は助けている。その後に俄《にわか》坊主になって、首を乞いに来た者を切らせている。翌日には相馬から来た行人を捕えて、鉄砲で釣瓶《つるべ》打ちにし、さらに切っている（『伊達天正日記』）。

これらの坊主や行人には、元からの宗教者もいるだろうが、首を乞うのが目的で来ているので、俄坊主とあるように、新地城で討死した者の縁者が急に坊主や行人になった者も含まれていると考えられる。

このように、落城や主家の滅亡などを契機に武士が宗教者に転じるケースが多かったと見られる。そして、さらに落伍して、透波・乱波になることも当然あった。彼らが各地を流浪したうえで、戦国大名の傭兵となり、草の活動を主導したのである。

「かまり」の活動

『北条五代記』には、草の異称として、「かまり」や「しのび」が挙げられている。草の名称は、上杉氏の場合は「伏」と呼んでいたように、地方によって特徴がある。かまりは、徳川氏関係史料に見えるので、三河《みかわ》でよく使われていた言葉らしい。

時代劇で有名な大久保彦左衛門忠教《おおくぼひこざえもんただたか》が著した『三河物語』には、大久保家が先祖代々、野に臥し、山を家とし、かせぎ・かまりをして、合戦で親子親族を討死させるなど、様々な苦労をしたことが記されている。この部分は、苦労をかなり誇張して書いていると思われるが、他にも奉公人や行商人、百姓のような食生活など、一人前の武士ではない生活をしたとある。この点から、かせぎ・かまりは、一人前の武士がすることではない活動の象徴として挙げられていることがわかる。

徳川家康の家臣・松平家忠《まつだいらいえただ》が記した『家忠日記』にも、かまりの記事が見える。天正七年（一五七九）十一月七日条には、井籠《いろう》（静岡県島田《しまだ》市阪本《さかもと》字色尾《いろお》）にかまりが来て、狼煙《のろし》があがった。駆けつけたが、調儀（約束事）違いで帰り、野に火を付けた鳥居元忠《とりいもとただ》の同心が成敗されたとある。井籠は大井川下流西岸にあり、港としての機能も持っていた。この時に家忠は、大井川西岸の台地上にある諏《す》訪原《わはら》城（静岡県島田市、旧金谷《かなや》町）に在番《ざいばん》し、対岸の武田氏の警戒にあたっていた。

当時、大井川を挟んで、徳川氏と武田氏が睨《にら》み合っていて、井籠は徳川方の最前線だった。そのため、徳川方では大井川を越えて、武田方のかまりが来たら、狼煙をあげるという調儀をしていた。この時に実際に狼煙があがったので、家忠が駆けつけたら、鳥居元忠の同心が野に火をつけただけだったことがわかり、帰ったのである。この記事は、かまりへの対抗策の一つを示している。

この記事の三日後にも、「滝さかへかまり越候て、敵十四五人、荷物廿駄取候」とある。「滝さか」

とは滝境《たきさかい》城（静岡県牧之原《まきのはら》市、旧相良《さがら》町片浜《かたはま》）のことと思われる。滝境城は武田信玄が築いたとされ、海を臨む台地上に存在する。当時、遠江国南部の一部は武田氏が支配していて、その中心が高天神《たかてんじん》城（静岡県掛川《かけがわ》市下土方《しもひじかた》、旧大東《だいとう》町）だった。滝境城のすぐ西にある相良城も武田氏の城で、この付近は高天神城の補給基地となっていた。

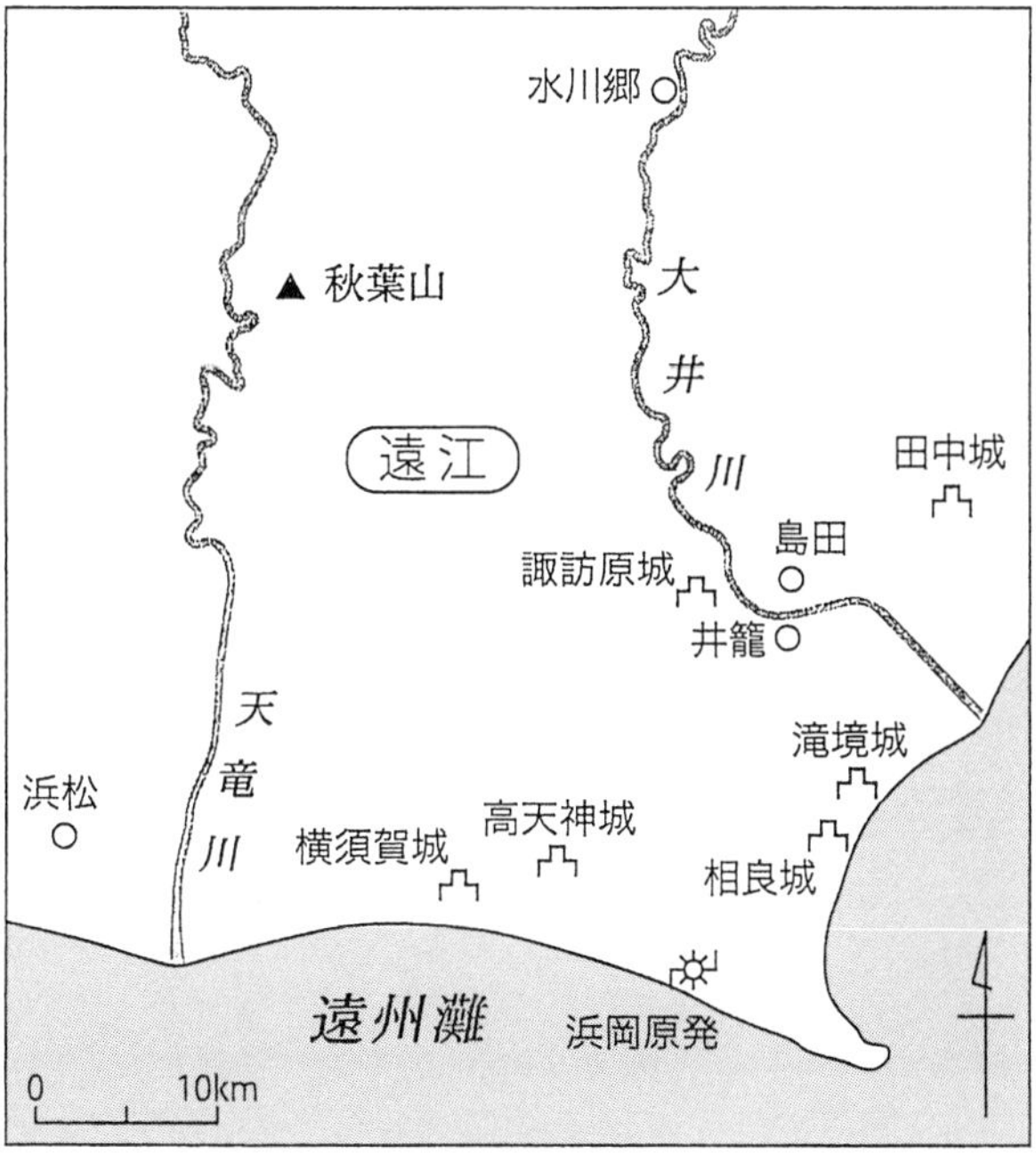

武田・徳川の境界線、大井川と周辺の城

　このかまりは、徳川方が派遣したもので、奪った荷物が二〇駄と多いことから、これは高天神城へ運ぶ兵粮《ひょうろう》や武器と考えられる。高天神城は内陸にあるが、その南側の海岸には徳川方の横須賀《よこすか》城（掛川市）があり、ここから補給を行うのは不可能であった。そのため、武田氏は船を使って、兵粮などを相良付近に荷揚げし、陸路で高天神城に運んでいた。それを狙って、徳川氏はかまりを派遣し、荷物を奪ったのだろう。つまり、この場合のかまりは、補給線を絶つ目的があったと見られる。

天正十年（一五八二）八月二十六日条には「こやきわニかまりヲ置候て、手前も人をうち候」とある。この時には徳川氏と北条氏が信濃や甲斐の支配をめぐって戦っており、家忠は北条氏に属した諏《す》訪頼忠《わよりただ》が籠もる高島城《たかしま》（長野県諏訪市）を攻撃していた。この記事はかまりを置いたのが、徳川方なのか北条方なのか判断しにくいが、家忠自身がかまりに行ったとは思えないので、小屋は家忠の陣屋のことで、北条方のかまりを発見し、家忠もかまりを討ったことになる。いずれにせよ、敵の陣中にかまりを入れていたことがわかる。

天正十六年（一五八八）六月に郡山《こおりやま》で伊達政宗と佐竹・蘆名氏が対陣中に、政宗の家臣・白石宗実は会津御陣所（蘆名氏の陣）に草を出し、首一つを取っている（『伊達天正日記』同年六月十七日条）。これも同様の事例であり、対陣中に敵方の陣に草やかまりを入れるのは一般的であった。

翌九月十七日条にも物見番にあたり、「兵伏」により手負いが一人（鱸小吉《すずきこきち》）出たとある。この時は徳川家康が新府城《しんぷ》（山梨県韮崎市《にらさき》）、北条氏直が若神子《わかみこ》（山梨県北杜市《ほくと》）にいて、ごく近距離で対陣していた。家忠も新府城にいて、城外に物見に行ったところ、「兵伏」に会い、家臣が負傷した。「兵伏」とは草のことで、文字どおり、兵が草に伏していたのであろう。先に、昼まで残っていた草に物見が襲われた『北条五代記』の記述を紹介したが、これも同じパターンである。

もう一つ、かまりの用例を紹介しておこう。北条氏家臣の横地勝吉《よこじかつよし》は、鑁阿寺《ばんなじ》（栃木県足利市《あしかが》）に対して書状を送り、次のようなことを述べている（「鑁阿寺文書」）。

以前から北条氏は、鑁阿寺の境内で軍勢が濫妨狼藉《らんぼうろうぜき》することを禁止する制札を出している。ところが、一昨日護摩堂《ごまどう》が破却されてしまい、寺では迷惑に思っているのは、尤《もっと》もなことである。これは下総衆の仕業であり、北条氏邦が立腹して抗議した。寺中保護の件に関しては、出家衆が何人かいれば、事が済むのに、北条方に疑心を持つので、このようなことになる。また、もし足利衆が寺中を「くさかまり場」にしたら、どうかと思うので、当方から人衆を遣わした。一人でも寺に悪事をすれば、保護の契約が破れるので、今日から濫妨狼藉の禁止を固く申し付けた。

この時には、北条軍が足利付近に進駐していたが、鑁阿寺における軍勢の濫妨狼藉禁止を無視して、寺中に押し入る事態が起きていた。本来は鑁阿寺の僧が、北条氏から与えられた制札を楯にとって、軍勢の乱入を防ぐべきなのに、僧が逃げてしまい、制止する者がいないので、このような事態になったと思われる。

「くさかまり場」とは、草やかまりが掠奪を常にするので、掠奪を行う場をそう呼んだのだろう。ここでは、足利衆が鑁阿寺で掠奪を行う事態が危惧され、北条氏が軍勢を派遣して、未然に防ぐ方策が取られているのである。また、草とかまりが並列されているのは、両者が同一の存在と認識されていることを物語っている。また、その本質が、掠奪行為であることを示す点でも興味深い用例と言えよう。

このように、かまりは主に三河出身の武士や北条氏が使用していた言葉で、意味は草と同様だった。そして、境目での敵への攻撃、敵の補給路の断絶、対陣中の敵陣への攻撃など、様々な局面で活躍したのも草と同様である。なお、荒垣恒明氏は、関ヶ原合戦時に上杉氏が最上《もがみ》氏と戦った際に出した軍法に、「かまりにつき、身をかくし」とあることを紹介しており、上杉氏もかまりという言葉を使用していた（「上杉家文書」）。

かまりの語源に関しては『日本国語大辞典』では、「かがまり」の変化した言葉としている。かがまる（屈まる）は現在でいうかがむ（屈む）と同じ意味の言葉で、腰などを曲げる、しゃがむ、うずくまるといった意味である。草の中に隠れる時にはうずくまるので、その姿勢に由来する言葉であり、姿勢に由来するという点では、伏と同様である。

5　「忍び」が果たした役割

草の構成員

草は忍びとも言われるので、一般的な忍者のイメージを連想して、特殊な能力を持っていたように考えやすい。もちろん、夜に行動することが多いので、夜目が利く能力を持っていた者もいただろう。

また、足が速い、動作が素早い、身を隠すのがうまいといった特技を持つ者もいたはずである。

しかし、草がすべて、こうした能力を持つ者で構成されていたわけではないだろう。草の主要な構成員は、やはり足軽が中心だったたと思われる。また、城主クラスが参加することもあり、その構成は目的などによっても異なり、多様だったと思われる。以下では、その構成員を知るうえで参考になる事例に検討を加えよう。

北条氏の足軽大将だった大藤金谷斎が死去した直後に、北条氏康《うじやす》が跡継ぎの大藤与七に三カ条の心掛けを命じている。その第二条は、寄子（同心）や被官はしかるべき者を集め、人を改めて選べというものである（「大藤文書」）。足軽大将の元には、寄子や被官が附属され、一手の足軽隊を構成しているが、彼らを集めるのも足軽大将の重要な仕事だったことがわかる。

集め方は史料的には明らかではないが、様々なネットワークを通じて、人集めがなされていたと考えられる。また、大藤氏は足軽大将として知られていたであろうから、足軽になることを望んで、多くの人が訪ねてくることもあっただろう。その際には自らの特技を売り込んで、召し抱えをアピールする場合もあったと思われる。採用の際には実技試験が行われていたのかもしれない。特技の中には忍びの能力も当然あり、そうした者は優先的に召し抱えられ、実際に草を行う時には、先頭に立って活動したと思われる。さらには、草は道なき道を行く能力も必要であり、先に述べたような山伏出身の者が雇われることもあったと考えられる。とは言え、足軽は玉石混淆《ぎょくせきこんこう》だったのが実情であろう。

もう一つ草の構成員を知るうえで参考になるのが、『結城氏新法度』九十八条である。この条文には結城氏領の下人《げにん》・侍・里の者が、他領の者から夜盗・朝駆《あさが》け・草・荷留《にとめ》・人の迎いなどをしないかと誘われて、結城氏に断らないで出かけて行った者は改易に処すとある。夜盗・朝駆けは単なる犯罪行為とも考えられるが、夜や朝に人を襲ったり、掠奪を行うのは草の典型的な行為であり、草の一種だったケースが多いと思われる。

「朝駆け」が、草の一種であることを示すのが次の史料である。天正十二年（一五八四）八月に結城晴朝《はるとも》は制札《せいさつ》を下し、上生井《かみなまい》・下《しも》生井（栃木県小山《おやま》市）が、中岫《なかくき》（小山市中久喜《なかくき》）に半手を納めることが決まったので、当洞中《うつろちゅう》（結城氏領）からの朝駆けなどの小様の行動は禁止するとした（池沢清氏所蔵文書）。

上生井・下生井は基本的には北条氏（形式的には小山氏）領に属していたが、結城氏領との境目の村だったために、朝駆けなどの攻撃を頻繁に受けていた。上生井・下生井は、結城氏の支城・中岫城に年貢を半分納入することで、攻撃の禁止を命じる制札を獲得したのである。この朝駆けは敵地に対する攻撃であり、草にほかならない。このことは、結城氏も、朝駆けを草の代表的な行為と認識していたことを示している。

荷留は、一般的には道を通る人から荷物を差し押さえる行為で、戦国大名の公認のもとで合法的に行われることもあった。実際、『結城氏新法度』七十三〜七十六条には、荷留に関する詳細な規定がある。その一方で、草が道で荷物を掠奪することも行われているので、この場合は非合法活動による草の一種と言えよう。また、荷留は後でも述べるように、足軽が行うケースがよく見られ、この点でも草と類似している。「人の迎い」の意味は明確ではないが、やはり草の一種である可能性が高く、やって来る人を迎え討つことではないだろうか。

この条項によれば、草や草に類似する行為をするにあたって、参加を呼びかけて、人集めをしていた。参加者は下人・侍・里の者とあるが、里の者とは百姓を指すのであろうから、身分的にはすべての階層にわたっている。この点からも、草の構成員が多様だったことがわかる。他領とは結城氏領以外の領地のことで、具体的には西側の境を接する北条氏、南側の簗田氏などの領地を指すのだろう。

一般的には、草は敵対状態にある土地や人に対して行う。この場合は、必ずしもそうとは限らないとは言え、他領に対して草をかけ、掠奪をするのは日常的だった。それによる利益目当てに、人々が集まっていた。つまり、草は異なる戦国大名の領地に属す者から構成されることもあったのだ。これは逆に言えば、敵地からも草を募集して内通させ、呼応して攻撃を行うことも容易だったことを示す。

先に草による城の乗っ取りの際に城内に内通者がいたことを述べたが、その前提に他領に対する草の募集があったと言えよう。特に境目に住む者には、こうした誘いの手が伸びやすく、戦国大名は境目の者に対する警戒心を強く持ったのである。

攻撃にそなえる百姓たち

このように、草などは境目の城や村を襲い、無差別に掠奪や殺人をしていたので、当然それへの対策が必要だった。その対策を端的に示すのが、次の『政宗記』（巻四「大内備前手切の事」）の記述である。

天正十三年（一五八五）十月に二本松城主・畠山義継《よしつぐ》が伊達政宗の父・輝宗《てるむね》とともに討たれた。その一乱の時に、太田《おおた》（福島県本宮市青田《あおた》）・荒井《あらい》（本宮市）・苗代田《なわしろだ》（本宮市岩根《いわね》）の百姓は方々に逃散《ちょうさん》し、当地は空き地となった。しかし、政宗が二本松を入手して、伊達成実を二本松城主とした後に百姓を帰村させた。苗代田は敵地の高玉や安子ヶ島（ともに郡山市）に近いので、用心のために古城に集まって耕作をしていた。

ところが、天正十六年（一五八八）二月十二日の丑刻《うしのこく》に大内定綱・片平親綱兄弟は高玉や安子ヶ島の軍勢を糾合《きゅうごう》し、苗代田を攻撃した。寄居《よりい》の百姓百人余を討ち取ったのだ。これによって、太田と荒井の者もそこに住めず、玉井に引き籠もった。

まず、これらの地域の位置関係を確認しておこう（一三三頁地図参照）。高玉や安子ヶ島は本書で何度も出てきているが、本宮や郡山の西にある。安子ヶ島の東が苗代田、そのさらに東が荒井、そのすぐ北が太田（青田）である。本宮では奥州街道から会津街道が分岐し、太田（青田）、荒井、苗代田を通り、安子ヶ島・高玉、さらには会津に向かっている。

つまり、この中では苗代田が安子ヶ島に最も近く、太田や荒井は少し離れている。ちなみに、天正十三年（一五八五）十一月に政宗と蘆名・佐竹連合軍が戦った人取橋《ひととりばし》合戦は、太田（青田）の地を中心に行われたもので、この付近が境目として重要だったことを物語っている。このように、苗代田は会津街道を通じて、安子ヶ島や高玉に直結しており、境目に近いので、真っ先に攻撃を受けたのである。

こうした攻撃があるのは当然予想されるので、苗代田の百姓は古城に集住していた。古城とあるが、城の本体部分を指すのではなく、「寄居の百姓」と記されていることからもわかるように、寄居に住んでいたことを意味する。一般に寄居は城下における家臣集落と説明されることが多いが、実際は一般の百姓も多く住んでいた。

特に境目の地では危険性が高いため、百姓は村内に散らばって住むことができず、ふだんから城近くに住み、すぐに城に逃げ込めるようにしていた。しかし、この時には丑刻（午前一〜三時）という深夜に不意打ちされたため、城に逃げ込むことができず、多数の者が討ち取られてしまった。『政宗記』ではこの攻撃を草とは表現していないが、まさに草の行為にほかならない。

寄居に集住する百姓たち

一般に城は山や台地上に築かれるが、その下にある集落を「寄居」などと呼んでいる。その地名は各地に存在するが、特に有名なのは埼玉県寄居町である。この町には鉢形《はちがた》城があり、その城下町が寄居と呼ばれ、現在は自治体名となっている。寄居は、本来は物に寄り掛かるという意味である。城下にある集落は、城に寄り掛かっているように見えるので、寄居と呼ばれたのだろう。この場合は城に寄り添うというニュアンスも含まれていると考えられる。なお、寄居には、後述するように城自体を指す用法もある。

百姓が寄居に住んでいた事例をもう一つ紹介しよう。天正十二年（一五八四）二月三日、真田《さなだ》昌幸《まさゆき》は渡《わたり》氏に対して、上野国吾妻《あがつま》郡にある大柏木《おおかしわぎ》（群馬県東吾妻《ひがしあがつま》町）の百姓を同地の寄居に差し置くので、誰が許容していても、相違なく返すことを命じている（「渡文書」）。この命令には、いかなる背景があるのだろうか。

真田昌幸は、もともとは武田氏家臣で、上野国吾妻郡や沼田《ぬまた》領を支配していたが、天正十年（一五八二）三月の武田氏滅亡後に、信長《のぶなが》家臣の滝川一益《たきがわかずます》に従った。しかし、本能寺《ほんのうじ》の変《へん》により、上野国を支配していた滝川一益が上方《かみがた》に逃亡し、北条氏は上野国を回復するために侵攻してきた。昌幸は、いったんは北条氏に従ったが、九月には徳川家康に従ったため、北条氏は十月に大戸《おおど》入道に対して、吾妻郡への攻撃を命じている（富田仙助氏所蔵文書）。

大戸氏の本拠地・大戸（東吾妻町）も吾妻郡内にあり、この方面から北条氏は吾妻郡攻撃を企てていた。高崎《たかさき》から烏《からす》川沿いに榛名《はるな》山の西側を通って山越し、吾妻郡に入る道があり、大戸はその途中に位置していた。大戸の北には、吾妻郡における真田氏の本拠・岩櫃《いわびつ》城（東吾妻町）があり、この時点で大戸は北条氏と真田氏の境目の地だった。

その後、天正十二年（一五八四）二月十六日に、北条氏は大戸の寄居の普請《ふしん》に従事する人足を松井《まつい》田《だ》（群馬県安中《あんなか》市松井田町）から出すことを命じている（「小板橋文書」）。これは、吾妻郡での真田氏との戦いが膠着《こうちゃく》状態になったので、大戸の防衛強化を目的としたものだろう。この普請は実質的には城普請を意味するが、城ではなく、寄居という言葉が使用されている点が注目される。

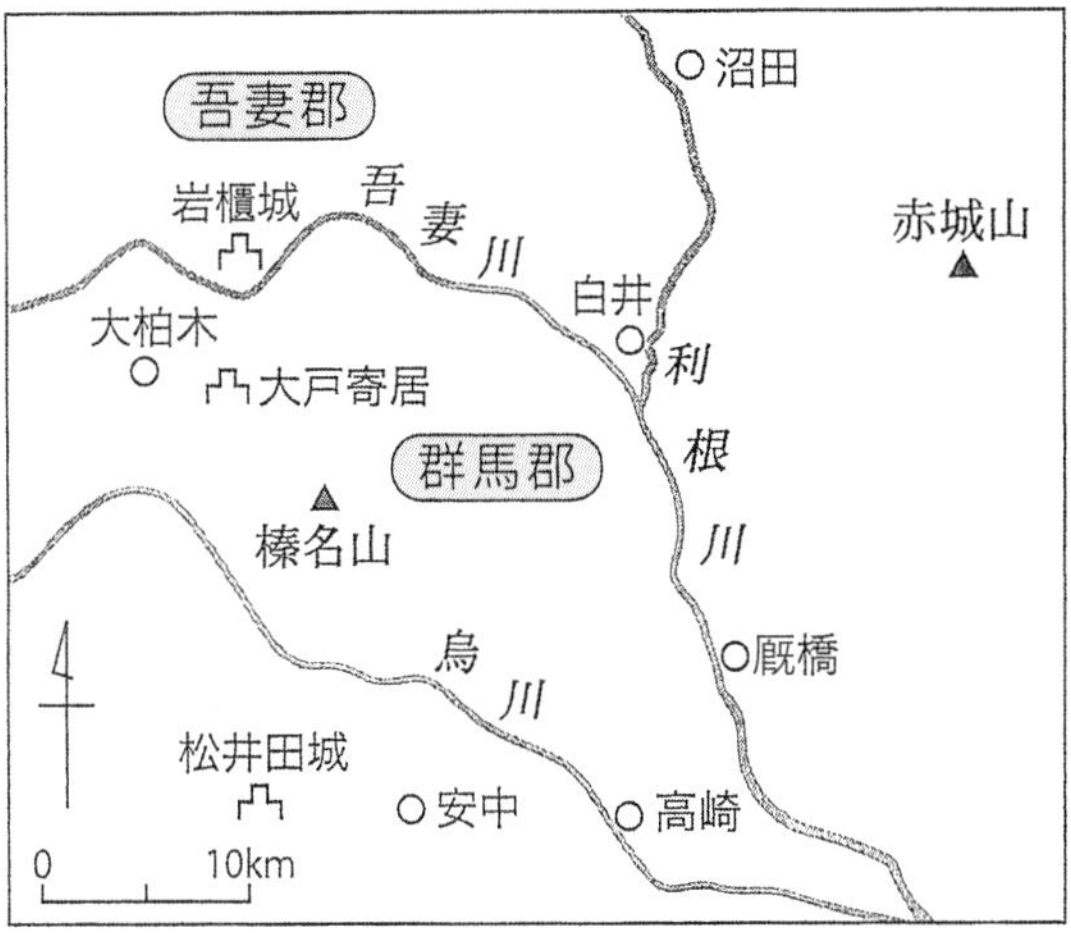

大戸寄居とその周辺

寄居は他の用法から見て、境目の地における城の意味で使用されていることが多い。これは、境目の地では寄居が百姓などの集住地であり、城に付属して必要不可欠だったために、城という意味に転化したと考えられる。つまり、こうした用法の寄居は、城本体と本来の寄居の両方を融合した名称だったと言えよう。大戸の場合も、真田氏からの攻撃を防ぐため、近隣の百姓を寄居に集住させ、同時に城普請をして、百姓の避難所かつ防衛拠点とすることに目的があったと思われる。

こうしたことを前提にすると、真田昌幸の出した命令は次のように理解される。大柏木は大戸の西北にあり、わずか数キロしか離れていない。つまり、大柏木は真田氏側の境目の村だった。同地には、山の尾根を利用して築いた羽田城《はんだ》（東吾妻町）が残っており、城の下には大戸に向かう道が通り、道沿いに人家がある。

昌幸が命令を出した日と、北条氏による大戸寄居の築城は、ほぼ同時であり、昌幸は大戸築城の情報を知り、不安を感じて百姓を寄居に移したのであろう。これは、百姓を大戸からの攻撃より防ぐと同時に、百姓の離反を監視するためだったと考えられる。大戸からは草の攻撃がかけられ、草による百姓や家臣に対する調略《ちようりやく》も予想されるからである。

また、昌幸の命令からは、大柏木の百姓が別の場所に逃散していることが窺える。以前からの真田氏と北条氏との吾妻郡をめぐる戦いに加えて、大戸築城により百姓の不安感が増したため、より多数の逃亡者が出ていたのだろう。「誰が許容していても、相違なく返せ」と昌幸は述べているが、これは百姓が新たな場所に居ついて、その地の領主から、百姓として認められていても、強制的に大柏木に返すという意味である。

これはいわゆる「人返し」のことで、戦乱や窮乏などにより百姓が逃散し、別の場所に定着した際に、元の村に戻す政策のことである。中世や近世には広く行われていた。特に境目の地では逃散が続出したので、これを放置しておくと、村が空になり、廃村になってしまう。そこで、戦国大名としては、寄居に百姓を集住させ、人返しを行い、廃村化を防いだ。そして、寄居にも土塁や堀などの防御施設を設け、城本体にも普請を加えて、防衛機能を強化したと考えられる。

沼田城に対抗する五覧田城

寄居と境目の関係については、さらに事例を検討しよう。

天正三年（一五七五）に上野国金山《かなやま》城主（群馬県太田市）の由良成繁《ゆらなりしげ》は、五覧田《ごらんだ》城（群馬県みどり市荻原《おぎはら》、旧黒保根《くろほね》村）を上杉方から取り戻し、家臣の藤生紀伊守《ふじうきいのかみ》を置いた。その後、九月五日には黒河谷にある二ヵ所の寄居を攻撃した。その三日後に、沼田から五覧田城を攻めてきたが、一、三ヵ所の寄居衆と協力して、五覧田城の根小屋《ねごや》で沼田の者を三百人余討ち取った（「由良文書」「集古文書」）。

この戦いは、いかなる背景のもとで行われ、どのような意味があるのだろうか。

この前年に、関東の上杉方の重要拠点である関宿城・羽生《はにゅう》城などが落城し、関東における上杉氏勢力は完全に弱体化した。これを受けて、北条方である由良成繁は、沼田城に対抗するために、五覧田城を取り戻したのである。

成繁の本拠・金山城の北を渡良瀬《わたらせ》川が流れているが、その上流の赤城《あかぎ》山東側一帯を黒河谷と呼ぶ。この谷からは赤城山の東側を通り、根利《ねり》（群馬県利根《とね》町）を経て、赤城山の北側を廻り、沼田に向かう道が通っている。五覧田城は渡良瀬川沿いの道から、この道が分岐する地点の少し北にある山の上

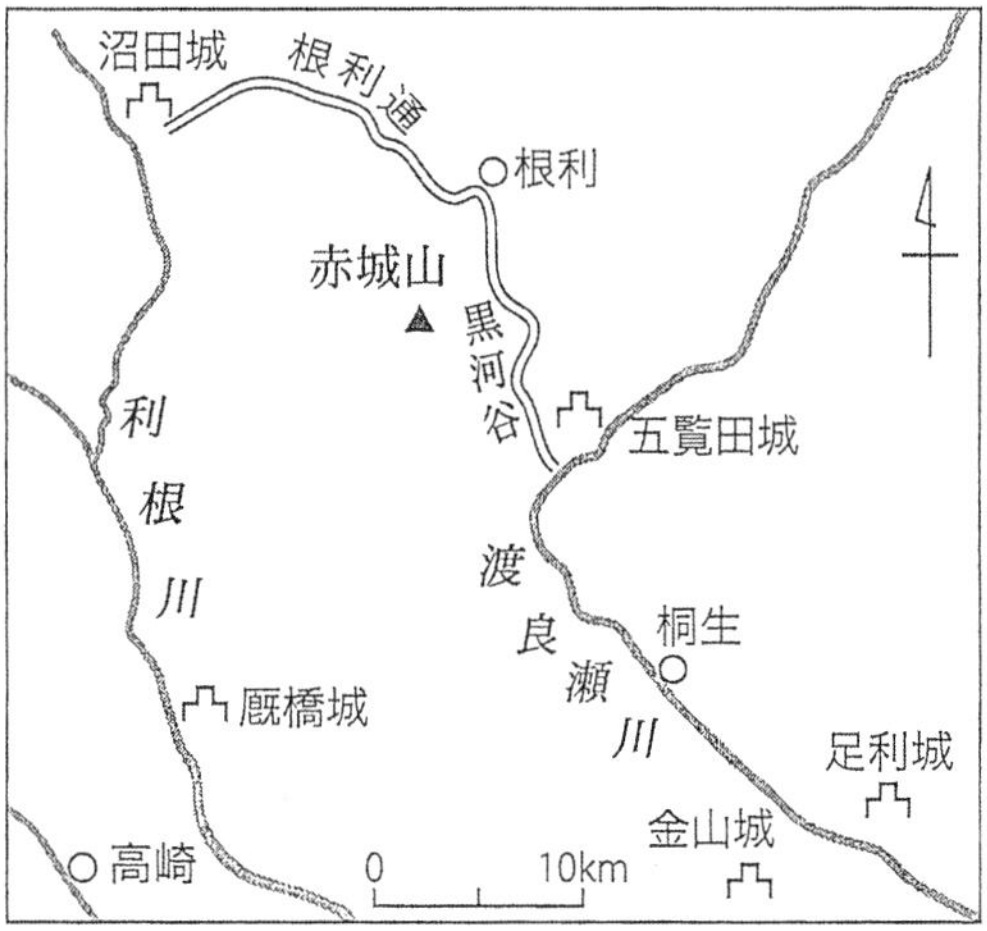

五覧田城と周辺の城

に築かれ、現在も遺構が残っている。同城築城の目的は、この道を抑えて、沼田城に圧力を加えるためであろう。これにより、五覧田城付近が由良氏（北条方）と上杉氏との新たな境目となり、境目のラインは以前より北上し、沼田に近づいたことになる。

そのため、境目付近にある寄居に対する攻撃が、双方の間で激しくなった。最初は、五覧田城側が上杉方の寄居を攻撃している。この寄居は黒河谷にあったので、分岐した道より北にあり、上杉氏の最前線でもあった。この攻撃に上杉方は危機感を覚え、沼田城から兵が派遣され、五覧田城を攻撃した。これに対して五覧田城側は、二、三ヵ所の寄居衆とともに応戦したが、二、三ヵ所と複数形で表現されているので、この寄居は五覧田城とは別の場所にあったことになる。

おそらく、五覧田城よりも上杉方の寄居に近い場所にあった小規模な城で、そのライン付近で上杉方と北条方の寄居が対峙《たいじ》していたのだろう。この時の戦場は根小屋なので、五覧田城にも根小屋が存在したことがわかる。こうした根小屋や寄居に足軽などが駐屯し、互いに相手の寄居や城を攻撃したり、防衛をしている様子が窺える。つまり、境目のライン付近には、「寄居群」と呼べるほど、寄居が密集して存在していた。

この五覧田城と沼田を結ぶ道は、以前から上杉氏に重要視され、「根利通」と呼ばれていた（反町英作氏所蔵「発智《ほっち》文書」）。永禄九年（一五六六）十二月、謙信の家臣・厩橋《うまやばし》城主の北条高広《きたじようたかひろ》が北条《ほうじよう》氏に寝返った（京都大学総合博物館所蔵文書）。それまでは、謙信は三国《みくに》峠を越えて、沼田から厩橋に入り、関東各地に進軍していた。だが、この寝返りにより、この方面から侵入するのが困難になった。そのため、先述の沼田から根利を通り、渡良瀬川に出るルートが重要となり、翌永禄十年（一五六七）四月以前に発智長芳《ながよし》に、根利関所の管理を命じた（反町英作氏所蔵「発智文書」）。この関所はどのような目的で設置されたのだろうか。

この頃、謙信が下野《しもつけ》国で唯一確保していたのが佐野《さの》（栃木県佐野市）であり、そこに家臣を駐屯させて、佐野（唐沢山《からさわやま》）城主の佐野氏が北条方に寝返らないように監視していた。しかし、北条《きたじよう》氏や由良氏など、周辺の国衆《くにしゆう》が北条氏に寝返ったため、謙信はそれへの対応のため、色部勝長《いろべかつなが》を加勢として佐野に派遣した。また、以前に謙信が人質として取っていた佐野昌綱《まさつな》の子・虎房丸を、謙信の養子として佐野に送り、佐野家の家督を継がせることにした。その虎房丸は、根利を通って佐野に向かうことになっていた（同前）。色部勝長も同じルートを通ったはずである。

このように、当時は根利通は沼田から佐野に向かう唯一のルートとなっており、そこを管理するために関所が設置されたのだろう。設置の目的は、北条方の関係者の通行をチェックする目的があったと考えられる。また、本国から遠く離れた佐野城に駐屯している上杉氏家臣や下級兵士からは、必然的に逃亡者が出るので、それを防ぐ目的もあったのだろう。

境目・新潟津の攻防

寄居が境目に築かれた点については、新潟の寄居も興味深い。当時の新潟は信濃川河口の西岸にあり、新潟津《にいがたのつ》と呼ばれる港として発達していた。また、信濃川河口のすぐ東側には阿賀野川《あがのがわ》（揚川《あがかわ》）の河口があり、そこは沼垂津《ぬたりのつ》（新潟市）と呼ばれていた。つまり、新潟は越後《えちご》の二大河川である信濃川と阿賀野川の結節点に位置する要地だった。新潟の東側の新発田《しばた》（新潟県新発田市）には、有力な国衆・新発田重家が勢力を持っていた。

重家は上杉景勝に従っていたが、天正九年（一五八一）頃から景勝に敵対する動きを示し、同年六月以前に織田信長とは佐々成政《さっさなりまさ》を通じて接触し、味方することを言上《ごんじょう》している（木村正辞氏所蔵文書）。重家がこうした動きをした理由には諸説あるが、当時、越中《えっちゅう》攻略中の佐々成政からの調略があったと考えられる。これには、越中と新発田氏の両方から挟み撃ちにして、上杉氏に圧力をかけ、越中攻略を有利にする目的があった。

この頃には、重家は新潟を事実上占拠し（「上杉家文書」）、同年七月に新潟津の町人全員から証人

（人質）を取り、寄居に納めている（「別本歴代古案」巻十二）。この寄居は、重家が信濃川河口の中州にある白山島《はくさんじま》（島内に白山社あり）に新たに築城したものである（「覚上公御書集」）。寄居の築城は、新潟の町や港を掌握すると同時に、上杉氏の信濃川渡岸を防ぐ目的があったのだろう。

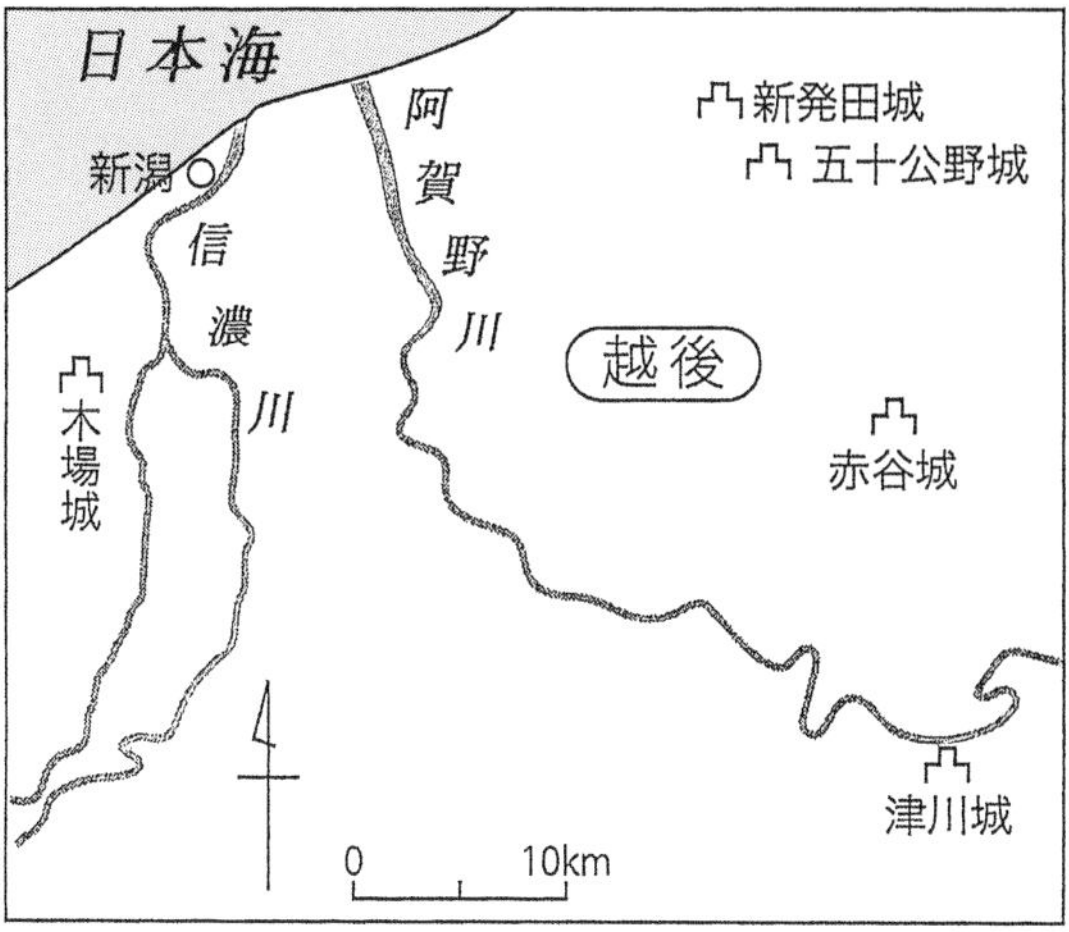

阿賀野川・信濃川と周辺の城

当然ながら、人質の寄居への収容は、上杉方への寝返りを防止する目的があった。これは明確な上杉氏への敵対行為であり、新潟が両者の境目になったことを意味する。白山島に寄居を築いたのは、中州という川に囲まれた要害の地だったことによる。もちろん、新潟自体も防衛すべき地であり、何らかの防御施設があったと思われるが、平地であるため守りにくいので、中州にある寄居によって、防衛しようとしたのだろう。

こうして、新潟は新発田氏にとって信濃川西岸に設置された橋頭堡《きょうとうほ》となり、以後上杉氏との戦いが繰り広げられていく。翌天正十年（一五八二）十月二十五日付、山吉景長《やまよしかげなが》・蓼沼友重《たでぬまともしげ》宛の「直江兼続書

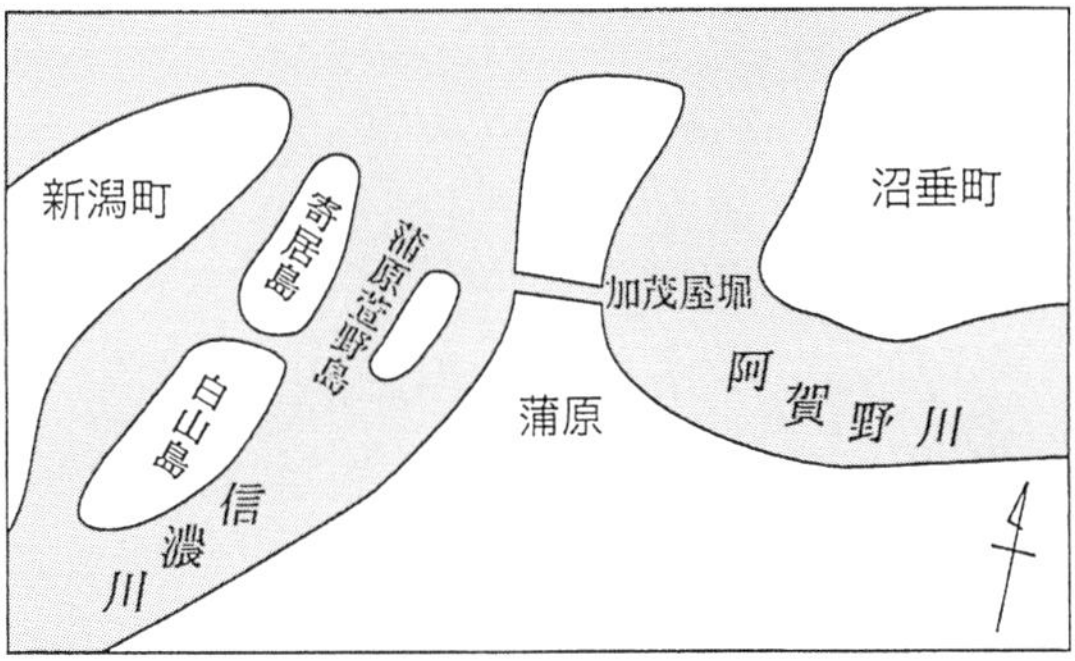

江戸時代初期の阿賀野川・信濃川河口の概念図（『新潟湊の繁栄』P.37の図をもとに作成）

状」には、次のようなことが記されている（『大日本史料』第十一編之五）。

新潟寄居から欠落《かけおち》（逃亡）してきた足軽の番内という者を、両人が抱えているのはよくないことである。万一のことが起きたら、後悔することになるので、他の所に追放しなさい。この件のみではなく、境目から逃亡してきた者を召し抱えてはならない。

当時、蓼沼友重は新潟から信濃川を少し遡《さかのぼ》った所にある木《き》場《ば》城主（新潟市）、山吉景長は同城の二の曲輪《くるわ》にいて、新発田氏と睨《にら》み合っていた（「蓼沼文書」）。その城に、新潟寄居から欠落してきた新発田氏配下の足軽を置いたことを直江兼続は問題にしている。こうした足軽からは、敵方の情報を得られるなど有用性があるので、城に置いたと考えられる。戦国時代には、敵方からの足軽や百姓の欠落はよくあることで、情報の獲得や人員の確保などを理由に黙認される場合が多かったと思われる。だが、兼続は追放を命じている。いかなる理由があるのだろうか。

書状には「境目から逃亡」とあるが、これは新潟を含めた新発田氏と上杉氏の境目の地を意味する。この事例によれば、境目の城にいる足軽は、敵方へ欠落するといった不安定な存在だったことがわかる。とは言え、足軽は敵方への草攻撃の主体になるので、境目の城では不可欠だった。

先に述べたように、草の活動に城の乗っ取りがあり、城内に内応者を組織して、城の内外から一気に攻め落とすことが行われていた。そのことを兼続は知悉《ちしつ》しており、実は足軽は二重スパイで、木場城の乗っ取りを狙っている可能性があると推測し、念のために追放を命じたのだろう。

その後、白山島に築かれた寄居をめぐり、上杉氏と新発田氏の間で激しい攻防があった。上杉氏は井楼船《せいろうせん》を繰り出し、新発田氏はこれに応戦した（「上杉家家臣記録」）。井楼船とは、船に井桁《いげた》を組んで櫓《やぐら》を載せたもので、その高さを利用して鉄砲などで敵を攻撃した。この場合は、信濃川河口に入って、白山島の寄居を直接攻撃したのである。

ついに天正十四年（一五八六）七月に、景勝の家臣・山吉景長は寄居を落城させ、翌月に景勝は寄居の修復を命じた（「覚上公御書集」）。これにより、新発田氏の橋頭堡だった新潟の寄居が、上杉氏による新発田氏攻撃のための橋頭堡に転じ、上杉軍は信濃川を渡岸できるようになり、新発田氏は窮地に追い込まれた。その結果、翌天正十五年十月に新発田城は落城し、重家ら三千人が討ち果たされ、景勝は越後を統一したのである（「上杉家文書」）。

このように、新潟の寄居は境目に新たに作られたという点で、「新地」と同義とも言える。寄居も城も規模の大小などはあっても、防衛施設という点では、本質的には違いはない。しかし、寄居は境目の防衛目的で新規に築城されたという点で、用語上では城とは区別されていたと考えられる。寄居は境目の重要拠点だったので、戦闘が集中し、その帰趨《きすう》が両者の勢力バランスを一気に変化させ、ある時は滅亡を招いた。

街道に直接面した「浅貝寄居」

寄居は境目防衛のために築かれることが多いが、次の事例は目的が少し異なっている。元亀《げんき》二年（一五七一）五月二日、上杉謙信は栗林二郎左衛門尉《くりばやしじろうざえもんのじょう》に書状を送り、上田衆を連れて、浅貝《あさかい》（新潟県湯沢町《ゆざわ》）に行き、寄居を築城することを命じた（「栗林文書」）。栗林氏は上田にある坂戸《さかど》城将（新潟県南魚沼市《みなみうおぬま》）で、上野国における上杉氏の根拠地・沼田（倉内）との連絡役を務めていた武士である。

上田（南魚沼市・湯沢町）は、坂戸城周辺の広域的な地名で、関東への中継地として重要な場所だった。上田の地には三国《みくに》街道が通っているが、そこから南に進むと、三国峠を越えて上野国に入り、猿ケ京《さるがきょう》（群馬県みなかみ町）を経て、沼田に着く。この三国峠への登り口にある集落が浅貝である。

浅貝の寄居は、現在は浅貝寄居城と呼ばれ、複数の曲輪や土塁・堀が残っている。この城は、三国街道に接した山の斜面を利用して築かれており、まさに三国街道を抑える位置にある。この頃は信玄が上野国に侵入することがあったため、謙信は沼田など上野国に軍勢を派遣するなど、対応に追われていた。また、この時点では北条氏と謙信は同盟を結んでいて、北条氏から信玄牽制《けんせい》のために上野や信濃に後詰《ごづめ》の出陣を求められていた（「謙信公諸士来書」十）。その一方で、この頃には北条氏と武田氏が講和するという噂《うわさ》が流れており（「上杉家文書」）、謙信は不安を感じていた。

こうした状況下で浅貝の寄居が築かれた。その目的としては、①関東への出陣の中継地、②北条氏や武田氏の侵攻に備えての国境防備、という攻守両面が考えられる。

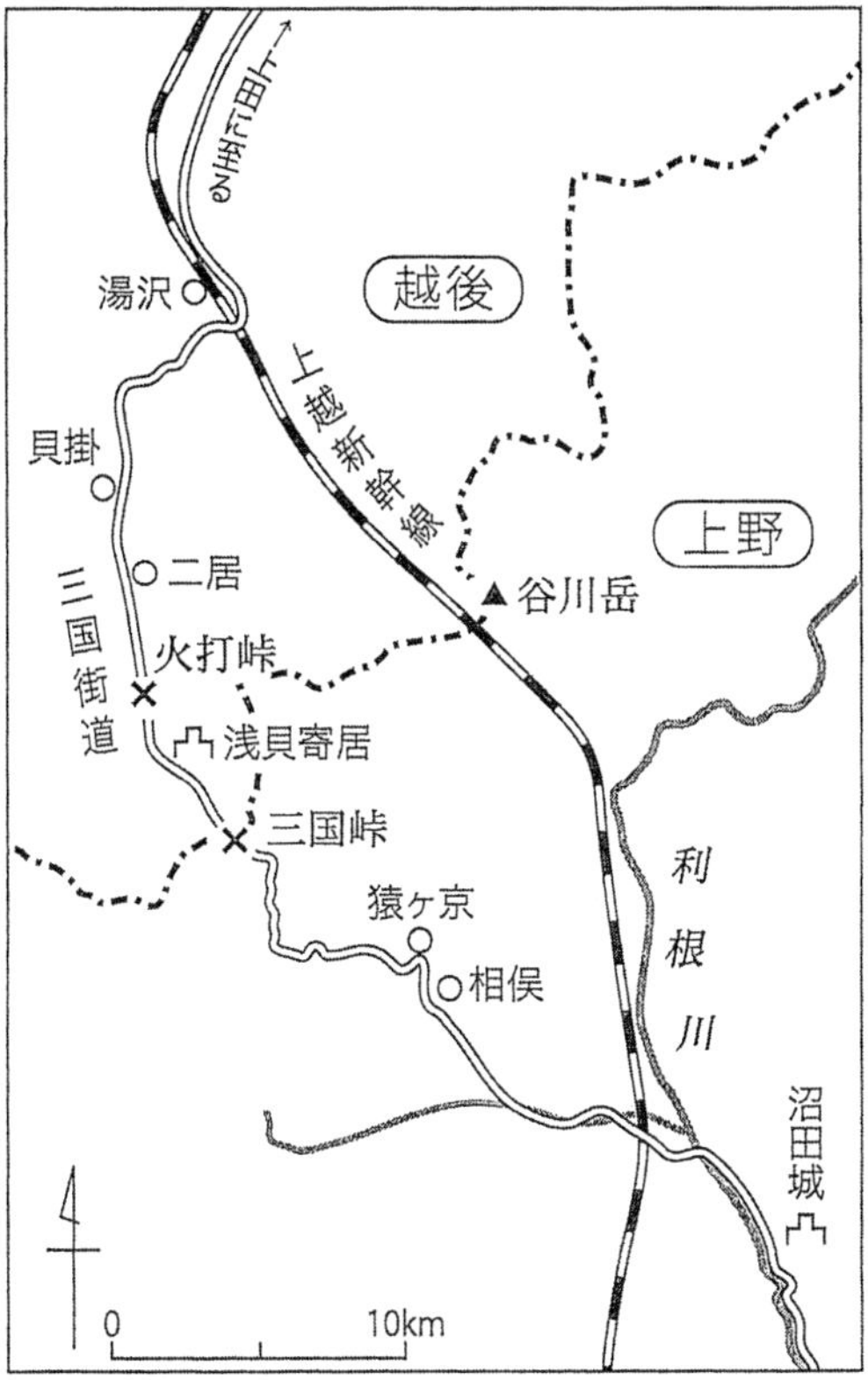

戦国時代の越後・上野国の郡境付近

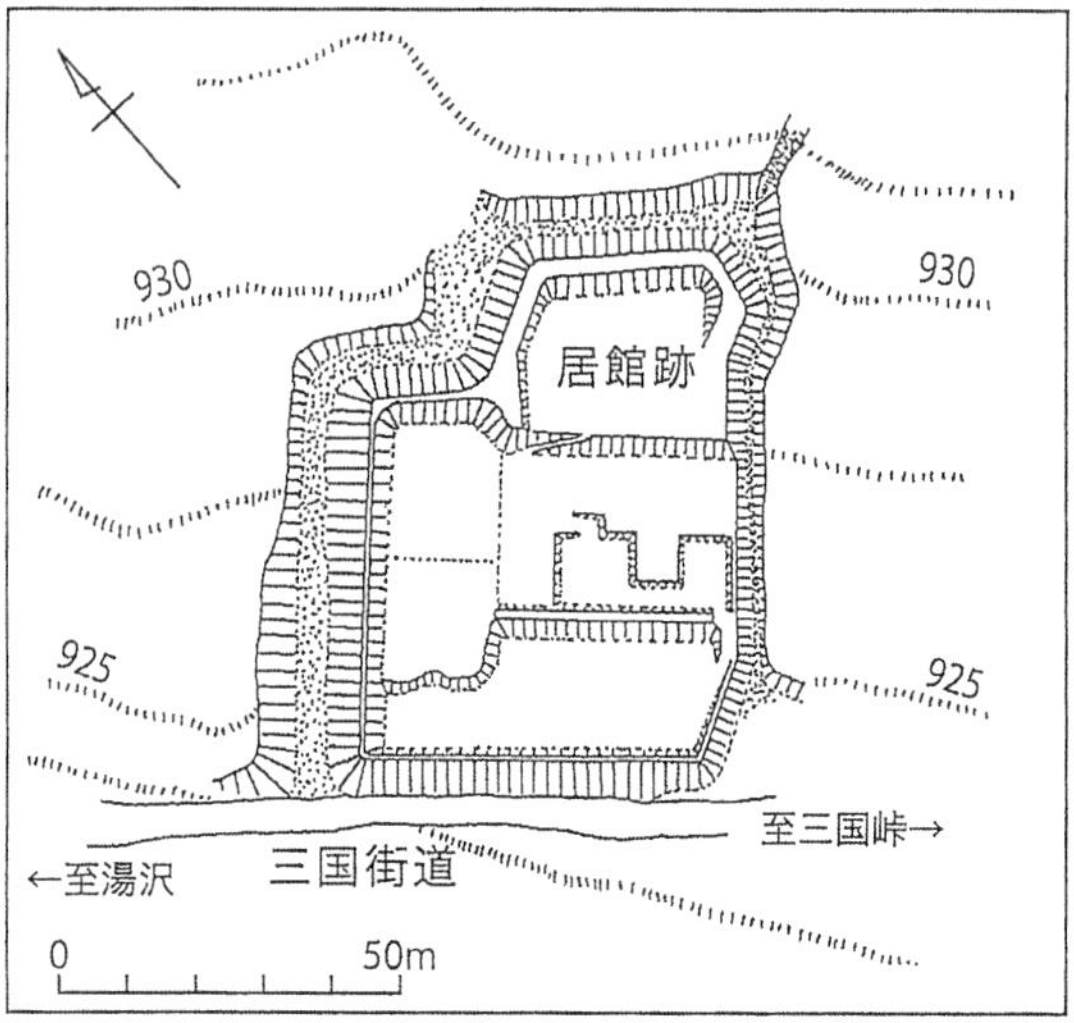

浅貝寄居要図（『日本城郭大系7』掲載図をもとに一部修正して作図／原図・大家健氏）

謙信は五月二十八日にも栗林氏に書状を送り、沼田の加勢のため、そのまま浅貝に詰めていることを命じた。さらに浅貝の寄居普請が完成し、軍役の他に足軽五十余人を置いたことを称賛している（「栗林文書」）。これによれば、二十日余りで築城は終了している。また、この寄居は関東への加勢の兵をプールしておく役目もあり、曲輪内に足軽などを収容し、必要時には三国街道を通って出撃する基地だったことがわかる。

山城も街道沿いにあることが多いが、城郭施設は山上にあるのが普通である。ところが浅貝の寄居は、街道に直接面しているのが特徴であり、この点で一般の山城と異なる。こうした点が城ではなく、寄居と呼ばれた理由の一つと考えられる。先に寄居は、「本来は物に寄り掛かる」という意味と述べたが、浅貝の場合は三国街道に寄り掛かっている景観をなしており、その点からも寄居と呼ばれたと考えられる。

この寄居の築城には、前提があったことが年未詳の四月一日付、栗林氏宛の「輝虎《てるとら》（謙信）書状」からわかる（保阪潤治氏旧蔵文書）。この書状は年次が明確ではないが、輝虎と署名しているので、元亀元年（一五七〇）以前のものである（『上越市史』は永禄九年〔一五六六〕に比定）。

まず、猿京（猿ヶ京）の人質を倉内（沼田）から、栗林氏が在城している坂戸城に送ったが、いまだに受け取っていないのは曲事《くせごと》なので、早く受け取って、逃亡しないように用心することを命じている。猿京は越後から三国峠を越えて、一〇キロ程度先にある上野国の村である。この頃には上野国西部は信玄が進出しており、もし猿京の住民が信玄や北条氏の調略に応じたら、三国峠越えの道を封鎖され、沼田との連絡を遮断されることになる。それを恐れて、謙信は人質の徴収を命じたのだろう。

また、本庄実乃《ほんじようさねより》（栃尾《とちお》城主。新潟県長岡市）による「仕合《しあわせ》」はとんでもないことなので、これに関しては、浅貝に寄居をさせて、倉内との往復を「自用」させるように命じている。この部分は意味が取りにくいが、「仕合」とは事のやり方、事の次第、始末などの意味なので、本庄実乃が何らかの不始末をして、謙信が怒っているらしい。そのため、実乃を浅貝に寄居させるように命じている。

ここでは寄居が、動詞として使用されている点が注目される。意味は浅貝に寄って居る、つまり滞在させるということであろう。また、「自用」とは自分自身の用に使うという意味なので、浅貝を使用して、倉内との往復をしっかり行えということだろう。

これによれば、実乃の不始末は倉内への往復に関する失態であり、その任務を果たさせるために、浅貝に滞在させたと推測される。先にも述べたように、浅貝は三国峠を控えた倉内への中継地であり、ここに滞在すれば、倉内との往復は他の地にいるよりは容易である。

この頃には、謙信は毎年のように関東出兵を行っていたが、次第に北条氏や武田氏の勢力が優勢になり、上野国における根拠地である倉内は、重要性を増していた。この書状では、猿京からの人質徴収と浅貝への滞在が命じられているが、両者は一体のものである。謙信が三国峠越えルートの安全を確保し、倉内との往復を密にしようとしていたことがわかる。

この書状では、寄居が滞在するという意味の動詞として使われているが、同じ意味の言葉は他にも色々ある。わざわざ謙信が寄居という言葉を選んで使ったのは、なぜであろうか。寄居は境目の城や集落に関して使用されることが多いが、浅貝も三国峠の境目なので、そこに滞在させることを寄居と表現したと考えられる。おそらく、謙信の脳裏では寄居と境目が直接的に結びついており、浅貝→境目の地→寄居と連想が働いたのではないだろうか。

根小屋・箕輪の居住者

寄居と同じような意味の地名に、根小屋《ねごや》・箕輪《みのわ》・山下《さんげ》などがあり、全国各地に存在する。この中では根小屋が最も一般的で、数多く見られる。根は山の根と同じことで、山の根っこ、つまり下という意味である。この地名は、根の部分に小屋が存在したことから生まれたものである。もちろん、小屋は百姓や家臣が住んでいた住居を指し、城下に小屋が立ち並ぶ景観が展開していた。この景観は現在でも残っている場所が多く、根小屋の地名からは、山や台地上にかつて城が存在したことが窺える。
一方、箕輪は城下集落が、箕《み》のように輪をなしていることから生まれた地名である。城は尾根筋や舌状《ぜつじょう》に伸びた台地の先端部に作られることが多いので、その下に存在する集落は、必然的に半円形を形成し、箕輪のような形になる。本書で何度も出てきた新地城は、当時は蓑頸《みのくび》山と呼ばれていた（「伊達家文書」など）。これも、城下集落が蓑を首にまいたような形をしていることから生まれた名称であろう。上野国には箕輪城という有名な城があるが、これも同様の語源によると思われる。山下に関しては、民俗学者の柳田国男《やなぎたくにお》は西国で見られる地名であり、薩摩《さつま》でいう「麓《ふもと》」も同じ意味だと述べている（『地名の研究』）。

こうした城下集落に百姓が住んでいたことを述べたが、他の居住者やその存在意義について検討しよう。

天正六年（一五七八）八月、松山《まつやま》城主（埼玉県吉見《よしみ》町）の上田長則《うえだながのり》は、松山根小屋足軽衆と本郷宿（埼玉県東松山市）の町人に対して、茂呂《もろ》御陣（埼玉県毛呂山《もろやま》町）から兵粮や馬の飼料を買い取りに来ても、売ってはならず、もし売った場合は荷馬を差し押さえる。足軽衆は宿内をよく見回り、この命令を遵守《じゅんしゅ》するように命じている（「武州文書」）。これにより、松山城下の根小屋に足軽衆が集住していることがわかる。

また、「荷馬の差し押さえ」とは先に述べた「荷留」のことで、足軽の役割の一つであり、草の活動の一種とも言える。茂呂御陣から来る者とは北条氏の軍勢で、上田氏も北条氏に属する国衆だが、自領内からの物資の流出を厳しく取り締まり、その実行を足軽と町人に求めていた。

松山城の場合は、根小屋と本郷宿が離れている点にも注意したい。これは他の城でも同様であり、一般に城と町場は少し離れているので、当然城の直下にある根小屋と町場は別の空間に存在する。

情報収集活動と「目付」

以上、述べてきたように、当然ではあるが、軍事行動や味方の城同士の連絡にあたっては街道の確保が必要である。上杉氏の場合は、三国街道や根利通が重要だった。一方、北条氏や武田氏などの敵が、その街道を通って進軍してくる可能性もあり、防衛にも気を配らなければならない。そのため、街道沿いには寄居や根小屋が多数築造され、中継地や防衛拠点としての役割を果たした。

境目周辺では、城や寄居（根小屋）が常時攻撃対象となり、攻防が行われた。攻撃や防衛をするには、敵方の城や寄居、境目付近の様子、敵の動きなどに関する情報が必要だった。先述した草や忍びなどによって、盛んに諜報《ちようほう》活動が行われ、当時の史料では諜報活動を担当する者を「目付《めつけ》」と呼ぶ事例がよく見られる。その例を二つ紹介しよう。

天正十一年（一五八三）六月に、上杉景勝は信濃国・牧島《まきのしま》城主（長野市、旧信州新町《しんしゆうしん》牧野島）の芋川《いもかわ》親正《ちかまさ》に書状を送り、信州の凶徒《きようと》が攻めてきたが、防戦して退散させたことを自ら称賛し、油断なく境に目付を派遣して用心するのが肝心と述べている（「上杉定勝古案集」）。この時期には信濃領有をめぐって、上杉氏と反上杉方の国衆の間で、信濃各地で戦いが行われていた。

二カ月前の四月に、芋川親正は仁科《にしな》（長野県大町《おおまち》市・安曇野《あずみの》市など）を攻撃すれば、仁科一帯を上杉氏領にできると景勝に申し出ている（同前）。そして、実際に五月十一日に芋川親正は仁科を攻撃して各地を放火し、多数の者を討ち取っている（同前）。牧島城は、長野市の南を流れる犀《さい》川を西に向かって遡った所にある。その西側の山を越えた場所が仁科である。

同地一帯を支配していたのが仁科氏だが、武田信玄は五男を養子に送り込み、盛信《もりのぶ》と名乗らせ、仁科氏を継がせていた。こうした経緯により、すでに武田氏は滅亡していたが、仁科地方（仁科領）にはなおも武田氏や仁科氏の勢力が残存しており、上杉氏勢力の浸透を拒絶する意識が強かったと思われる。

牧島城に攻め寄せてきた信州の凶徒とは、仁科地方の者で、前月に受けた攻撃の報復をしたのだろう。これは一種の奇襲であり、虚を衝《つ》かれた面もあったと思われる。そうした事態を防ぐため、景勝は目付を仁科地方との境目に派遣することを命じたのである。つまり、目付は仁科地方における敵方の動きの情報を収集する役割を果たしていた。

境目は敵味方の者が入り乱れ、互いに接触する場であり、敵方の情報も入手しやすい。そこに目付が潜入して諜報活動を行う。境目を越えて敵地に入ることも多く、危険な行為であり、特殊な能力を持った者が目付に選ばれたと考えられる。先述したように、草や忍びは実際には多様な存在が含まれていたが、その中には特殊な能力を持つ者がおり、彼らが諜報活動に専念する場合は、「目付」と呼ばれたのだろう。

真田昌幸が派遣した目付

次に目付が敵地深くまで派遣された事例を紹介しよう。天正十三年（一五八五）十一月十七日に真田昌幸は直江兼続に書状を送り、次のようなことを述べている（柳島利雄氏所蔵文書）。

徳川家康の家臣・平岩親吉《ひらいわちかよし》（甲斐国主）、芝田康忠《しばたやすただ》（諏訪郡主）、大久保忠世《おおくぼただよ》（佐久《さく》郡主）が遠江に呼び寄せられたという情報が入ったが、どんな相談をしているか不明である。そこで、甲斐あたりに目付を派遣して、何らかの情報を入手したら、注進するつもりである。

前年に小牧《こまき》・長久手《ながくて》の戦いが起こり、秀吉と家康の間で講和が結ばれたが、家康は秀吉に臣従せず、なおも対立状態が続いていた。真田昌幸は家康に従っていたが、この年七月に秀吉方である上杉景勝と結んだ（「上杉家文書」）。そのため、翌八月には家康は先述の平岩親吉などを派遣して、昌幸の本城・上田《うえだ》城（長野県上田市）を攻撃させた。そして、翌閏《うるう》八月二日に国分寺《こくぶんじ》（上田市）で戦いがあり、昌幸が勝利した（「恩田文書」）。同月二十日には徳川軍が丸子《まるこ》城（上田市）を攻撃したが、攻略できなかった。その後も徳川軍は再攻撃を図っていた。

こうした状況下で、平岩親吉らが呼び寄せられたという情報が、昌幸のもとに入ったのである。この呼び寄せは、従来は十一月十三日に家康家臣の石川数正《いしかわかずまさ》（当時、岡崎城代）が岡崎から秀吉のもとに退出した事件に対応するためと解釈されてきた。しかし、書状の日付はその四日後であり、家康からの遠州参上命令が平岩らに伝わり、実際に参上が行われ、さらにその情報が昌幸に伝わるのに四日間では時間が短かすぎる。

実は十月二十八日には、浜松で家康臨席の下で、家康家臣（『家忠日記』では国衆と表現）の間で、秀吉に人質を送ることの可否について、談合が行われた。結局人質は送らないことになり、家臣の主立った者は起請文《きしょうもん》を家康に差し出した。これならば、時間的にも昌幸のもとに情報が入るのに十分であり、この相談のために親吉らは浜松に呼ばれたと考えられる。

だが、『三河物語』では、大久保忠世が小諸《こもろ》城（長野県小諸市）にいて、家康から石川数正の事件に対応するために、参上が命じられた。自身が小諸城を退くと、徳川方の混乱を見透かされ、一揆が起き、昌幸もそれに乗じて動くであろうから、度重なる飛脚による催促にもかかわらず動かなかった。しかし、さらなる催促により、ようやく忠世は大久保忠教《ただたか》を残して、当時家康がいた岡崎に参上した、とある。

この記述が正しければ、昌幸のもとに入った情報は、忠世に関しては誤りということになる。『三河物語』の記述を信じるならば、忠世は石川数正事件に際して、家康から催促があったことになる。忠世がいる小諸は昌幸のいる上田のすぐ近くであり、昌幸と対峙している状況だったために、その場を動くことができず、参上を渋ったと考えられる。

昌幸には、こうした徳川方の内部状況自体がわからないので、目付を派遣することにしたのである。一般的に真田氏に関しては、猿飛佐助《さるとびさすけ》などの「真田十勇士」の印象が強く、忍者を使っていたというイメージがある。もちろん、真田十勇士は大正時代に「立川《たちかわ》文庫」として刊行された講談本に登場するもので、全くの創作である。

しかし、この目付は徳川領国の甲斐に派遣することが予定されているので、やはり忍び的な能力を持っていた可能性は十分にある。親吉らの遠州参上情報も、信濃などに派遣していた目付から入手したのかもしれない。いずれにせよ、真田氏に限らず、戦国大名はこうした能力の者を目付として潜入させ、諜報活動をしていたのである。

境目の情報と絵図作製

こうした目付や草が収集した情報は、絵図にされることもあった。岩城常隆《いわきつねたか》は塩左馬助《しおさまのすけ》に書状を送り、次のようなことを述べている（「岩城文書」）。

三春《みはる》（田村氏）から毎日のように草調義があるが、油断はないであろうか。兼ねてから言っているように、籌策《ちゆうさく》（計略）の仕方が決まるまでは、草が来ても城から出てはならない。また、「境中絵図」を送ってきたのは奇特なことである。

当時、陸奥の岩城常隆は田村氏と対立しており、塩左馬助は岩城氏と田村氏の境目の城に詰めていたと考えられる。その城に田村氏から日々、草による攻撃が行われており、城から出ることを禁止している。これは先述したように、城から出て深追いすると、二の草、三の草の待ち伏せに会い、損害を蒙《こうむ》るから、その手に乗らないように戒めているのである。

一方、塩左馬助が境目付近の絵図を作製して、常隆に送っていることも注目される。この絵図には、境目付近にある田村氏の城や街道、村の様子などが描かれていたと考えられる。その情報を収集したのは、塩氏が境目に潜入させた草であろう。その情報によって作製された絵図を基にして、岩城氏は田村氏との境目への攻撃方法を練ったと考えられる。

他にも境目における絵図の作製事例がある。第三章で北条方の岡見《おかみ》氏の居城・足高《あだか》城に、反北条氏方の下妻《しもつま》城主の多賀谷《たがや》氏が攻撃を掛け、新たに泊崎《はつさき》（八崎）城を築城した事例である。その時に、足高城主の岡見宗治《むねはる》は、北条氏照の家臣・狩野一庵に「多賀谷取出《とりで》」を描いた絵図を送っている（「岡見文書」）。

この取出《とりで》（砦）とは当然八崎城のことであり、絵図には城の曲輪や虎口《こぐち》、十塁・堀などの縄張りが描かれていたのだろう。その情報は城近くに実際に行ったり、内部まで潜入しなければ入手できないであろうから、やはり岡見氏配下の草的存在が諜報活動を行い、それを元に絵図を作製したと考えられる。何と言っても、城の縄張りに関する情報は咽《のど》から手が出るほど欲しいものである。塩左馬助が作製した絵図にも、田村氏の境目の城の縄張りが記されていた可能性が高い。

伊達政宗が、絵図を作製させた事例も見られる。天正十三年（一五八五）に政宗が塩松《しおのまつ》（福島県二本松市）の小浜《おばま》城主・大内定綱を攻撃しようとした時に、伊達成実は大内氏家臣の苅松田《かりまつだ》城主（福島市）の青木修理《あおきしゅり》を寝返らせ、政宗のもとに参上させた。

政宗は青木修理に塩松を絵図にするように命じ、絵師を付けて作製させた（『政宗記』）。この絵図には、塩松の城、道や村、さらには城の縄張りも描かれていたのかもしれない。青木修理は、当然大内氏の城の内部をよく知っていたはずであり、その情報は最も知りたいことだった。政宗はこの絵図を見て、攻撃計画を立てたのである。

また、天正十八年（一五九〇）四月十一日に「南方」から元越《げんえつ》が帰り、京都や「南方」の様子を申し上げ、作製した絵図を政宗に見せている（『伊達天正日記』）。「南方」とは、政宗のいる会津から見て南の方角、つまり関東のことだ。元越は修験者《しゅげんじゃ》で、政宗の使者として活動していた人物である。

この時は政宗の命を受けて、関東の情勢や秀吉軍の動きを探るために現地に行っていたのだろう。これはまさに先に述べた目付であり、修験者がその役割を果たしていたことを示している。すでに述べたが、草や忍びは修験者と類似した存在であり、草が修験者になったり、修験者が草になるなど、転換もあったと考えられる。

特に修験者は宗教者としての立場を利用して、各地を廻ることができ、諜報活動には有利だった。元越が作製した絵図には、関東の北条方と反北条方の戦国大名や国衆の城や街道などが記され、それらの詳しい内容を口頭で政宗に説明したと思われる。

この前月に秀吉による北条氏攻めが開始され、政宗は小田原参陣の決断を迫られていたタイミングである。すでにこの直前には小田原参陣を決断していたが、参陣ルートなどを決めるのに、元越がもたらした情報や絵図は参考にされたのだろう。

このように、敵方に関する情報が絵図にされることもあった。地理的な情報に関しては、口頭よりも絵図の方が空間を実地に把握できる点で便利であり、目付や草による絵図作製は広く行われていたと考えられる。

終章　地理・地質的視点から見た戦国時代像

水系の規定性

ここまで戦国合戦の本質が境目《さかいめ》を争うものであり、境目が山や川といった地形や水系に規定されていたことを述べてきた。戦国時代を扱った本や研究は無数にあるが、地理的要因が戦国大名の動向を規定したことを述べたものは従来、ほとんどなかったと思われる。

こうした地理的要因を、歴史を規定する基層や構造として重視したのが、フランスのアナール派に代表される社会史である。日本においても社会史の研究は存在するが、地理的要因を取り込んだ研究はほとんど存在しなかった。本書は地理的要因と戦国合戦の関係性を論じることで、新しい戦国時代像を提示することを目的としたものである。最後にこうした地理的要因について、書き残した点を述べておきたい。

本書を書いて改めて感じたのが、水系の規定性である。これは古代から現代に至るまで様々な形で影響を与えている。現代の身近な例では、小選挙区制の区割りも水系によっている所が多い。たとえば、横浜市旭《あさひ》区・保土ケ谷《ほどがや》区からなる神奈川３区は帷子《かたびら》川水系、横浜市西区・南区・港南《こうなん》区からなる神奈川4区は大岡川《おおおか》水系に属す。このように、特定の水系に属す地域を一つの選挙区としているケースがよくある。一つの水系に属す地域は周囲を山や台地で囲まれていることが多く、一つの小世界をなしている。大岡川水系や帷子川水系もこの点は同じである。

また、川が選挙区の境となっている事例も多い。たとえば、京都の中心地では鴨川《かも》が小選挙区の境となっている。鴨川は平安京（洛中《らくちゆう》）とその外（洛外《らくがい》）を画すものであり、古代以来の境界が小選挙区の境として踏襲されている。平安後期には鴨川の東に白河《しらかわ》上皇が御所を構え、院政を行った。また、同じく鴨川の東の六波羅《ろくはら》には平家の屋敷が軒《のき》を並べ、鎌倉時代には六波羅探題《ろくはらたんだい》が設置されるなど、鴨川の東側から京をコントロールする試みがなされていた点も中世史の展開を考えるうえで重要である。

二つの水系に属す飛驒国

第四章で飛驒《ひだ》国が境目的な意味を持つ国であったことを指摘した。この国は水系の面で実は二つに分かれている。北部は高原《たかはら》川や宮《みや》川水系に属し、両川は飛驒・越中《えつちゆう》国境で合流して神通《じんづう》川になるので、神通川水系に属す。一方、南部は飛驒川水系で、下流で木曽《きそ》川に合流するので、木曽川水系に属す。

この神通川・宮川・飛驒川に沿って現在はJR高山《たかやま》本線が通っているが、富山から南下し、高山を過ぎて飛驒一ノ宮《ひだいちのみや》駅の先でかなり長いトンネルに入り、そこを抜けると久々野《くぐの》駅である。このトンネルの山上にある宮峠が両水系の分水嶺《ぶんすいれい》となっている。道路は現在も宮峠を通っている。

つまり、飛驒は北部が越中、南部は美濃《みの》と同一の水系に属しており、宮峠で国が分断されている。飛驒国は三つの郡からなり、宮峠の南が益田《ました》郡、北が大野《おおの》郡、その北が吉城《よしき》(荒城《あらき》)郡であった(一一三頁の地図参照)。

第四章で三木《みつき》氏が信長《のぶなが》に味方し、信長の越中攻略を援助したことを述べた。三木氏の本拠は元々は飛驒国益田郡で、桜洞《さくらぼら》城(岐阜県下呂《げろ》市、旧萩原《はぎわら》町桜洞)が本城であったが、次第に北上して大野郡に属す高山盆地や吉城郡に属す古川《ふるかわ》地域に進出した。益田郡は平地に乏しいが、高山盆地や古川地域は平地が多く、古代には国府《こくふ》や国分寺《こくぶんじ》が存在するなど、古くから飛驒の中心地であり、そこへの進出を図ったのは必然と言えよう。

三木氏の元々の本拠地・益田郡は、木曽川水系に属するので、美濃との関係が深く、三木氏が信長に味方したのも水系の同一性によるものが大きかったと思われる。だが、高山盆地への進出により、越中との関係も強まり、第四章で述べたように、上杉氏や佐々成政《さっさなりまさ》と関係を深めた。また、三木氏家臣の塩屋《しおや》氏は、富山平野の入り口の笹津《ささづ》付近に城を構えている。三木氏は美濃・越中両国と関係を持つに至ったが、これは二つの水系に規定されたと言えよう。ちなみに、高山本線からよく見える飛驒川は、青色の川水も美しく、各所で岩を刻んだ奇形の岩肌が目を楽しませてくれる。

佐竹氏と久慈川水系

第二章では、陸奥《むつ》南部の境目をめぐる戦国合戦を扱い、分水嶺や郡境が戦国大名の境目となったことを述べた。この点について少し補足をしておこう。

同章では、福島県が水系から見て三つの地域（会津《あいづ》・中通り・浜通り）に分けられるとした。だが、実は棚倉《たなぐら》町以南は例外的な地域で、久慈《くじ》川水系に属す。久慈川は棚倉町内を源流とし、南下して福島県塙《はなわ》町・矢祭《やまつり》町を経て、茨城県に入る。さらに大子《だいご》町、常陸大宮《ひたちおおみや》市、常陸太田《ひたちおおた》市を経て、東海《とうかい》村の北側で太平洋に注ぐ。

戦国時代に佐竹《さたけ》氏が本拠としていた太田（常陸太田市）は、久慈川支流の里《さと》川の流域であり、久慈川水系に属していた。里川の最上流には明神《みようじん》峠があり、ここが常陸と陸奥の国境で分水嶺をなしていた。佐竹氏は久慈川や里川を遡《さかのぼ》って陸奥に進出し、ついには棚倉町内にあった赤館《あかだて》城を落とし、久慈川水系すべてを領国に納めた。

久慈川の中流にある大子町は、現在は茨城県なので、古くから常陸国だったと思いがちである。だが、古代・中世には町域全体が陸奥国白河《しらかわ》郡依上保《よりがみのほ》に属していた。室町時代には白川結城《しらかわゆうき》氏の所領だったが、戦国時代には佐竹氏が進出し、最終的には支配下に納めた。その過程では、依上保が白川結城氏と佐竹氏の境目となっていた。佐竹氏は小田原《おだわら》攻めに際して参陣を果たし、秀吉から常陸国の大部分と依上保を与えられ、豊臣《とよとみ》大名となった。

その後、依上保は文禄《ぶんろく》年間（一五九二〜九六）の太閤検地《たいこうけんち》により常陸国久慈郡に編入された。この編入の目的は何だったのだろうか。依上保は久慈川流域にあるため、陸奥に属しながら、常陸との関係が深く、どちらの国に属すのか曖昧だった。そこで、佐竹氏は依上保を常陸に編入することで、陸奥から切り離して、常陸と一体化させ、曖昧さを解消したと考えられる。豊臣期や近世初期には、他の地域でもこうした国境変更が行われているが、同様な目的があったのであろう。近世初期に、江戸《えど》川以西の下総《しもうさ》国葛西《かさい》郡が、武蔵《むさし》国に編入されたのが典型的な事例である。

阿武隈川水系と境目

現在、水戸《みと》から郡山《こおりやま》までＪＲ水郡《すいぐん》線が通っている。先に述べたように、途中の棚倉は久慈川の最上流で、その北の浅川《あさかわ》町からは阿武隈《あぶくま》川水系に属す。戦国時代にはこの地に浅川氏という国人《こくじん》がいたが、同地は佐竹氏・白川結城氏・石川《いしかわ》氏の支配地域の中間に位置し、三つの勢力が影響力を行使していた。戦国後期には、浅川氏は佐竹氏に属したため、白川結城氏の攻撃を受けた。佐竹・石川氏の援軍を受けて、撃退した合戦があったのも、そうした地理的な位置を示すと言えよう（一四三頁の地図参照）。

浅川を流れている社川《やしろ》（下流で阿武隈川に注ぐ）の最上流は、白河関や南湖《なんこ》であり、白河と水系で直接つながっていた。ちなみに、南湖は寛政《かんせい》の改革で有名な松平定信《まつだいらさだのぶ》が谷をせき止めて、湖を作ったもので、湖周辺を身分を問わない遊楽用の庭園とした。同時に藩士の水練や操船の訓練地、灌漑《かんがい》用水としたものである。現在は「南湖公園」と呼ばれ、観光地となっている。

社川沿いに下ると石川町、その下流が玉川《たまかわ》村である。社川は石川町で阿武隈川と合流する。中世には浅川町・石川町・玉川村一帯は石川庄であり、そこを本拠としていたのが源満仲《みなもとのみつなか》の子孫と称する石川氏である。石川氏の存在は、鎌倉時代初期から確認でき、鎌倉後期には北条氏《ほうじょうし》の御内人《みうちびと》となり、南北朝期以降は白川結城氏と激しい戦いを繰り返した。室町時代には、石川庄内に白川結城氏の所領が存在し、戦国時代以前から石川氏と白川結城氏との境目の地としての性格を持っていた。

ＪＲ水郡線の磐城石川《いわきいしかわ》駅付近が石川町の中心で、石川氏が本拠とした石川城がある。戦国後期には石川氏に伊達政宗《だてまさむね》の伯父昭光《あきみつ》が養子に入ったが、伊達氏や田村《たむら》氏と敵対し、佐竹氏に従っていた。

第四章で述べた天正《てんしょう》十六年（一五八八）の政宗と佐竹・蘆名《あしな》氏による郡山合戦は、水郡線沿いに佐竹氏が勢力を北上させた結果として起きたものである。だが、石川氏は天正十七年（一五八九）に政宗が蘆名氏や須賀川《すかがわ》の二階堂《にかいどう》氏を滅ぼした際に政宗に従属し、佐竹氏の勢力は後退を余儀なくされた。翌年の秀吉の小田原攻めの際、石川昭光は小田原に参陣しなかったため、所領を没収され、その跡は会津に入った蒲生氏郷《がもううじさと》に与えられた。

これにより、依上保を除いて陸奥国における佐竹氏の勢力は消滅し、依上保は陸奥国から切り離された形となった。こうした経緯が依上保が常陸国に編入された理由の一つと考えられる。

第四章で述べたように、水郡線沿線は境目の地であり、水系を通じて周辺の国衆《くにしゅう》や戦国大名の勢力が入り乱れていた。佐竹氏勢力の北上により、境目は次第に北に移っていったが、秀吉による奥羽仕置《おううしおき》により、大名の領地が再編され、境目は南に押し戻され、近世を迎えたのである。

陸奥の海岸の地形と地質

陸奥の海岸は、二〇一一年三月の津波に襲われ、多大な被害を受けた。津波襲来やその後の状況を映像で見て、海岸の様子を知った人も少なくないだろう。陸奥の海岸は地形・地質的には大きく二つに分けられる。一つは宮城県北部から岩手県の三陸《さんりく》海岸である。一般にリアス式海岸と呼ばれ、湾と岬が入り組んだ複雑な地形として知られる。こうした海岸は観光地として有名であり、よくテレビなどでも取り上げられるので、地形的特徴は、以前から他の地域の人たちにも周知のものであろう。

もう一つは宮城県南部から福島県にかけての海岸で、海岸線はゆるやかな曲線をなし、そこには砂浜が広がっているが、この海岸線は、さらに二種類の地形に分けられる。宮城県南部から福島県北部の海岸は台地（山）が海まで延びている場所は一部であり、砂浜が卓越している。一方、福島県南部の海岸は、阿武隈山地から台地が海まで延びている所が多い。そして、台地（山）の間を阿武隈山地から流れる川が狭い平地を形成し、そこは水田や居住地になっている。

地質的には三陸海岸は堅い岩、阿武隈山地から延びる台地は軟らかい泥状の岩石である。この泥状の岩石は「シルト」と呼ぶ。砂と粘土の中間的なもので、各地に存在する。三陸海岸は堅い岩なので、波による浸食が一様ではなく、鋸《のこぎり》の歯のようなギザギザな地形となる。

一方、阿武隈山地から伸びる台地は地質が脆《もろ》いので、波によって浸食されやすく、垂直の崖になる。これを一般に「海食崖《かいしょくがい》」と呼ぶ。文字どおり海によって浸食された崖という意味である。要するに、

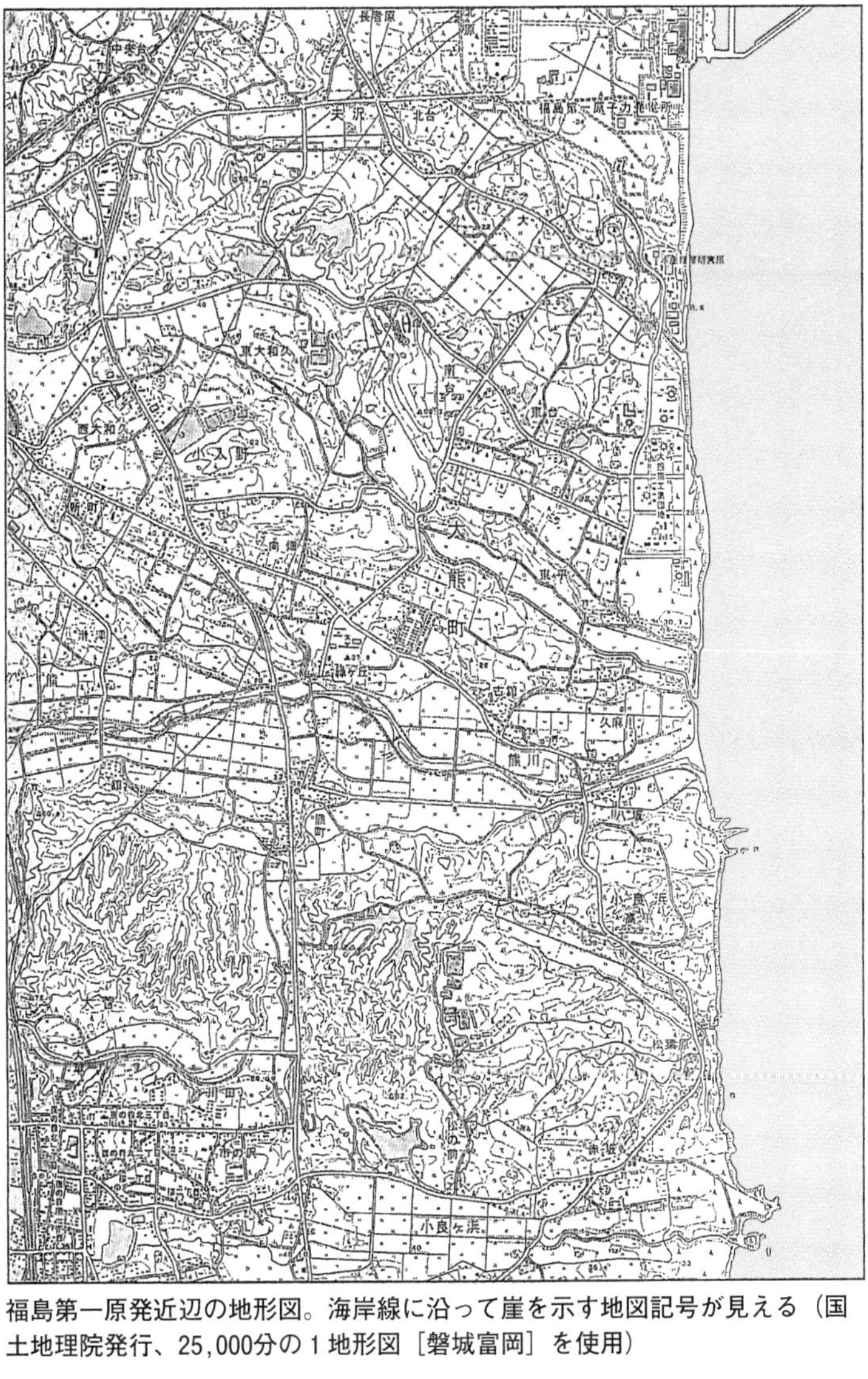

福島第一原発近辺の地形図。海岸線に沿って崖を示す地図記号が見える（国土地理院発行、25,000分の１地形図［磐城富岡］を使用）

福島県南部の海岸は、海食崖と砂浜が交互に現れる地形となっている。台地上にある福島第一原発の海側も崖になっていた。そこを造成したうえで、海側を一部埋め立てている。そうした立地にある原発を、津波が襲う映像は多くの人がご覧になったであろう。

海食崖は横浜市の海岸の一部にもあり、地質や景観が福島県南部の海岸とそっくりである。横浜市の東京湾に面した地形は、台地と浸食された谷からなる。台地の地質の基本はシルト層で、海に土砂が堆積し、それが隆起して台地になったものである。市内の本牧《ほんもく》（中区《なか》）・屛風ヶ浦《びょうぶがうら》（磯子区《いそご》）・長浜《ながはま》（金沢区《かなざわ》）には直立した海食崖が続いている。現在は埋め立てのため、海岸から遠く離れているが、以前は海に面し、波に直接洗われていた。

こうした台地上は用水がないため、水田が作れず、一部に畑があるほかは山林や荒地であった。この点は横浜市も福島県南部の海岸も同じで、第二章で述べたように、そうした台地上の荒地を利用して、福島第一原発が作られた。

福島第二原発と境目

こうした立地や境目に位置するという点は、福島第二原発も同じである。第二原発も津波の被害を受けたが、懸命の努力により電源を回復し事故を免れた。

第二原発は富岡町《とみおか》と楢葉町《ならは》の境界線がちょうど施設の真ん中を通っている。施設の北半分が富岡町毛萱《けがや》、南半分が楢葉町波倉《なみくら》に属している。第二章で一時期は富岡が相馬《そうま》氏と岩城《いわき》氏の境目となったことを述べたが、まさに第二原発は境目に位置している。第二原発が立地している所は幅の広い台地であり、やはり海岸は海食崖になっている。

楢葉町と広野《ひろの》町の境付近には、広野火力発電所やJヴィレッジという大規模な施設がある。両町の境界付近も幅の広い台地となっており、その台地を刻んでいる小さな川自体が両町の境界である。川の北側が楢葉町山田浜《やまだはま》で、サッカーのトレーニングセンターとして知られるJヴィレッジがある（一部が広野町にかかる）。

川の南側が下北迫《しもきたば》で、海を埋め立てて建設された広野火力発電所がある。広野町が避難地域を解除されているのは、この幅広い台地が放射能の拡散を遮ったことも一因ではないだろうか。第二章で述べたように、楢葉町の中心地である木戸《きど》も、一時期は相馬氏と岩城氏の境目だった。

このように、この地域は町の境界にある広い台地上に原発などの大規模な施設が作られている。台地上が荒地で、元々土地が利用されていなかったため、用地買収などが容易だったという背景があると思われる。また、台地の幅が狭ければ、そこに原発のような大規模な施設を作ることができないが、幅が広ければ作ることができる。

こうした点を踏まえると、戦国時代に台地付近が境目になった理由が推測できる。この地域一帯を城に見立ててみよう。幅の広い台地は土塁《どるい》、平地を流れる川は堀《ほり》の役割を果たす。つまり、こうした地形自体が自然の障壁をなし、境目を防御する。平地部分には拠点となる町があったので、町境にある台地が境目となる。

海岸部分は海食崖のため、通行は不可能なので、必然的に台地を越えて、敵地を攻撃するしかない。そうした敵の攻撃に対しては、台地に陣取れば、防御がしやすい。相馬氏と岩城氏の境目が時期によって移動したのも、海岸部は海食崖と砂浜、内陸部は台地と平地が交互になっている地形的特色が作用したのだろう。

イギリス南部の海食崖

以上のように、相馬氏と岩城氏の境目と原発の所在地が一致すること、その境目が移動したこと、広野町と楢葉町が避難地域の境目になっていることの理由を推測した。こうした点は現象としては理解できていたが、そうなった理由は終章を書く数日前まで実はよくわからなかった。ところが、あることをきっかけにその理由がひらめいた。それは数日前にNHKで放映中の「名探偵ポワロシリーズ」(アガサ・クリスティ原作)の「複数の時計」というドラマを見たことによる。

イギリスの南海岸は見事な海食崖が続いていることは以前から知っていたが、白黒の写真や断片的な映像で見ただけであった。ところが、このドラマでは砂浜と周囲にある白くてたいへん高い崖が鮮明に写っていた。ドラマはドーバーを舞台としているようなので、この付近の海岸で撮影したものなのだろう。もちろん、ドーバーとはドーバー海峡として知られているように、対岸のフランス(具体的にはカレー)と最も距離が近い場所で、南海岸の東部にある。その崖はいかにも脆そうな地質であったが、福島県南部の海岸も同じような地質の海食崖であったと改めて認識した。

そして、改めて原発周辺の国土地理院発行の二万五千分の一の地図を見たところ、海岸には崖の存在を示す表記（崖の表記方法は決まっている）が続いていた。これ自体は前からわかっていたが、あまり具体的なイメージが湧かなかった。だが、「複数の時計」を見たことがきっかけとなって、原発周辺の海食崖や地質の特徴をイメージすることができた。

あとがき――戦国研究の地域間格差

本書を書いた動機は、藤木久志《ふじきひさし》氏に代表される近年の戦国史の研究状況にもよる。また、網野善彦《あみのよしひこ》氏が提唱した「無縁《むえん》の場」に関心があり、無縁の場が境界的な場でもあるので、かなり前からそうした場の特色を解明したい気持ちがあったからである。また、地形や地質に関しても以前から興味があり、どの地点が分水嶺《ぶんすいれい》なのかを鉄道に乗る度に注意していた。

主に対象とした場所は、①福島県の中通り・浜通りと、福島と宮城の県境、②富山県とその周辺である。①を取り上げた理由としては、二〇一一年三月の震災・津波以前から、郡山《こおりやま》市とその周辺は何度も行っていたので、地理がある程度わかっていたことがまず挙げられる。また、震災後に今まで知らなかった町村名や地名が報道され、それを契機に地図を見たり、その地域の中世史料を読んでみた。すると、原発の避難地域、原発の所在地、福島県と宮城県の県境や市町村の境が、戦国時代の大名領の境目にあることに気づいたからである。

本書を書く準備の過程で、新地《しんち》や駒ケ嶺《こまがみね》、郡山・安子ケ島《あこがしま》・高玉《たかたま》・須賀川《すかがわ》・本宮《もとみや》・二本松《にほんまつ》・三春《みはる》などの地を訪れた。また、本年正月初めにはＪＲ磐越東線《ばんえつとうせん》沿線を訪れ、船引《ふねひき》・磐城常葉《いわきときわ》・大越《おおごえ》・菅谷《すがや》・

神保《かんまた》駅に下車した。特に印象深かったのが常葉城で、規模の大きさに驚いた。その時に常葉にある小さなスーパーでパンを買ったが、そこには大勢の人が来ていた。放射能検査のために来ているのだという会話が聞こえてきた。これらの人は除染や原発に従事している人なのだろうか。他の地方では過去のものとなった事故が、地元では現在も続いていることを知らされた。

また、その後で分水嶺を越えて、いわき駅に行き、そこでＪＲ常磐線《じようばんせん》に乗り換えて、現在原発に最も近い駅である広野駅まで行った。いわき駅はかなり内陸にあるが、途中の四倉《よつくら》からは海に近い所を通っている。その先は浜とトンネルが交互に現れる。トンネルは阿武隈《あぶくま》山地から延びる台地（山）の下を潜っているもので、鉄道からは見えないが、海側は海食崖《かいしよくがい》になっている。浜とトンネル（台地）が交互に現れるのは広野駅以北も同じであり、この体験も終章を書くうえで役に立った。百聞は一見に如《し》かずというように、文献の記載や地図のみでなく、その地を見るのが大切である。

②を取り上げた理由は、父母の出身地なので、地理がよくわかっていたためである。本書で何度も出てきた笹津《ささづ》（富山県旧大沢野《おおさわの》町）には、祖父母が住んでいたので、何十回も行ったことがある。その付近が、戦国時代には境目《さかいめ》であったことは、本書を書くために史料を読んでいた過程で初めて知った。第四章に出てくる猿倉城は数十年前に行ったことがあるが、築城主などは知らなかった。また、楡原《にれはらの》保《ほ》の斎藤《さいとう》氏の存在や、猪谷《いのたに》で神通《じんづう》川と宮《みや》川・高原《たかはら》川が合流していることなども今回初めて知った。

笹津の西を流れる神通川にはダムがあり、よく見に行った。東は数段の河岸段丘《かがんだんきゅう》となっており、段丘の境には崖面《がけめん》があり、その最下段に飛驒《ひだ》と越中《えっちゅう》を結ぶ旧道が通り、ＪＲ笹津駅近くには笹津の中心である町があった。かつては人々が往来し、賑《にぎ》わっていた様子が想像できるが、近年は町から一つ上の河岸段丘上を通る国道沿いに人や車を奪われ、町内の店もほとんどなくなってしまった。また、南は山が連なる山間部となり、その流域は「神通峡《じんづうきょう》」と呼ばれる峡谷となっている。この地はまさに平野と山の境目だった。

終章でキーポイントとなった海食崖という言葉を覚えたのは、以前に大木靖衛著『神奈川の自然をたずねて』（築地書館、一九九二年）を読んだことによる。同書の第一章にある「２　港の見える丘の景観—本牧台地」には、「本牧《ほんもく》市民公園裏の旧海食崖」として、海食崖や海食台に関する説明があった。本牧台地はＪＲ根岸線《ねぎしせん》の石川町《いしかわちょう》・山手《やまて》・根岸駅周辺に広がる台地で、台地上には外人墓地、港の見える丘公園、洋館、台地を刻む谷を利用して作られた三溪園《さんけいえん》など横浜市の観光名所が集中するところである。

本牧市民公園には市民プールがあり、よく行っていたので、プールの裏側に直立し、直線的に続いている崖の光景が印象的だった。その頃から、この崖はなんだろうという漠然とした疑問を持っていたが、同書を読んで、その疑問が氷解し、それ以来、海食崖に関心を持ち、イギリスの南海岸も海食崖であることは知識としては持っていた。

私の通った高校は横浜緑ケ丘《よこはまみどりがおか》高校といい、この本牧台地の上にあった。校名の丘という名前がそのことを象徴している。山手駅から急坂を登り、台地の上を少し歩き、そこから少し下って、また上ると高校に着いた。この坂の昇り降りは台地と谷という地形に規定されているのだが、当時は台地や海食崖といった知識がなく、地形的な把握ができなかった。

こうした地形や地質の特徴や地域の歴史は、開発行為への賛否の判断、地震や津波といった災害の際の避難などにも役に立つので、一部では教えているのかもしれないが、中学・高校で教育すべきである。また、歴史・地理・地学は別の科目として教えられているが、これらを総合した科目も必要だろう。これは歴史の研究に関しても同じで、今後は地理や地学など様々な領域を取り込むべきであり、本書はまさに、その実践例である。

さて、現在、NHKの大河ドラマで「軍師官兵衛《ぐんしかんべえ》」が放映されているが、舞台となっている播磨《はりま》国も国自体が境目的な性格を持っていた。播磨は一国を支配する戦国大名が存在せず、赤松《あかまつ》や小寺《こでら》などの国衆《くにしゅう》が国内に分立していた。また、戦国末期には東から信長《のぶなが》、西から毛利《もうり》氏の勢力が及び、国衆はどちら側に付くかが問題となった。さらには海岸部を中心に一向一揆《いっこういっき》の勢力も存在した。これらの点は越中と類似している。

一般に戦国史は、信長・謙信《けんしん》・信玄《しんげん》のような一国または複数の国を支配している戦国大名により語られ、一般的な関心もそうした大名に集中している。それとは異なる状況にある播磨が舞台となっているのは、戦国時代の別の面を認識するうえで意義があると思われる（もちろん、制作者はそんなことは考えていないだろうが）。

こうした境目的な国は政治状況が複雑で、理解するのが困難であり、地元の人でも関心が薄く、知識がないのが普通である。越中の場合も、神保《じんぼ》・椎名《しいな》・斎藤・石黒《いしぐろ》・菊池などの国衆がいたが、これらは名字さえ、ほとんど知られていない。その一方で、佐々成政《さっさなりまさ》は外から来た者で、わずか数年しか越中にいなかったのにもかかわらず、知名度や関心はたいへん高い。その理由には、国や県という単位で歴史を認識する傾向が存在し、成政は越中一国を支配したので、人気が高いと思われる。

伊達政宗《だてまさむね》の場合も、最後は宮城県全体（これに加えて岩手県の一部）を支配したので、仙台や宮城県における人気は圧倒的である。しかし、伊達氏は元々は陸奥《むつ》国伊達郡（福島県伊達市）を根拠とし（鎌倉時代初期は関東）、政宗の時には米沢《よねざわ》（山形県米沢市）を居城としていたのにもかかわらず、福島県や山形県では人気が低いと思われる。前にテレビを見ていたら、福島県伊達市の人が伊達氏がそこの出身であることを知らなかったシーンがあった。

こうした一国全体の統一を重視した歴史認識に対して、本書は意識的に国内が分裂している複雑な状況の場所を取り上げたため、読者の多くにはわかりにくかったと思われる。話としては、謙信や信玄のような一国単位の戦国大名を取り上げたほうがわかりやすいのは確かだ。しかし、そうではない国についても、今後関心が向けられることを期待したい。

信長や秀吉《ひでよし》が現れる戦国時代の最終段階に、島津《しまづ》・長宗我部《ちようそかべ》・伊達などの大名が複数の領国を支配するようになる前は、国衆が分立している国の方が多数であり、大きな戦国大名がいる国の方が少数だった。教科書や一般書に戦国大名の領国の分布図がよく載っているが、越中・飛驒・播磨などは記載が空白になっている。もちろん、こうした国の場合は記載のしようがないことは確かだが、記載できないことの意味を説明すべきである。多数派を無視して、少数派を戦国時代の代表として記述する従来の戦国像には、偏りがあるのではないだろうか。

越中（富山県）の場合は、教科書では前近代には全く登場しない。近代以降の米騒動とイタイイタイ病の記述のみである。秀吉による天下統一過程が教科書で地図になっていることがあるが、佐々成政攻めの記載はない。こうした教科書における地域間格差がしばしば指摘される。まずは戦国時代から記述を改善していく必要がある。

二〇一四年二月十二日

盛　本　昌　広

参考文献

（古くから版を重ねているものは発行年は省略。また、地名辞典のように多くの県や巻を参照したものは県名・巻名・発行年は省略）

荒垣恒明「戦国合戦における待ち伏せ戦術について――忍びと草・草調義の実態」（峰岸純夫編『日本中世史の再発見』吉川弘文館、二〇〇三年）
岩沢愿彦『前田利家』（吉川弘文館、一九六六年）
岡村守彦『飛騨史考〈中世編〉』（桂書房、一九七九年）
折口信夫「ごろつきの話」（『折口信夫全集　第三巻　古代研究（民俗学篇2）』中公文庫、一九七五年）
楠瀬　勝「佐々成政の越中への分封をめぐって――織田政権論のために」（『富山史壇』第56・57合併号、一九七三年）
黒田基樹「北条氏の駿河防衛と諸城」（『戦国期東国の大名と国衆』岩田書院、二〇〇一年）
黒田基樹『戦国の房総と北条氏』（岩田書院、二〇〇八年）
黒田基樹編『論集　戦国大名と国衆4　武蔵三田氏』（岩田書院、二〇一〇年）
小林清治『伊達政宗』（吉川弘文館、一九五九年）
小林清治『奥羽仕置の構造』（吉川弘文館、二〇〇三年）

斎藤慎一『中世東国の道と城館』（東京大学出版会、二〇一〇年）
佐脇栄智「相模国中郡の郡代大藤氏当主考」（『後北条氏と領国経営』吉川弘文館、一九九七年）
柴辻俊六『真田昌幸』（吉川弘文館、一九九六年）
高岡　徹『越中戦国紀行』（北日本新聞社、一九八八年）
高岡　徹「佐々成政の飛驒高原郷侵攻について」（『飛驒春秋』一九九八年七月号）
富山市郷土博物館『特別展　秀吉　越中出陣――「佐々攻め」と富山城』（富山市郷土博物館、二〇一〇年）
新潟市編『新潟湊の繁栄』（新潟日報事業社、二〇一一年）
仁木　宏『空間・公・共同体』（青木書店、一九九七年）
西ヶ谷恭弘「戦国城郭の忍者警備」（『戦国史研究』第16号、一九八八年）
萩原大輔「「佐々攻め」を捉えなおす――天下人秀吉と富山城」（『特別展　秀吉　越中出陣――「佐々攻め」と富山城』所収）
服部英雄『峠の歴史学』（朝日新聞社、二〇〇七年）
藤木久志『豊臣平和令と戦国社会』（東京大学出版会、一九八五年）
藤田達生『日本近世国家成立史の研究』（校倉書房、二〇〇一年）
富士吉田市歴史民俗博物館編『『富士山道しるべ』を歩く　改』（富士吉田市歴史民俗博物館、二〇一〇年）
松岡　進『戦国期城館群の景観』（校倉書房、二〇〇二年）
村田精悦「戦国期における軍事的「境目」の考察―相模国津久井「敵知行半所務」について―」（『戦国史研究』第62号、二〇一一年）

森　幸夫「相模国西郡・東郡について」（『小田原北条氏権力の諸相』日本史史料研究会、二〇一二年）
盛本昌広『松平家忠日記』（角川書店、一九九九年）
柳田国男『地名の研究』（一九三五年）
『日本城郭大系4　茨城・栃木・群馬』（新人物往来社、一九七九年）
『日本城郭大系7　新潟・富山・石川』（新人物往来社、一九八〇年）
『日本城郭大系9　静岡・愛知・岐阜』（新人物往来社、一九七九年）
『富山県の歴史』（山川出版社、一九九七年）
『岐阜県の歴史散歩』（山川出版社、二〇〇六年）
『宮城県の歴史散歩』（山川出版社、二〇〇七年）
『福島県の歴史散歩』（山川出版社、二〇〇七年）
『富山県の歴史散歩』（山川出版社、二〇〇八年）

史料集

『増補続史料大成　家忠日記』（臨川書店、一九八一年）
『上杉氏分限帳』（高志書院、二〇〇八年）
中丸和伯校注『改訂　関八州古戦録』（新人物往来社、一九七六年）
『記録御用所本　古文書【下巻】』（東京堂出版、二〇〇一年）
『戦国遺文　後北条氏編』（第一巻〜第六巻）（東京堂出版、一九八九〜九五年）
『戦国遺文　武田氏編　第四巻』（東京堂出版、二〇〇三年）

『戦国遺文　房総編　第三巻』（東京堂出版、二〇一二年）
徳川義宣著『新修　徳川家康文書の研究』（吉川弘文館、一九八三年）
奥野高広・岩沢愿彦校注『信長公記』（角川文庫、一九六九年）
『大日本古文書　小早川家文書』
小林清治校注『伊達史料集（上）』（人物往来社、一九六七年）
小林清治校注『伊達史料集（下）』（人物往来社、一九六七年）
『藤沢市史料集（二十）北条氏所領役帳』（藤沢市文書館、一九九六年）
萩原龍夫校注『北条史料集』（人物往来社、一九六六年）
『蓮如　一向一揆　日本思想大系17』（岩波書店、一九七二年）
『中世政治社会思想　上　日本思想大系21』（岩波書店、一九七二年）

自治体史

『石川町史　第三巻　資料編1　考古・古代・中世』（石川町、二〇〇六年）
『神奈川県史　資料編3　古代・中世（3下）』（神奈川県、一九七九年）
『群馬県史　資料編7　中世3　編年史料2』（群馬県、一九八六年）
『群馬県史　通史編3　中世』（群馬県、一九八九年）
『清水町史　上巻』（東島誠氏執筆分）（清水町、二〇〇三年）
『上越市史　別編1　上杉氏文書集一』（上越市、二〇〇三年）
『上越市史　別編2　上杉氏文書集二』（上越市、二〇〇四年）

『仙台市史　資料編10　伊達政宗文書1』（仙台市、一九九四年）
『仙台市史　資料編11　伊達政宗文書2』（仙台市、二〇〇三年）
『富山県史　資料編Ⅱ　中世』（富山県、一九七五年）
『富山県史　資料編Ⅲ　近世』（富山県、一九八四年）
『富山県史　通史編Ⅱ』（富山県、一九八四年）
『新潟県史　資料編3　中世一　文書編Ⅰ』（新潟県、一九八二年）
『新潟県史　資料編4　中世二　文書編Ⅱ』（新潟県、一九八三年）
『新潟県史　資料編5　中世三　文書編Ⅲ』（新潟県、一九八四年）
『新潟市史　資料編1』（新潟市、一九九〇年）
『新潟市史　通史編1　原始中世近世（上）』（新潟市、一九九五年）
『原町市史4　古代・中世』（原町市、二〇〇三年）
『平塚市史1　資料編　古代・中世』（平塚市、一九八五年）
『三春町史　自然・原始・古代・中世　通史編1』（三春町、一九八二年）
『龍ケ崎市史　別編Ⅱ　龍ケ崎の中世城郭跡』第二章（市村高男氏執筆分）（龍ケ崎市、一九八七年）

辞典

『戦国人名辞典』（吉川弘文館、二〇〇六年）
『角川日本地名大辞典』（角川書店）
『日本架空伝承人名事典』（平凡社、一九八六年）

『日本史大事典』(全七巻)(平凡社、一九九二～九四年)
『精選版　日本国語大辞典』(小学館、二〇〇六年)

補　論

東国と西国の境界と三関

本書では境目（境界）における攻防などを扱ったが、東日本（東国）と西日本（西国）の境界地域でも、歴史は繰り返すという格言通りに、古代以来、同じ場所で合戦が何度も起きている。その典型が壬申《じんしん》の乱《らん》、源平合戦、承久《じょうきゅう》の乱《らん》、南北朝時代の足利《あしかが》方と北畠顕家《きたばたけあきいえ》・新田義貞《にったよしさだ》との合戦、小牧《こまき》・長久手《ながくて》の戦い、関ヶ原合戦などである。これらの戦いはなぜ東西の境界付近で起きたのだろうか。また、東西の境目のどこが戦場となったのだろうか。

一般に日本は東日本と西日本に分けられ、言葉・文化・慣習・民俗・食品など様々な点で東西で異なっていることが指摘されている。東西の境界がどこであるかは指標によって異なる。また、人によっても東西の境界に関する認識は違っている。古代以来、国が大きな意味を持ったので、国を単位として東西の境界がどこかを考えてみよう。古代には五畿《ごき》・七道《しちどう》が定められたが、そのうち東西の境界と関係するのは畿内《きない》・北陸道《ほくりくどう》・東山道《とうさんどう》・東海道《とうかいどう》である。

畿内は都を中心とした地域を意味し、山城《やましろ》・大和《やまと》・河内《かわち》・摂津《せっつ》・和泉《いずみ》の五ヵ国にあたり、五畿内とも呼び、特別な意味を持っていた。古代には都（畿内）の防備のために設けられた三つの関所（三関《さんげん》）があり、平城京では伊勢《いせ》の鈴鹿《すずか》、美濃《みの》の不破《ふわ》、越前《えちぜん》の愛発《あらち》が置かれた。だが、平安京遷都後に愛発の関に代わって近江《おうみ》の逢坂《おうさか》の関（滋賀県大津市）が三関の一つになり、事があると関所を止める固関《こげん》が行なわれた。平安後期には有名無実となったが、その後も境界として重要な意味をもった。

鈴鹿関の位置は諸説あるが、仁和《にんな》二年（八八六）以前に東海道が伊賀《いが》の加太越《かぶとごえ》で伊勢に至っていた時は鈴鹿川南岸の三重県関町古厩にあり、仁和二年に近江と伊勢の国境である鈴鹿峠越えの道が開かれて以降は鈴鹿川北岸の関町新所町付近にあったと推測されている。鈴鹿関を通るルートは畿内から伊勢を経て、東国に向かう道として重要であり、近世の東海道も鈴鹿峠越えのルートを採用した。平安時代には山賊が出没したことが知られ、『今昔物語集《こんじやくものがたりしゆう》』には伊勢の水銀売りが山賊に襲われた話がある。その後、永享《えいきよう》二年（一四三〇）には室町幕府は山中《やまなか》氏などに鈴鹿関を警固し、官幣使《かんぺいし》や参宮人《さんぐう》を無事に通過させることを命じている（山中文書）。山中氏は鈴鹿峠の近江側にある山中を本拠とする武士である。

不破関は近江と美濃の国境から東に数キロ進んだ所に設置されていた。不破は文字通り、破れずという意味であり、封鎖を象徴する名称であり、郡名でもあった。不破関の東側は近世には関ヶ原村、西側は山中村（ともに岐阜県関ケ原町）であった。古代には東山道、中世には東海道、近世には中山道《なかせんどう》が関ヶ原や山中を通過し、関ヶ原からは北に北国《ほつこく》街道、南に伊勢街道が分岐する交通の要衝であった。山中の西には今須《います》峠（同前）があり、近世には中山道の難所とされたが、実際はそれほど険しくはない。ただし、今須峠は美濃・近江の国境ではなく、峠を越えた今須宿の少し西が国境となっている。

後述するように、関ヶ原合戦は最初は山中で起きたと認識されていた。山中には大谷吉継《おおたによしつぐ》が布陣していたとされる。不破関や山中の南には松尾山があり、小早川秀秋《こばやかわひであき》が布陣していた。この布陣は不破関を防衛線とし、家康《いえやす》方の軍勢を近江に入れないという意図に基づくものであった。

愛発関は近江の海津《かいづ》（滋賀県高島市）から北上して越前に入る道の途中にあった。関があった場所は道口《みちのくち》・疋田《ひきた》・追分《おいわけ》など諸説あるが、近江から越前の国境を越えた所に山中という所があるのが注目される。建武《けんむ》五年（一三三八）閏七月付の佐々木頼氏《ささきよりうじ》の軍忠状《ぐんちゅうじょう》には、四月晦日に荒地《あらち》中山関を打破り、疋田に押し寄せ、但馬《たじま》房など凶徒を追い落とし、城郭を焼き払い、その後金崎《かねがさき》（以上、すべて福井県敦賀《つるが》市）で戦ったとある（国立公文書館所蔵朽木文書《くつきもんじょ》）。

この時には越前に新田義貞がいたので、その討伐のため近江から越前に侵入し、国境付近の各所で戦っている。荒地中山関とは愛発関を意味するので、中山に愛発関があったと考えられる。軍忠状の中山と、地名として残る山中は同じ場所を指し、同所に防衛施設があり、そこを突破したのであろう。ここで防衛したのは国境を越えた所であり、廃絶しているが、かつては愛発関があり、境界と認識されていたためであろう。

愛発関から北上した所が疋田であり、そこには新田方が城郭を構えていたが、そこも落とした。疋田は谷間にあり、そこから川沿いに下っていくと、敦賀に出る。敦賀の北には金崎城があり、前年三月に落城し、後醍醐天皇《ごだいごてんのう》の子尊良親王《たかよししんのう》と義貞の子義顕《よしあき》は自害していたが、これ以前に奪回していたと考えられる。

このように三つの関付近にはすべて山中（中山）という地名があるが、偶然ではないだろう。これは山中という地名が境界という意味を持っていたことを示す。つまり、山中は山の中という意味ではなく、国境を隔てる山の中央という意味があったと考えられる。山中と逆の中山という地名も各地にあるが、この地名にも同様の意味がある。もちろん、単なる山の中や別の意味の場合もあり、すべてが境界という意味とは限らない。各地の中山でも戦いが行なわれたが、この点は後述する。

東国と西国の境界

東国と西国の境界がどこであるかを道別に概観しておこう。一般的には北陸道における東西の境界は越中《えっちゅう》・越後《えちご》国境の親不知《おやしらず》（新潟県糸魚川市）で、越中以西が西国、越後が東国である。とはいえ、越中の中央を流れる神通川《じんづう》の東西で、言葉が少し異なるという指摘もあり、指標によって東西の境界は変わる。

東山道における東西の境界は飛驒《ひだ》・美濃と信濃《しなの》であり、飛驒・美濃は西国、信濃は東国とするのが一般的である。とはいえ、信濃は北は越中・越後、西は飛驒・美濃、南は尾張《おわり》・三河《みかわ》に街道が通じており、街道を通じて文化などが流入し、西国の要素もあり、境界的な国といえる。

東海道における東西の境界は諸説ある。尾張または三河を東西の境界とするのが一般的である。また、遠江《とおとうみ》は西国の要素もあり、尾張・三河・遠江が東西どちらに属するのかは指標によって異なる。六波羅《ろくはら》探題《たんだい》の管轄国は最初は尾張以西で、後に三河以西となった。この点でも尾張・三河は境界的な国である。

東西の境界に関して、『吾妻鏡《あづまかがみ》』に見える次の事例が以前から注目されてきた。源義経《みなもとのよしつね》は平家を滅亡させた後、後白河法皇《ごしらかわほうおう》から任官を受け、頼朝《よりとも》の怒りを買った。だが、任官したのは義経だけではなく、多くの御家人も同様であった。頼朝は任官した御家人充に元暦《げんりゃく》二年（一一八五）四月十五日付の下文《くだしぶみ》を出し、任官を咎め、京で陣役《じんやく》を務め、墨俣《すのまた》（岐阜県大垣市）以東に下向することを禁じた。これによれば、頼朝は墨俣を東西の境界と認識していたことになる。

『吾妻鏡』に見える墨俣・足近の渡し

美濃国に属す墨俣は長良《ながら》川の西岸で、東から流入する境《さかい》川との合流点でもある。長良川は中世には墨俣川と呼ばれていた。『義経記《ぎけいき》』にも源義経が奥州に下る際に「墨俣川を曙にながめて通りつゝ」とある。境川は元々は木曽《きそ》川の本流で、文字通り尾張と美濃の境界を流れる川で、中世には北は美濃、南は尾張であった。墨俣より下流では長良川が美濃と尾張の国境になっていた。墨俣は秀吉が一夜で墨俣城を築城したという話で有名な所である。これ自体は創作だが、墨俣が境界として重要であった

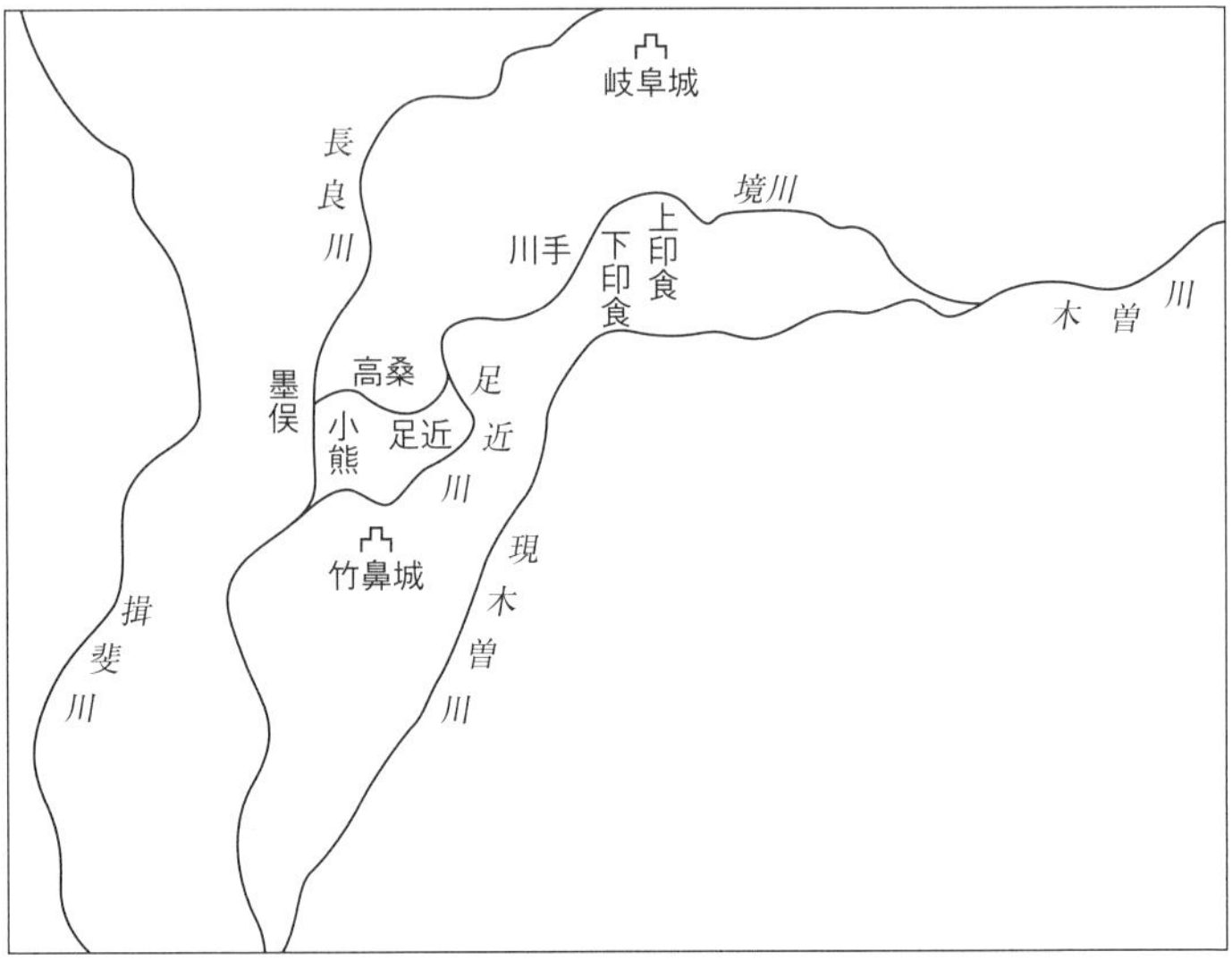

図１　墨俣付近の河川

ことが背景になっている。

『吾妻鏡』には他にも墨俣の境界性を示す記事がある。養和《ようわ》元年（一一八一）三月十日条には源《みなもとの》行家《ゆきいえ》・義円《ぎえん》（頼朝の弟）と平家が墨俣河で戦ったとある。行家らは尾張・三河の武士を連れて墨俣河のあたりに陣を敷いた。一方、平重衡《たいらのしげひら》を大将とする平家は墨俣河の西岸に陣取っていたが、行家軍の準備が整っていないのを見て、攻撃を開始し、義円ら多くを討ち取った。この記述によれば、行家軍は長良川の東岸、平家は西岸に陣を敷き、平家は長良川を渡河して戦ったことになる。陣を敷いた場所は当然渡河地点なので、戦いは墨俣の渡しの尾張側で起きたと考えられる。

元暦元年（一一八四）二月一日条には源《みなもとの》範頼《のりより》が頼朝の怒りを買った記事がある。範頼は前年に源義仲《よしなか》追討のため上洛した時に、尾張国墨俣渡で御家人と先陣を争ったことが、この日に頼朝の耳に入ったのである。これには尾張国墨俣渡とあり、尾張から美濃に渡ることが端的に表現されている。この時に義仲方の軍が対岸にいたかは不明だが、長良川を渡ること自体が戦いに等しく、しかも東国から西国に渡るという意味もあり、範頼は先陣を争ったのであろう。

文治《ぶんじ》元年（一一八五）十月二十五日条には頼朝は源義経・行家を討伐するために上洛を図り、尾張・美濃国の住人に墨俣・足近《あぢか》（岐阜県羽島市）の渡しを固めることを命じたとある。足近は墨俣の東にあり、足近川が流れていた。榎原雅治氏によれば、足近川が当時の木曽川の本流であった。足近川は足近の北で境川から分かれた川で、竹鼻（同前）の北を通り、墨俣の南で長良川と合流する。小牧・長久手の戦いの時に秀吉は竹鼻城を水攻めにしたが、榎原氏は足近川の水を引き込んだと推測している。

元々は境川が木曽川の本流であり、尾張・美濃の国境とされたが、中世には足近川が本流となっていたと思われる。尾張から美濃に行くには足近の渡しで足近川、墨俣の渡しで長良川を渡る必要があり、頼朝はあらかじめこの二つの渡しを固めさせたのである。この命令は頼朝がこの付近の地理を把握していたことを示している。

また、同月二十九日条には頼朝は信濃国の御家人に石橋山《いしばしやま》合戦の時に大庭景親《おおばかげちか》に味方して信濃に逃亡していた原宗房《はらむねふさ》を連れて、墨俣に馳せ参じることを命じている。信濃国の御家人は東山道（中山道）

を通り、信濃から美濃に入るが、そこから南下して尾張に入り、墨俣の対岸に来るようになっていたのである。これも墨俣が東西の境界であったことを物語っている。

建久《けんきゅう》元年（一一九〇）十月三日に頼朝は鎌倉《かまくら》を出発して上洛し、同月二十八日に小熊宿《おぐま》（岐阜県羽島市）を経て、晩に墨俣に到着した。小熊は足近の西、墨俣の対岸にあった宿で、北には境川が流れていた。大河川は増水により、足止めされることもあり、渡河の準備をするための宿が必要だったので、長良川の両岸には小熊・墨俣の両宿があったのである。頼朝は一日で足近川と長良川両川を渡り、墨俣に到着したのである。

この付近では建武三年（一三三六）正月にも戦いが起きている。建武三年六月付の本間有佐《ほんまありすけ》軍忠状には建武二年十二月に海道足近河に馳せ参じ、吉良貞経《きらさだつね》に属して、翌建武三年正月八日に足近・小熊・高桑河原などで戦ったとある（本間文書）。高桑（岐阜市）は小熊の北を流れる境川の北側にある。この戦いの直前の建武二年十一月に新田義貞は足利尊氏《あしかがたかうじ》・直義《ただよし》討伐のため京を出陣し、関東に向かっていた。足近・小熊は足近川と境川に挟まれた所、高桑は境川の北側なので、足利方の吉良氏は足近に本陣を置いて軍勢を集め、長良川と足近川を防衛線としたが、新田軍は墨俣の渡しで長良川を渡り、この付近で戦いとなったのである。

軍忠状には河原とあるので、長良川・境川・足近川付近には河原が広がっていたことがわかる。これらの川は乱流しており、洪水のたびに土砂が堆積し、広大な河原を形成していたと思われる。説《せつ》経《きょう》『おぐり』には地獄から甦った小栗判官が土車に乗って東海道を西に進む時に「おほくま河原を引く過ぎて《（ママ）》」とあり、小熊河原の地名が見えるので、同地付近の河原は有名であったことが知られる。

承久の乱と木曽川の渡し

承久の乱の際には鎌倉幕府は東海道・東山道・北陸道の三方面に分けて、軍を上洛させた。一方、朝廷は美濃・尾張国境付近を幕府軍に対する防衛線とし、京方の武士を大井戸《おおいど》渡、鵜沼《うぬま》渡、食《じき》渡、摩免戸《まめど》渡、墨俣に派遣した。また、これとは別に北陸道にも軍を派遣した。

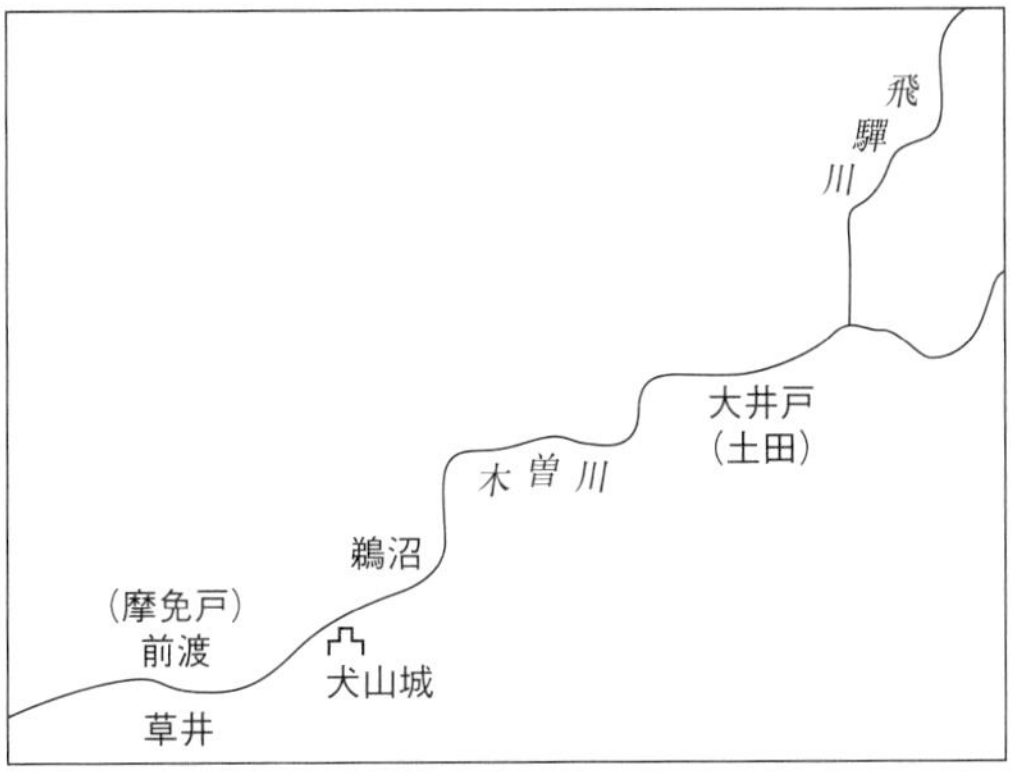

図2　承久の乱における木曽川の渡

大井戸渡は岐阜県可児《かに》市土田《どた》付近にあった木曽川の渡しで、古代の東山道の渡河地点と推測されている。近世の中山道の渡河地点もこの付近で、対岸は太田《おおた》宿（岐阜県美濃加茂市）であった。ただし、近世後期には少し上流に渡河地点が変わっている。この付近は両岸とも美濃国である。鵜沼渡は岐阜県各務原《かがみはら》市鵜沼にあった木曽川の渡しで、大井戸渡より下流にあった。対岸は尾張国で、犬山《いぬやま》城（愛知県犬山市）があり、この付近は木曽川が美濃・尾張の国境となっている。小牧・長久手の戦いでは池田恒興《いけだつねおき》が美濃から木曽川を渡河し、犬山城を占拠している。

食渡は岐阜県岐南町下印食《しもいんじき》にあった境川の渡しである。同地は境川の東岸にあったので、元々は尾張国葉栗《はぐり》郡に属したが、近世には美濃国羽栗《はぐり》郡に変わった。対岸は中世には美濃国厚見《あつみ》郡革手《かわて》郷（岐阜市上川手・下川手・西川手・東川手）で、室町・戦国時代には美濃守護土岐《しゆごとき》氏の城館があった。

摩免戸渡は大豆渡・豆戸とも記され、岐阜県各務原市前渡《まえど》にあった渡しで、中世には美濃国各務《かがみ》郡に属していた。対岸は中世には尾張国葉栗郡草井村（愛知県江南市草井町）であった。天正《てんしよう》十二年（一五八四）九月に秀吉は草井村に渡船《とせん》を馳走したので、門並役《かどなみやく》を免除するとしている（松波寅太郎氏所蔵文書）。これは小牧・長久手の戦いの際に池田恒興が同村の住人の誘導により、木曽川を渡河したことに対する褒美とされている。同地付近では木曽川が美濃・尾張の国境となっている。中世には木曽川はこの付近から下流では現在の木曽川の流路より北側を流れ、境川と呼ばれていたと見られる。元々は前渡の西にある三井山の南側付近を木曽川が流れていたとされ、この付近が境川の上流になっている。境川の下流が先述の食渡である。なお、現在の木曽川の流路になったのは従来、天正十四年とされていたが、榎原雅治氏は室町時代に及川と呼ばれた川がそれにあたり、足近川・境川に匹敵する川になっていたと指摘している。

このように、承久の乱では朝廷側は木曽川の渡河地点の防衛を図った。大井戸渡・鵜沼渡・摩免戸渡は幕府の東山道軍、食渡・墨俣は幕府の東海道軍に対する防衛線であったと考えられる。これらの

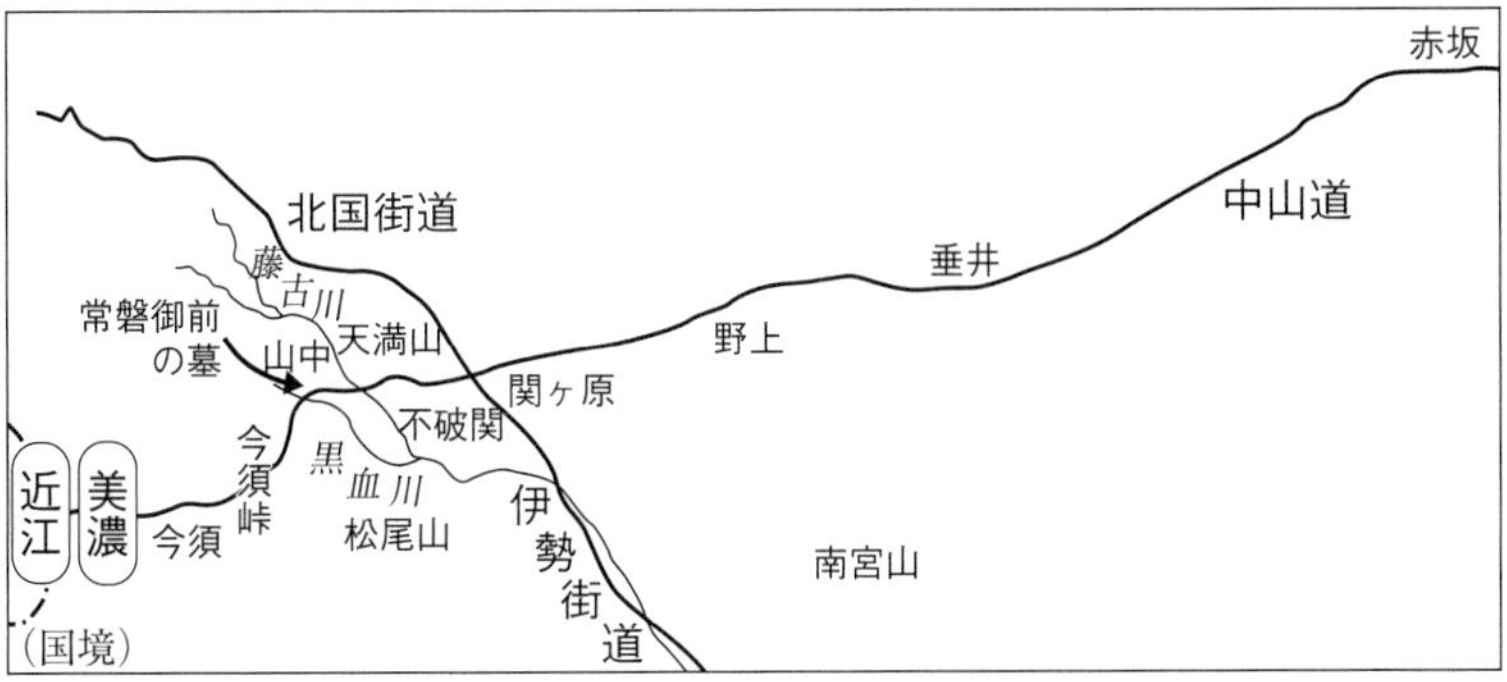

図3　関ヶ原・山中・赤坂付近

渡しは重要地点であったので、後に革手館（城）・犬山城が築かれたのであろう。また、以下で述べるように、その後も戦いの舞台となった。

建武五年の青野原の戦い

東西の境目で起きた有名な戦いに南北朝期の青野原《あおのがはら》合戦がある。北畠《きたばたけ》親房《ちかふさ》の子顕家は陸奥《むつ》国司《こくし》となり、陸奥国府多賀《たが》城に下向していたが、後醍醐天皇の要請により、足利尊氏討伐のため、建武二年（一三三五）十二月に大軍を引き連れて上洛した。尊氏は翌建武三年二月に九州へ逃れたので、顕家は奥州に戻った。だが、翌建武四年八月に顕家は再度上洛を行い、十二月に鎌倉を落とし、翌建武五年正月に鎌倉を出陣し、東海道を進撃した。この時の戦いについて『太平記《たいへいき》』には次のように記されている。

顕家軍の先陣は垂井《たるい》（岐阜県垂井町）・赤坂《あかさか》（同大垣市）付近に到着したが、東から顕家軍を追跡してきた足利方の軍勢が近づいたことを知り、引き返した。足利方は籤《くじ》を取って、軍を五番に分けて、各地に派遣した。一番は小笠原《おがさわら》・芳賀《はが》氏が志貴《じき》の渡しに向かい、伊達《だて》・信夫《しのぶ》の兵と戦った。志貴の渡しは先述の食の渡である。二番は高大和守《こうのやまとのかみ》が洲俣河を渡り、北条時行《ほうじょうときゆき》（高時《たかとき》の子）と戦った。洲俣河は長良川のことだが、墨俣の渡しを渡ったと思われる。三番は今川《いまがわ》・三浦《みうら》氏が阿字賀《あじか》に出て、南部《なんぶ》・下山《しもやま》・結城《ゆうき》氏と戦ったが、敗れて川の東に退いた。阿字賀は先述の足近の渡しである。川の東に退いたとあるので、足近の渡しで足近川を渡ったが、敗れて再び足近川を渡って退いたことになる。

承久の乱と食渡・墨俣の渡しは同じだが、大井戸渡・鵜沼渡・摩免戸渡では戦いは行われていない。これは足利方が東海道を進軍してきたためであり、それゆえ境川・足近川・長良川の渡河地点が戦場となったのである。

四番は上杉《うえすぎ》氏などが青野原に出て、新田・宇都宮《うつのみや》氏と戦ったが敗れた。五番は桃井直常《もものいただつね》・土岐頼遠《ときよりとお》が青野原に出て、大将の北畠顕家、副大将である弟の春日顕信《かすがあきのぶ》と戦ったが敗れて、土岐頼遠は長森城（岐阜市）に籠もり、桃井直常は洲俣河に馬を入れて、太刀・長刀に付いた血を流した。青野原は大垣市青野町周辺にあった原である。青野には美濃国分寺が建立され、東山道（中山道）が通る重要な場所であった。東山道は揖斐《いび》川を渡り、西に向かうと赤坂・青墓《あおはか》（岐阜県大垣市）・青野を通り、さらに西に進むと垂井・野上《のがみ》（同関ケ原町）・関ヶ原である。青墓は後白河法皇が青墓・墨俣の遊女から今様《いまよう》を聞いたり、源《みなもとのよしとも》義朝が青墓宿の長者の娘と交際したことで知られ、繁栄していた宿であった。

『太平記』では北畠軍の先陣は垂井・赤坂付近に到着したとあるが、青野原はその中間に位置する。足利方と戦ったのは顕家・顕信という正副大将なので、主力も既に青野原の近隣にいたことになる。足利方が青野原に行くには木曽川・長良川・揖斐川の三つの川を渡る必要がある。食・足近・墨俣の渡しは別軍が向かっているので、四・五番の軍は迂回して三つの川のより上流で渡り、青野原に向かったと考えられる。土岐氏は美濃が本拠なので、当然地理にも詳しく、渡河が容易な所も知っており、そうした場所を選んで進軍したのであろう。

この青野原の敗軍は京の足利方にも聞こえ、宇治《うじ》・勢多《せた》橋を落として防衛するか、あるいは西国に落ちるかと議論となった。これに対して、高師泰《こうのもろやす》は近江・美濃で戦うことを主張し、尊氏や高師直《もろなお》も賛同した。そこで師泰・高師冬《もろふゆ》・細川頼春《ほそかわよりはる》・佐々木導誉《ささきどうよ》など一万騎が二月四日に京を出陣し、六日の早旦に近江と美濃の境である黒地《くろち》河（黒血川）に到着し、前が関の藤《ふじ》川、後が黒地河である場所に陣取った。これに対して、勝利した顕家軍は垂井・赤坂・青野原に陣取っていた。『太平記』は黒地河の足利方を破れないならば、北陸の新田義貞と合流し、比叡山《ひえいざん》に登り、南の朝廷方と示し合わせれば、尊氏を追い落とすのは可能であったのに、義貞に功を奪われるのを忌避し、伊勢に転進したとする。

黒地河は山中の南から松尾山の北の麓を流れ、そこで藤川と合流する。その名の由来は壬申の乱の戦いの時に血が流れたからという。藤川（藤古川）は伊吹山《いぶきやま》の南斜面を源流とし、南に向かって流れ、山中の東側と不破関の西側の間を経て、牧田《まきた》（岐阜県上石津町）で牧田川と合流する。中世の紀行文にもしばしば関の藤川として記されている。足利方が陣を敷いた所は関ヶ原の戦いで大谷吉継が陣取った所と同じ場所である。とはいえ、『太平記』は誤りや脚色も多いので、軍忠状などの一次史料でこの点を検証しておこう。

一次史料に見える北畠顕家と足利方の合戦

木曽川などの渡河に関しては、顕家が結城親朝《ゆうきちかとも》に出した御教書《みぎょうしょ》に、正月二十四日に阿志賀川を渡り、凶徒を退治したとある（結城古文書写有造館本《ゆうぞうかん》）。阿志賀川は足近川のことで、先述の『太平記』では足利方が足近川を渡ったが、敗れたため川を渡り退いたとある。これは顕家方の結城氏が①足近川を渡って足利方と戦った、②退却した足利方を川を渡り追撃して戦ったという二通りの解釈が可能だが、いずれにせよ足近の渡しで戦いがあったのは事実である。

また、顕家に属した陸奥の国魂行泰《くにたまゆきやす》の軍忠状には正月二十四日と二十八日に美濃国安時河・赤坂合戦で戦ったとある。安時河は足近川のことで、先述の顕家の御教書には正月二十四日に足近川で戦ったとあるので、足近川の戦いは二十四日に行なわれたことがわかる。一方、足利方の今川範国《いまがわのりくに》に属した山城の松井助宗《まついすけむね》の軍忠状には正月二十八日に赤坂北山と西縄手で軍忠をしたとあるので（蠹簡集《とかんしゅう》残編）、赤坂の合戦は正月二十八日に行なわれたことになる。赤坂には東海道（近世の中山道）の宿があり、その北には金生山《きんしょうざん》があるので、赤坂北山はこの山のこととなる。顕家軍は大軍であり、宿のみでは収容できないので、元から山に布陣しており、しかも山上のほうが防衛に有利なので、山上の顕家軍を足利方が攻めたのが赤坂の戦いの主要な構図であったと思われる。

赤坂宿の西側は平地で、青墓宿があった。その西側が青野原で、北に美濃国分寺があった。縄手には①あぜ道、②まっすぐ長い道という意味があるが、赤坂から垂井までの道は直線なので、この道沿いでも戦いがあったことがわかる。下野《しもつけ》の茂木知政《もてぎともまさ》の軍忠状には正月二十八日に青野原で合戦したとある（茂木文書）。つまり、顕家方と足利方は青野原付近でも戦ったことになる。顕家自身は赤坂にいたので、赤坂がメインの戦場であったと思われるが、同時に西側の青野原でも戦いがあったので、『太平記』では青野原で戦ったことにしたと思われる。関ヶ原合戦の直前に上洛を目指す徳川家康も赤坂に陣取っているが、顕家と同じであり、赤坂が美濃と近江国境に近いという地理的要因に基づく陣取りといえよう。

また、少弐頼尚《しょうによりひさ》が九州の武士に出した施行状《しぎょうじょう》には、二月三日付の御教書が同月十六日に届き、顕家を下津《おりつ》（愛知県稲沢市）・赤坂で討ち取ったとある（豊前薬丸文書《ぶぜんやくまるもんじょ》など）。また、一色道猷《いっしきどうゆう》の施行状にも同内容のことが記されている（肥前龍造寺文書《ひぜんりゅうぞうじもんじょ》）。御教書とは尊氏が発給した文書で、下津・赤坂での勝利を伝えたものである。

また、この施行状により、下津でも戦いがあったことがわかる。下津は五条《ごじょう》川の西岸にあり、中世には東海道（鎌倉街道）の宿として繁栄したことが各種の史料に見える。たとえば、建武二年（一三三五）八月に足利尊氏は建武政府に反旗を翻した北条時行の討伐のために東海道を下ったが、八月四・五日に垂井、六日には下津に泊まっている（国立国会図書館所蔵文書）。また、下津には室町時代には尾張の守護所《しゅごしょ》があった。下津の少し南が清洲《きよす》（愛知県清須市）で、尾張守護代織田《おだ》氏の清洲城があり、後に信長《のぶなが》の子信雄《のぶかつ》も同城を本拠とした。このことはこの付近が重要な場所であったことを物語る。

下津は長良川や木曽川より東にあり、足近川の渡しや赤坂とはかなり離れている。だが、尊氏が下津での戦いをわざわざ記しているので、ここでも激しい戦いがあったのは間違いない。下津は足近川よりさらに東にあるので、顕家軍の一部は下津まで戻って五条川を防衛線としたが敗れて、足近川の西岸に退却し、そこで正月二十四日に戦いがあり、二十八日に赤坂で再度戦いがあったと考えられるが、下津の戦いの実態については検討の余地がある。

足利方による山中要害の構築

『太平記』では足利方が黒地河に陣取ったとあるが、軍忠状でもこの点は確認できる。近江の佐々木頼氏の軍忠状には正月二十八日に黒血構要害《ようがい》で軍忠をしたとある（国立公文書館所蔵朽木文書）。また、諏訪部《すわべ》三郎入道信恵《にゅうどうしんえ》の軍忠状には正月二十二日に大将が海道発向したので供をし、美濃国山中要害で警固《けいご》を行い、同月晦日に敵が没落したので、伊勢に発向の供をし、二月十四日に雲津《くもづ》河、十六日に櫛田《くしだ》河（いずれも伊勢を流れる川）で戦ったとある（水戸彰考館《しょうこうかん》所蔵諸家文書）。

これによれば、足利方は山中（黒血）に要害を構えたことが確認できる。要害は城のことであり、顕家の進軍をはばむために城を築いていた。城の場所は山中の北側の山と考えられる。山中の南には黒血川が流れているので、黒血構要害とも呼ばれたのである。諏訪部氏の軍忠状には「高師泰」の張り紙があるが、先述した『太平記』には師泰がこの作戦を主導したとあるので、大将は師泰であり、山中要害を築いて、そこに立て籠もり、そこには京や近江などから多くの武士が集まっていた。敵つまり顕家が没落したのは正月晦日であり、赤坂・青野原合戦が二十八日なので、二日後に退いたことになる。

『太平記』では顕家方が勝利したとあるが、尊氏は勝利したと述べており、勝敗は明らかでなく、双方とも損害があったと思われる。顕家は被った損害に加え、多くの軍勢がいる山中要害を突破して近江に入るのは困難と見て、伊勢に転進したと考えられる。諏訪部氏の軍忠状によれば、山中要害にいた軍勢の一部は顕家を追撃して、伊勢で戦っている。

これら一連の合戦は東西の境目で起きた大規模な戦いであり、五条川・木曽川（境川・足近川）・墨俣川（長良川）の渡し、赤坂・青野原で起きており、関ヶ原合戦とその前哨戦と類似している。また、赤坂に陣を敷いたことや山中に要害を構えたのも同じである。山中の東には不破の関があるが、まさにここを破らせないために要害を築き、近江や京に入るのを阻止したのである。

なお、山中に関しては『言継卿記《ときつぐきょうき》』にも記述がある。永禄《えいろく》十二年（一五六九）十一月に山科言継《やましなときつぐ》が岐阜《ぎふ》城にいる織田信長を訪ねた際には、同月十日に近江柏原《かしわばら》宿（滋賀県米原《まいばら》市）に泊まり、翌日は十町ほど歩いたが、風雨が強いためいったん宿に戻り、午時に出発し、山中・野上を経て、申の初刻に垂井に着いている。山中・野上をわざわざ記したのは街道沿いに家が建ち並び、印象深かったことによると思われる。『吾妻鏡』承久《じょうきゅう》三年（一二二一）六月七日条には幕府の東海道・東山道の軍が野上・垂井宿に泊まったとあるので、以前から野上は宿としての機能を果たしていた。

関ヶ原合戦と山中

次に関ヶ原合戦と山中の関係について検討しよう。最近、白峰旬氏は関ヶ原合戦について、実際には合戦は短時間で終わったなど新たな指摘をしている。また、合戦直後の文書には山中で行なわれたと記されていることも指摘している。その典型が九月晦日付の伊達《だて》政宗《まさむね》書状（伊達政景《まさかげ》など六人宛）で、「大柿ニ陣取候衆、夜中ニまきれ、ミの、山中と申所へ打返し陣取候を、十五日未明ニ無二ニ被切懸、押崩、大谷刑部《ぎょうぶ》・戸田《とだ》武蔵《むさし》・島津《しまづ》又一郎・平塚《ひらつか》因幡《いなば》、其外先をも心懸候衆、其場ニ而悉被討捕候」とあり、その後には石田《いしだ》三成《みつなり》・宇喜多《うきた》秀家《ひでいえ》・島津義弘《よしひろ》・小西《こにし》行長《ゆきなが》は山に逃げ込み、見つかっていないとある（留守《るす》家文書《けもんじょ》）。

この情報は今井《いまい》宗薫《そうくん》の書状によってもたらされたもので、書状を持ってきたのは政宗の中間《ちゅうげん》であった。この頃、政宗は宗薫・家康の家臣村越《むらこし》茂助《もすけ》・井伊《いい》直政《なおまさ》などに何度も書状を送っており、それを届けた中間が宗薫の書状を持ち帰ったのである。宗薫は堺《さかい》の商人・茶人として有名な今井宗久《そうきゅう》の子で、家康に重用されていた。

同日付の伊達政景宛の書状には「追而申候、大柿之助ニ被打出候毛利《もうり》宰相、吉川、安国寺《あんこくじ》なとハ、山中よりかミ道三里ほと隔候て、山ニ陣取候条、合戦不被合」とある（留守家文書）。その後には安国寺恵瓊《えけい》を捕えて、家康に渡し、毛利輝元《てるもと》父子の身上を侘言し、人質を渡したことを飛脚が見たとある。前述の書状と同じ日のものだが、書出に「追而」とあり、別の情報が記されているので、先の宗薫書状を届けた中間とは別の飛脚が別の書状を政宗に届け、それに記されていた新しい情報を政景に伝えたのであろう。この書状には毛利秀元《ひでもと》らが山中から、「かミ道三里」離れた山に陣取っていたとあり、合戦が山中で行なわれたことを示している。かミ道は近世の中山道、三里離れた山は南宮山《なんぐうさん》のことである。かミ道は上方に向かう道という意味であろう。

他にも山中と記された文書がいくつかある。九月十七日に書かれたと推定されている吉川広家《きっかわひろいえ》自筆書状案には「十五日、内府様直ニ山中へ被押寄及合戦、即時被討果候」とあり、家康が山中に押し寄せて、即時に石田方を討ち果たしたとしている（吉川家文書）。また、同書状の別の箇所にも「山中合戦」とある。これ以外にも数点の書状に山中と記されている。

このように関ヶ原合戦直後の文書には戦いが山中で行なわれたと記されていた。一方、従来は石田三成など主力は山中の東隣である関ヶ原に布陣していたとされてきたが、実際はどうだったのだろうか。山中周辺には討ち取られた大谷刑部（吉継）・戸田武蔵（重政《しげまさ》）・平塚因幡（為広《ためひろ》）などが陣取っており、そこに最初に攻撃をかけ、討ち取ったように読める。一方、三成など主力も山中に布陣するのは山中の面積から見て困難と思われ、やはり関ヶ原に布陣していたと思われる。主戦場は山中であったと思われるが、三成らの布陣地は山中の北東であり、ごく近い所なので、関ヶ原も含めて山中と認識されたと考えられる。

白峰氏によれば、関ヶ原の初見は九月十七日付の石川康通《いしかわやすみち》・彦坂元正《ひこさかもとまさ》連署書状《れんしょ》で、「十五日巳之刻、関か原へ指懸被為及一戦」とある（堀文書）。これによれば、合戦二日後の書状に既に関か原とあり、山中と並行して使用されていたことになる。それが関ヶ原に一般化したのは関原（関ヶ原）を題名とする各種の軍記物によると思われるが、関ヶ原合戦の名称の享受の過程は今後も追究する必要がある。

山中常盤物語絵巻

この山中を舞台とした絵巻に『山中常盤物語絵巻』がある。この絵巻は十二巻で、全長約一五〇メートルの長さがある。岩佐又兵衛《いわさまたべえ》が描いたものとされ、現在はＭＯＡ美術館（静岡県熱海市）が所蔵している。この物語は慶長《けいちょう》年間から寛永《かんえい》年間に浄瑠璃《じょうるり》の演目として盛んに上演されていた。絵巻の詞書《ことばがき》はその浄瑠璃の台本を記したものと推測され、絵もその詞書に基づいて描かれている。この物語は元は幸若舞《こうわかまい》の台本で、室町時代頃の成立と考えられている。また、古浄瑠璃の台本にもこの物語があり、浄瑠璃の成立を考えるうえで重要な作品とされている。両者はほぼ同内容である。

内容の概略は次のようなものである。源義経の母常盤御前《ときわごぜん》は義経に会うために、乳人《めのと》の侍従《じじゅう》とともに奥州に旅立ち、途中の山中に逗留した。これを聞きつけた六人の盗賊が常盤御前を襲い、侍従を殺害し、常盤御前に重傷を負わせた。宿の主人は事切れ寸前の常磐御前から事情を聞き、形見を預けられ、埋葬した。一方、義経は母のことが気がかりになり、藤原秀衡《ふじわらのひでひら》に暇を乞い上洛する途中で、山中の常盤御前が泊まった宿に泊まった。そこで枕元に常盤御前の霊が現れ、宿の主人からその最期を聞く。義経は復讐のため、大名の宿泊と触れ廻させ、盗賊をおびき寄せて六人全員を切り殺した。

なぜ、この物語は山中が舞台となったのだろうか。その理由を推測するためには物語の成立過程を考慮する必要がある。成立過程に関しては諸説ある（『日本古典文学大辞典』）。一つは謡曲《ようきょく》「熊坂《くまさか》」や幸若舞「烏帽子折《えぼしおり》」の影響である。これは牛若丸《うしわかまる》が金売吉次《かねうりきちじ》に伴われて奥州に下る途中で、吉次の荷物を狙う盗賊熊坂長範《ちょうはん》を斬ったという話で、場所は赤坂または青墓である。熊坂に関する伝説は各地にあるが、青野原の熊坂長範の物見松が有名である。一方、『義経記』にも同様の話があるが、盗賊は藤沢入道と由利太郎で、場所は近江の鏡の宿（滋賀県竜王町）である。義経を主人公とした話は『御伽草子《おとぎぞうし》』にもいくつかあり、こうした話の影響も受けていると思われる。

小夜の中山と夜啼石伝説

もう一つは番外謡曲の「小夜《さよ》の中山」の影響である。小夜（佐夜）の中山（静岡県掛川市）は東海道の難所の峠として知られ、平安時代から和歌に詠まれ、歌枕の地となり、次に述べる夜啼石《よなきいし》伝説で有名であった。この地は峠の西が佐野《さの》郡（同前）、東が榛原《はいばら》郡（同島田市）で、郡境にあたる。この地では建武政府に反旗を翻した北条時行と討伐に向かった足利尊氏との間で建武二年（一三三五）八月十二日に激戦が繰り広げられた（国立国会図書館所蔵文書）。これは中先代《なかせんだい》の乱《らん》と呼ばれ、戦いに勝利した尊氏は関東に攻め上り、尊氏自身が建武政府に反する契機をなしたことで知られている。

謡曲の「小夜の中山」は次のような内容である。西坂（日坂《にっさか》）に住む女性が小夜の中山で切り殺された。これを見た山の僧が埋葬し、遺児を養育した。その子は十五歳になり、仇を求めて各地を廻り、ついに仇を討った。この話が発展・変化して、夜啼石伝説が生まれ、現在も夜啼石が残されている。この種の話は全国各地に様々な類型があるが、基本は殺された女性が子供を生み、その幽霊が乳を飲ませたり、飴や団子を買って、子供を育てたが、土中や石の下から子供が発見され、成人したというものである。

同地の伝説に関しては古くは浅井了意《あさいりょうい》の仮名草子《かなぞうし》『東海道名所記《とうかいどうめいしょき》』に記述がある。同書は江戸から京までの道中記《どうちゅうき》で、万治《まんじ》年間（一六五八～六一）の成立である。これには同地には夜啼松があり、この松を灯して（燃やして）見せれば、子供の夜啼が止むというので、往来の旅人が削り取ったため、枯れてしまい、今は根のみになっているとある。この点から、この頃にはまだ夜啼石の伝説はなく、その後に夜啼石伝説に転化したと柳田国男《やなぎたくにお》は推測している。

この夜啼石が有名になったのは滝沢馬琴《たきざわばきん》の『石言遺響《せきげんいきょう》』（文化二年〈一八〇五〉成立）が伝説を脚色して記したことによる。その概略は次のようなものである。小夜の中山で女性が殺され、傷口から子供が生まれ、女性の霊が石に乗り移り、泣いたため夜啼石と呼び人々は恐れた。だが、その泣き声で子供は近くの万延寺《まんえんじ》の僧により発見され、成長した。その後、刀研師となったが、客が以前に小夜の中山で持っている刀で妊婦を切り殺したと言ったのを聞き、母の仇を討った。この話は基本的には番外謡曲の「小夜の中山」と同じである。また、これ以前に夜啼松から夜啼石に伝説が変化していたことがわかる。

母が殺され、死後も子供を育てる話は御伽草子の「熊野《くまの》の御本地《ほんじ》のさうし」にあり、次のような内容である。インドの摩訶陀《まがだ》国の王には千人の后があったのに、子供がなかったが、その一人の五衰殿の女御《にょうご》が懐妊した。だが、他の后は嫉妬し、奸計を用いて王をだまし、女御を武士に殺害させようとした。武士は女御を山中に連れて行き、首を斬ろうとしたが斬れなかった。女御は「子が腹にいるうちは首は落ちない。誕生を待つように」と述べ、誕生を念じたところ、王子が生まれた。そこで武士が首を斬ったが、女御は王子に乳を飲ませ続けた。そこに虎や狼が来たが、王子を守護することになり、その後も乳房は変わらず、乳を飲ませていた。

三年後に王子は聖《ひじり》によって発見され、寺に入り、様々な経を読んだ。七歳になり、母の遺言によって、父である王と対面して事の顛末を述べた。王は世を厭い、王子や聖とともに紀伊《きい》国に来て、熊野《くまの》権現《ごんげん》となった。熊野の證誠殿《しょうじょうでん》は阿弥陀の化身で王のこと、那智《なち》権現は薬師の化身で聖のこと、若王子《にゃくおうじ》は十一面観音の化身で王子のこととし、熊野の神々の本地は仏や人であり、それが垂迹《すいじゃく》したとする。

これは中世に盛行した本地垂迹説に基づくもので、『御伽草子』には本地物《ほんじもの》と呼ばれ、神の本地の由来を語る話が多く、この「熊野の御本地のさうし」もその一つである。同様の話は南北朝期成立の『神道集《しんとうしゅう》』にもある。また、この話の根幹と同様のものはインドの経典にもあり、これに基づいて、本地垂迹説の流行により話が形成され、御伽草子の一話になったと考えられる。

このように、『山中常盤物語』は様々な話や出典が取り込まれて成立し、浄瑠璃としても上演されるようになり、岩佐又兵衛によって絵巻に描かれたのである。出典の一つと思われる「小夜の中山」は小夜の中山が舞台だが、それが美濃の山中に変化している。先述したように、小夜の中山は郡境、山中は国境付近にあり、ともに境界を意味する地名であり、相互に変換可能である。一方、『山中常盤物語』と謡曲「熊坂」・幸若舞「烏帽子折」とは盗賊を斬る点、「熊野の御本地のさうし」とは母が斬られるという点が共通する。山のような境界には盗賊が跋扈《ばっこ》し、人を殺すのが常であり、そうした現実が背景となって山中や小夜の中山が舞台となったと考えられる。

山中の西には今須峠があり、現在でも山深い場所である。仁治《にんじ》三年（一二四二）に鎌倉に下った時の旅を記した『東関紀行《とうかんきこう》』には美濃国関山にかかり、谷川が霧の底に音を立て、山風が時雨のように音を立て、日影も見えない木の下道は心細く、越えれば不破の関屋とある。関山は今須峠の山、谷川が藤川のことだが、山深い道であると感じたことが記されており、いかにも盗賊が出そうな所である。

小夜の中山から山中に舞台が移った理由は不明だが、境界性という共通点が根幹にあると思われる。また、山中の東にある赤坂や青墓は中世には遊女など芸能に携わる人々がいた所であり、そうした点が関係するとも考えられる。『山中常盤物語』の話は関ヶ原合戦とは直接的な関係はないが、山中が境界的な場所であることが物語や合戦の場所を規定した点で共通する。現在、山中の西側に常盤御前の墓があるが、この物語に由来するものである。

なお、以前にMOA美術館で『山中常盤物語絵巻』を実見したが、メインである義経が盗賊を切り殺す場面のみが開かれていなかった。この場面は義経が盗賊を輪切りにするというもので残虐であるから見せなかったと思われるが、そこまで規制する必要性はないと感じられ残念であった。この点はともあれ、山中という地名の境界性に着目すると、関ヶ原合戦や絵巻の新たな面が見えてくると思われる。

東西の境目の戦い

このように東西の境目では木曽川（境川・足近川）や長良川の渡しや河原、赤坂・青野原、山中（関ヶ原）という同じ場所で何度も戦いが起きていた。これらの場所は尾張と美濃の国境やその周辺付近、美濃と近江の国境付近であり、東山道（東海道・中山道）の街道筋でもあった。木曽川や長良川は大河川であり、防衛線として最適であったことが戦いが起きた最大の要因だが、この付近が東西の境目であった点も関係すると思われる。

奈良時代に定められた三関の近くにはすべて山中という地名があり、境界という意味があった。同じ地名は各地にあり、峠になっている所が多く、そこでも戦いが行なわれた。山中（中山）は境界地点なので、盗賊が出る所でもあった。また、国・郡・村境、峠・河原のような境界地点には道祖神《どうそじん》・地蔵像《じぞう》・庚申塔《こうしんとう》・塚・石などがあり、様々な民俗行事が行なわれていた。こうした点を背景として、様々な文献や伝承を取り込んで、謡曲・幸若舞・浄瑠璃のような芸能で、小夜の中山や山中を舞台とした演目が上演され、『山中常盤物語』という絵巻も生まれた。戦いと芸能・芸術・民俗は直接的には関係はないが、境界領域が舞台となっているのは共通し、深層では通じるものがあると思われる。

中山峠と摺上原合戦

もう一つ中山付近で起きた戦いを検討しよう。陸奥にも中山峠（楊枝峠《ようじ》）があり、二本松《にほんまつ》から会津《あいづ》に向かう街道が通っていた。東側にあった宿が中山宿（福島県郡山市）で、安達《あだち》郡に属している。宿の南を五百川《ごひやく》が流れているが、峠付近が五百川の源流であり、下流で阿武隈《あぶくま》川に注ぐ。峠を越えると耶麻《やま》郡で、会津地方である。つまり、この中山峠も郡境であり、阿武隈川水系である中通りと会津地方の境界となっている。峠を越えると植生や気候などが一変し、冬には雪が深い。

この中山峠周辺が伊達政宗と蘆名義広《あしなよしひろ》との最終決戦の舞台となった。第二章で述べたように、政宗は天正十七年（一五八九）五月三日に安子ヶ島《あこがしま》城（同前）、二日後の五日に高玉《たかたま》城（同前）を落城させた。高玉城の西が中山峠であり、いよいよ会津に迫ったことになる。この状況を見て猪苗代盛国《いなわしろもりくに》は蘆名氏から離反して政宗につくことになった。六月一日に政宗は家臣中島宗求《なかじまむねもと》と黒木宗元《くろきむねもと》にこのことを伝えているので（伊達家文書《だてけもんじょ》）、これを政宗に表明したのは五月末と思われる。盛国の居城猪苗代城

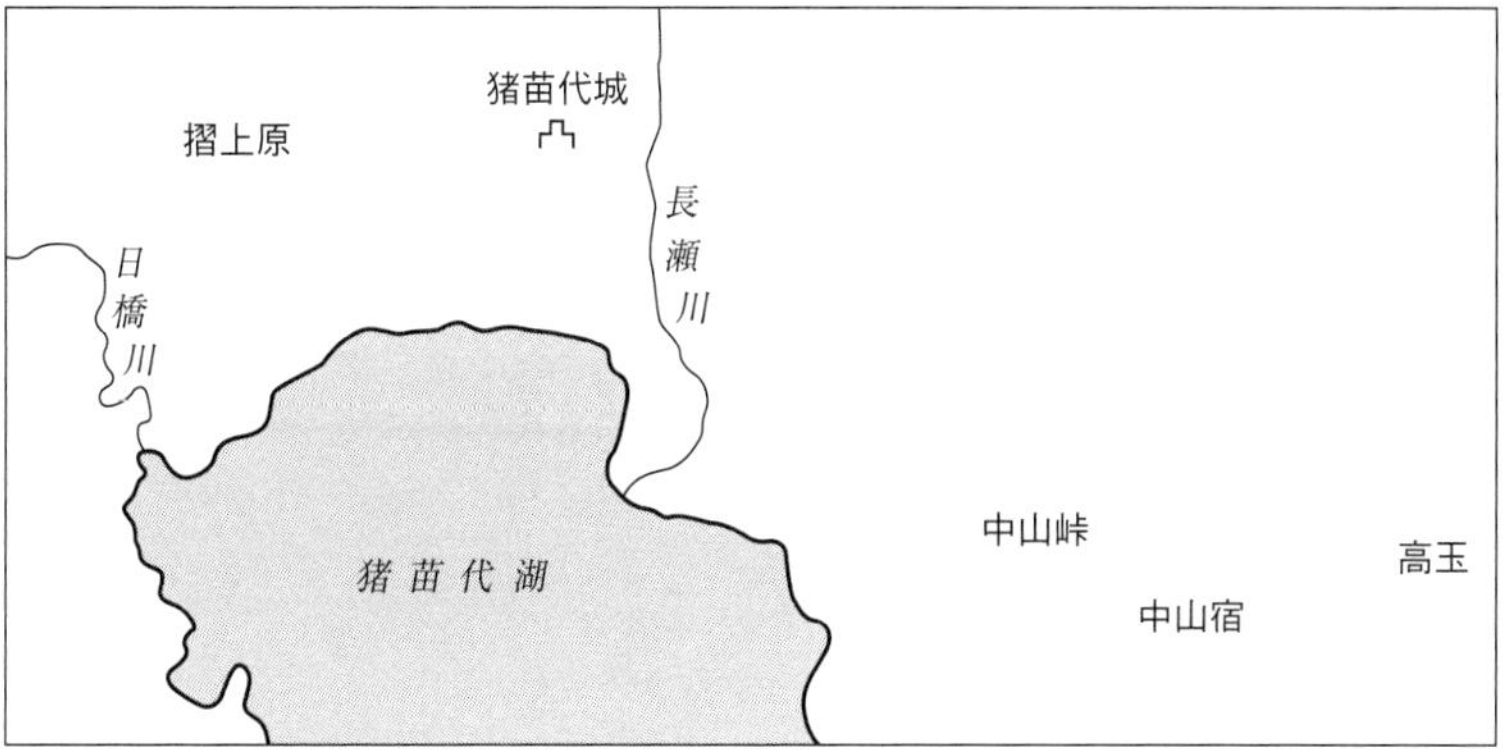

図４　摺上原・猪苗代城・中山峠付近

（同猪苗代町）は中山峠を越えた所にあるが、すぐ近くの高玉城を政宗が入手したことにより、自らの存亡も危ういと判断したのであろう。

猪苗代城の東には猪苗代湖に注ぐ長瀬川《ながせ》が流れている。会津地方は日本海に注ぐ阿賀野《あがの》川水系であり、盛国の本拠は阿武隈川水系や阿賀野川水系のどちらでもない独自の水系に属していた。つまり、水系の面でも猪苗代盛国は境目の国衆《くにしゅう》であり、盛国が政宗についたことにより、伊達と蘆名の力関係は一変したのである。こうした境目の国衆の離反により均衡が破れたケースとしては木曽義昌《きそよしまさ》が武田《たけだ》氏から離反し、織田信長についたのがその典型である。木曽氏の本拠を流れる木曽川の下流は美濃・尾張であり、水系的には織田氏と関係が深く、そうした点もこの離反に影響したと考えられる。

政宗は六月二日に猪苗代盛国の家臣に書状を送り、子松王丸を人質に出すことを要求した。政宗はこの日の未明に本宮（福島県本宮町）から安子ヶ島に到着し（引証記《いんしょうき》）、四日に猪苗代城に入った（伊達家文書）。この時のことを『伊達治家記録《だてじかきろく》』では中山に出馬すると表現しており、中山が蘆名氏との境界であることが意識されていた。

翌五日に蘆名義広が近くまで出陣したのを見て、政宗は摺上原《すりあげはら》（福島県猪苗代町・磐梯町）で義広と戦い、蘆名氏の重臣金上《かながみ》・針生《はりう》氏などを討取り、大勝利を納めた。義広は実家である佐竹《さたけ》氏のもとに逃亡し、政宗は黒川《くろかわ》城（同会津若松市）に入った。摺上原は猪苗代城の西にある野原で、現在は東側は猪苗代町、西側は磐梯町に属している。磐梯町には猪苗代湖から流れる唯一の川である日橋《にっぱし》川が流れ、下流で阿賀《あが》川と合流し、越後では阿賀野川となる。一方、猪苗代町側の摺上原を流れる川は猪苗代湖に注ぐ。このように摺上原は水系の面で境目にあたり、猪苗代氏と蘆名氏の所領の境目でもあった。戊辰戦争の時も摺上原で戦いが起きており、これも境目で戦いが繰り返される事例の一つである。

なお、嘉永《かえい》三年（一八五〇）に会津藩主松平容敬《まつだいらかたたか》は、摺上原合戦で討死した蘆名家家臣の金上盛備《かながみもりはる》・佐瀬種常《させたねつね》・佐瀬常雄《つねお》の三人の武勲を讃えた石碑を古戦場跡に建てている（三忠碑）。碑がある場所は猪苗代町長田《おさだ》であり、すぐ側には二本松街道が通り、一里塚も残されている。戦国時代もこの付近には会津に向かう街道が通り、政宗はその街道を通り、摺上原に進軍したのである。

このように政宗は蘆名氏との境目を西に前進させ、中山峠付近に迫ったことで、猪苗代盛国の離反を誘発し、ついに中山峠を越えて会津地方に入り、境目の地である摺上原で勝利したのである。なお、先述の盛国の家臣充の書状で、檜原口《ひばら》から三百騎・足軽五、六千ほどが猪苗代城に援軍として駆けつけると述べている。猪苗代城の北に檜原湖（福島県北塩原村）があり、その北の檜原峠（同前）を越えると政宗の本拠米沢《よねざわ》（山形県米沢市）である。つまり、この援軍は米沢から檜原峠を越えて、猪苗代城に来ることになっていた。檜原峠は蘆名・猪苗代氏と伊達氏の境目にあたり、元から境を接していた点も重要である。実はこれ以前に政宗は檜原峠を越えた檜原を占領しており、会津地方の北端に橋頭堡を築いていた。地図を見るとわかるが、意外と猪苗代城と米沢は近く、この方面からも政宗は蘆名・猪苗代氏に圧力をかけていたのである。

【参考文献】
榎原雅治『中世の東海道をゆく』（中公新書、二〇〇八年。吉川弘文館、二〇一九年再刊）
児玉幸多監修『東海道五十三次を歩く　3』（講談社、一九九九年）
児玉幸多監修『中山道の歩き方　美濃路をゆく』（学習研究社、二〇〇一年）
白峰旬『新解釈　関ヶ原合戦の真実』（宮帯出版社、二〇一四年）
八代勝也『岩佐又兵衛作品集―MOA美術館所蔵全作品―』（東京美術、二〇一三年）
柳田国男「赤子塚の話」（『定本　柳田国男全集　第十二巻』（筑摩書房、一九六九年））
柳田国男「夜啼石の話」（『定本　柳田国男全集　第五巻』（筑摩書房、一九六八年））
『福島県の歴史散歩』（山川出版社、二〇〇七年）

史料集

『吾妻鏡　第二』（国史大系、吉川弘文館、一九七五年）
『御伽草子』（日本古典文学大系、岩波書店、一九五八年）
『義経記』（日本古典文学大系、岩波書店、一九五九年）
『古浄瑠璃　説経集』（新日本古典文学大系、岩波書店、一九九九年）
『中世日記紀行集』（新日本古典文学大系、岩波書店、一九九九年）
『愛知県史　資料編8　中世1』（愛知県、二〇〇一年）
『神奈川県史　資料編3　古代・中世（3上）』（神奈川県、一九七五年）
『岐阜県史　史料編　古代中世四』（岐阜県、一九七三年）
『仙台市史　資料編11　伊達政宗文書2』（仙台市、二〇〇三年）
『福岡市史　資料編　中世①　市内所在文書』（福岡市、二〇一〇年）

辞　典

『日本古典文学大辞典　簡約版』（岩波書店、一九八六年）
『日本架空伝承人名事典』（平凡社、一九八六年）
『角川日本地名大辞典　愛知県』（角川書店、一九八九年）
『角川日本地名大辞典　岐阜県』（角川書店、一九八〇年）
『角川日本地名大辞典　福島県』（角川書店、一九八一年）

本書の原本は、二〇一四年に洋泉社より刊行されました。

著者略歴
一九五八年　神奈川県に生まれる
一九八二年　慶應義塾大学文学部国史学科卒業
二〇〇〇年　中央大学より博士（文学）学位授与

〔主要著書〕
『贈答と宴会の中世』（吉川弘文館、二〇〇八年）、『軍需物資から見た戦国合戦』（洋泉社、二〇〇八年。吉川弘文館、二〇二〇年再刊）、『草と木が語る日本の中世』（岩波書店、二〇一二年）、『本能寺の変　史実の再検証』（東京堂出版、二〇一六年）

読みなおす日本史

境界争いと戦国諜報戦

二〇二一年（令和三）七月一日　第一刷発行

著　者　盛《もり》本《もと》昌《まさ》広《ひろ》
発行者　吉川道郎
発行所　株式会社　吉川弘文館
郵便番号一一三―〇〇三三
東京都文京区本郷七丁目二番八号
電話〇三―三八一三―九一五一〈代表〉
振替口座〇〇一〇〇―五―二四四
http://www.yoshikawa-k.co.jp/
組版＝株式会社キャップス
印刷＝藤原印刷株式会社
製本＝ナショナル製本協同組合
装幀＝渡邉雄哉

ISBN978-4-642-07164-2

刊行のことば

現代社会では、膨大な数の新刊図書が日々書店に並んでいます。昨今の電子書籍を含めますと、一人の読者が書名すら目にすることができないほどとなっています。ましてや、数年以前に刊行された本は書店の店頭に並ぶことも少なく、良書でありながらめぐり会うことのできない例は、日常的なことになっています。

人文書、とりわけ小社が専門とする歴史書におきましても、広く学界共通の財産として参照されるべきものとなっているにもかかわらず、その多くが現在では市場に出回らず入手、講読に時間と手間がかかるようになってしまっています。歴史の面白さを伝える図書を、読者の手元に届けることができないことは、歴史書出版の一翼を担う小社としても遺憾とするところです。

そこで、良書の発掘を通して、読者と図書をめぐる豊かな関係に寄与すべく、シリーズ「読みなおす日本史」を刊行いたします。本シリーズは、既刊の日本史関係書のなかから、研究の進展に今も寄与し続けているとともに、現在も広く読者に訴える力を有している良書を精選し順次定期的に刊行するものです。これらの知の文化遺産が、ゆるぎない視点からことの本質を説き続ける、確かな水先案内として迎えられることを切に願ってやみません。

二〇一二年四月

吉川弘文館

読みなおす
日本史

地理から見た信長・秀吉・家康の戦略　足利健亮著　二二〇〇円
神々の系譜 日本神話の謎　松前　健著　二四〇〇円
古代日本と北の海みち　新野直吉著　二二〇〇円
白鳥になった皇子 古事記　直木孝次郎著　二二〇〇円
島国の原像　水野正好著　二四〇〇円
入道殿下の物語 大鏡　益田　宗著　二二〇〇円
中世京都と祇園祭 疫病と都市の生活　脇田晴子著　二二〇〇円
吉野の霧 太平記　桜井好朗著　二二〇〇円
日本海海戦の真実　野村　實著　二二〇〇円
古代の恋愛生活 万葉集の恋歌を読む　古橋信孝著　二四〇〇円
木曽義仲　下出積與著　二二〇〇円

足利義政と東山文化　河合正治著　二二〇〇円
僧兵盛衰記　渡辺守順著　二二〇〇円
朝倉氏と戦国村一乗谷　松原信之著　二二〇〇円
本居宣長 近世国学の成立　芳賀　登著　二二〇〇円
江戸の蔵書家たち　岡村敬二著　二四〇〇円
古地図からみた古代日本 土地制度と景観　金田章裕著　二二〇〇円
「うつわ」を食らう 日本人と食事の文化　神崎宣武著　二二〇〇円
角倉素庵　林屋辰三郎著　二二〇〇円
江戸の親子 父親が子どもを育てた時代　太田素子著　二二〇〇円
埋もれた江戸 東大の地下の大名屋敷　藤本　強著　二五〇〇円
真田松代藩の財政改革 『日暮硯』と恩田杢　笠谷和比古著　二二〇〇円

吉川弘文館
（価格は税別）

読みなおす日本史

鎌倉幕府の転換点 『吾妻鏡』を読みなおす
永井 晋著
二二〇〇円

奈良の寺々 古建築の見かた
太田博太郎著
二二〇〇円

日本の神話を考える
上田正昭著
二二〇〇円

信長と家康の軍事同盟 利害と戦略の二十一年
谷口克広著
二二〇〇円

軍需物資から見た戦国合戦
盛本昌広著
二二〇〇円

武蔵の武士団 その成立と故地を探る
安田元久著
二二〇〇円

天皇家と源氏 臣籍降下の皇族たち
奥富敬之著
二二〇〇円

卑弥呼の時代
吉田 晶著
二二〇〇円

皇紀・万博・オリンピック 皇室ブランドと経済発展
古川隆久著
二二〇〇円

日本の宗教 日本史・倫理社会の理解に
村上重良著
二二〇〇円

戦国仏教 中世社会と日蓮宗
湯浅治久著
二二〇〇円

伊達政宗の素顔 筆まめ戦国大名の生涯
佐藤憲一著
二二〇〇円

武士の原像 都大路の暗殺者たち
関 幸彦著
二二〇〇円

海からみた日本の古代
門田誠一著
二二〇〇円

鳴動する中世 怪音と地鳴りの日本史
笹本正治著
二二〇〇円

本能寺の変の首謀者はだれか 信長と光秀、そして斎藤利三
桐野作人著
二二〇〇円

餅と日本人 「餅正月」と「餅なし正月」の民俗文化論
安室 知著
二四〇〇円

古代日本語発掘
築島 裕著
二二〇〇円

夢語り・夢解きの中世
酒井紀美著
二二〇〇円

食の文化史
大塚 滋著
二二〇〇円

後醍醐天皇と建武政権
伊藤喜良著
二二〇〇円

南北朝の宮廷誌 二条良基の仮名日記
小川剛生著
二二〇〇円

吉川弘文館
（価格は税別）

読みなおす日本史

境界争いと戦国諜報戦
盛本昌広著　二二〇〇円

邪馬台国をとらえなおす
大塚初重著　（続　刊）

百人一首の歴史学
関　幸彦著　（続　刊）

江戸城　将軍家の生活
村井益男著　（続　刊）

沖縄からアジアが見える
比嘉政夫著　（続　刊）

吉川弘文館
（価格は税別）